# 大学生健康教育

主编 程 静 吴亚梅

重庆大学出版社

**图书在版编目(CIP)数据**

大学生健康教育 / 程静,吴亚梅主编. -- 重庆:
重庆大学出版社,2020.12
ISBN 978-7-5689-2098-8

Ⅰ.①大… Ⅱ.①程… ②吴… Ⅲ.①大学生—健康
教育 Ⅳ.①G647.9

中国版本图书馆 CIP 数据核字(2020)第 061777 号

---

**大学生健康教育**
程 静 吴亚梅 主 编
策划编辑:唐启秀

责任编辑:杨 敏 刘玥凤 版式设计:唐启秀
责任校对:关德强 责任印制:张 策

\*

重庆大学出版社出版发行
出版人:饶帮华
社址:重庆市沙坪坝区大学城西路 21 号
邮编:401331
电话:(023) 88617190 88617185(中小学)
传真:(023) 88617186 88617166
网址:http://www.cqup.com.cn
邮箱:fxk@ cqup.com.cn(营销中心)
全国新华书店经销
重庆华林天美印务有限公司印刷

\*

开本:787mm×1092mm 1/16 印张:15 字数:368 千
2020 年 12 月第 1 版 2020 年 12 月第 1 次印刷
ISBN 978-7-5689-2098-8 定价:40.00 元

# 本书编委会

**主　编：**程　静　吴亚梅

**副主编：**成　敏　陈敏燕

**编　委：**（排名不分先后）

邓　磊　瞿懿韬　任可雨

武宇璇　杨琳娜　张由月　张渝彬

# 序 言

　　健康是人民最具普遍意义的美好生活的需要,其重要性不言而喻。习近平总书记在全国卫生与健康大会上发表重要讲话指出,人们常把健康比作1,事业、家庭、名誉、财富等就是1后面的0,人生圆满全系于1的稳固。国民健康不仅是民生问题,也是重大的政治、经济和社会问题。习近平总书记在全国卫生与健康大会上明确提出要"将健康融入所有政策,人民共建共享",强调"没有全民健康,就没有全面小康。要把人民健康放在优先发展的战略地位"。党的十九大报告更是将"实施健康中国战略"作为国家发展基本方略中的重要内容,将健康中国建设提升至国家战略地位是国家治理理念与国家发展目标的升华。关注健康、促进健康已然成为国家、社会、个人及家庭的共同责任与行动。对此,青年大学生更是责无旁贷。

　　青年是祖国的前途、民族的希望,健康是青年大学生全面发展、成长成才的基础。作为未来的中坚力量,大学生的健康意识和健康水平,不仅关乎个人的全面发展,也会对整个国家和民族的健康水平及社会经济发展产生重要影响。因此,《"健康中国2030"规划纲要》明确提出"加大学校健康教育力度。将健康教育纳入国民教育体系,把健康教育作为所有教育阶段素质教育的重要内容"。加强高校健康教育、提升学生健康素养,是贯彻落实党的教育方针,全面实施素质教育、促进学生全面发展的必然要求,是推进健康中国建设的重要内容。

近年来,各高校高度重视大学生健康教育,在促进学生身心健康方面开展了卓有成效的工作。但是,健康教育的覆盖面不广、针对性不强、措施落实不到位等问题仍然突出;健康教育在培育和践行社会主义核心价值观、推进素质教育中的综合作用发挥不够;部分学生对健康"思想上重视,行动上忽视"的现象屡见不鲜,维护和促进自身健康能力仍有不足,睡眠不足、情绪不稳、作息不规律、膳食不合理等不健康生活方式正在成为影响大学生健康的危险源。因此,传播健康理念、宣传健康知识、引领健康生活方式是开展高校健康教育和健康促进的重要内容。

2017 年教育部印发《普通高等学校健康教育指导纲要》(以下简称《纲要》),从指导思想、基本原则、主要内容、实施途径、保障措施等方面,对高校如何加强健康教育、提高大学生健康素养和体质健康水平提出了明确的要求。《纲要》指出,高校健康教育内容主要包括健康生活方式、疾病预防、心理健康、性与生殖健康、安全应急与避险五个方面,并明确了其目标和核心内容。本书紧密围绕高等学校人才培养目标,立足于大学生健康发展的现实与成长成才的需求,以《纲要》为依据,在深入总结"大学生健康教育"课程实践经验的基础上,进行了丰富、生动且十分有针对性的编写。全书分为健康生活方式、心理健康、性与生殖健康、疾病防治、安全应急与避险五个篇章,设置了"健康·思""健康·知""健康·行""健康·美文"等模块,以深入浅出的形式帮助大学生树立现代健康意识,增强积极防病意识,自觉维护心理健康意识、自我保健意识、安全避险意识,提升健康管理的知识和技能,养成健康文明的生活方式,减少危害健康的危险行为,提高应对健康风险的能力,重点培养大学生促进个体、他人和社会健康的行为、责任和意识。

本书编写成员皆来自"大学生健康教育"课程教学人员及健康教育教研室成员,是承担学校健康教育工作的一线教师,具有丰富的教育教学经验。其中,第一篇由杨琳娜、邓磊编写,第二篇由张由月、武宇璇、高晓玲编写,第三篇由程静、陈敏燕编写,第四篇由任可雨、张渝彬编写,第五篇由瞿懿韬、成敏编写,全书由程静、陈敏燕、成敏等人统稿。我们有幸邀请到四川大学公共卫生学院张建新教授进行审稿、指正。在此,衷心感谢编写人员及审稿老师的辛苦付出。谨以此书献给关心和奋战在健康教育战线上的同人们,向青年大学生发出关注健康、促进健康的行动邀约。本书有丰富的拓展资源,包括习题,可以在重庆大学出版社网站上查找。

健康,我们在一起。健康,我们在路上。

编　者

2020 年 5 月成都

# 目 录

## 第一篇 健康生活方式

## 第二篇　心理健康

## 第三篇　性与生殖健康

## 第四篇　疾病防治

## 第五篇　安全应急与避险

# 健康生活方式

★ **本课导航**

生活方式影响个人健康已成为全球瞩目的焦点，人的健康与寿命取决于自身的行为与生活方式。树立现代健康意识，掌握健康管理的基本方法，养成文明健康的生活方式，提高自觉规避、有效应对健康风险的能力。

★ **关键问题**

现代健康的概念及标准是什么？

失眠的表现是什么？如何应对？

## 学习目标

了解健康的标准并培养良好健康的生活方式;了解健康饮食行为的重要性并培养健康的饮食行为;了解睡眠、失眠的内涵及相关因素,理解睡眠的重要性和失眠的危害,提高大学生睡眠质量;了解运动的内涵及重要性,掌握科学运动锻炼的原则及方法,在专业人士的协助下给自己开运动处方;了解环境与健康的关系,培养环境道德;了解物质滥用与健康的关系,培养良好的行为习惯,远离物质滥用,促进自我健康发展。

## 学习重难点

①健康生活方式的重要性。

②培养健康的饮食行为。

③理解睡眠的重要性和失眠的危害,提高大学生睡眠质量。

④掌握科学运动锻炼的方法,在专业人士的协助下给自己开运动处方。

⑤掌握物质滥用的危害。

## 主要内容

①健康的概念及标准。

②饮食行为内涵及重要性、培养健康的饮食行为。

③睡眠内涵及重要性,大学生失眠的危害及其相关因素,提高大学生睡眠质量。

④运动的内涵及重要性、科学运动锻炼原则及方法、运动处方。

⑤环境与健康的关系。

⑥物质滥用与健康。

# 【健康·思】

## 从一至九说古人养生

一德。明代养生家吕坤说:"仁可长寿,德可延年,养德尤养生之第一要也。"

二字。宋代文学家苏东坡认为,生在于"安""和"二字。"安"即静心,"和"即顺心,"安则物之感我者轻,和则我之应物者顺"。

三戒。孔子曰:"君子有三戒:少之时,血气未定,戒之在色;及其壮也,血气方刚,戒之在斗;及其老也,血气即衰,戒之在得。"

四法。明代医学家万密斋指出:"养生之法有四:一曰寡欲,二曰慎动,三曰法时,四曰却疾。"

五知。宋代周守忠说:"知喜怒之损性,故豁情以宽心;知思虑之销神,故损情而内守;知语烦之侵气,故闭口而妄言;知哀乐之损寿,故抑之而不有;知情欲之窃命,故忍之而不为。"

六节。明代医学家江绮石说:"节嗜欲以养精,节烦恼以养神,节愤怒以养肝,节辛勤以养力,节思虑以养心,节悲哀以养肺。"

七食。清代养生家石成金指出:食宜早些,不可迟晚;食宜缓些,不可粗速;食宜八九分,不可过饱;食宜淡些,不可厚味;食宜温暖,不可寒凉;食宜软烂,不可坚硬;食毕再饮茶两三口,漱口齿,令极净。

八乐。石成金的"八乐"是:静坐之乐,读书之乐,赏花之乐,玩月之乐,观画之乐,听写之乐,狂歌之乐,高卧之乐。

九思。孔子曰:"君子有九思:视思明,听思聪,色思温,貌思恭,言思忠,事思敬,疑思问,忿思维,见德思义。"

[**古今导读**]

上面的名人名言中对健康饮食有哪些建议?

【健康·知】

# 第一章　健康概述

大学生小华总觉得身体不舒服,以为自己生病了。于是他到一家二甲医院进行了全面的身体检查,检查结果显示没有任何器质性病变,但是小华觉得医院体检不准,自己就是生病了。小华这种情况健康吗? 在我们身边类似的个案不少。随着信息化、网络化的高速发展,现代人的生活节奏加快,健康问题已成为大家关注的重点。大学生是一个特殊的群体,在学业、择业、就业等压力下面临着很多健康问题。因此,增强大学生对现代健康及其影响因素的认识和理解,提升他们应对健康问题的能力显得尤为重要。

## 第一节　现代健康及影响因素

### 一、健康

世界卫生组织成立时,它的宪章中就提到了健康概念:"健康是一种在身体上、心理上和社会上的完满状态,而不仅仅是没有疾病和虚弱的状态。"世界卫生组织关于健康的这一定义,把人的健康从生物学的意义扩展到了精神和社会关系两个方面的健康状态,把人的身心、家庭和社会生活的健康状态均包括在内。

健康是优质生活的基础,健康是生命存在的最佳状态,有着丰富的内涵。进入 20 世纪中期以后,随着科学技术和实践的发展,健康的内涵也得到了不断的丰富和完善,强调生理、心理以及社会适应能力的全面健康,形成了现代意义的健康观。

现代健康的含义并不只是传统所指的身体没有病,根据世界卫生组织的解释,健康包括躯体健康、心理健康、社会健康、智力健康、道德健康等。现代关于健康的较为完整的科学概念包括生理、心理和社会适应性三个方面,其中社会适应性归根结底取决于生理和心理的素质状况。心理健康是身体健康的精神支柱,身体健康又是心理健康的物质基础。一个健康的人要有强壮的体魄、从容不迫的心态和乐观向上的精神状态,并能与其所处的社会和身处的环境保持协调的关系等。

**延伸阅读**

### 健康的 10 项标准

世界卫生组织给健康所下的正式定义是衡量健康状况的 10 项标准:

①精力充沛,能从容不迫地应付日常生活和工作的压力而不感到过分紧张。

②精神状态正常,没有抑郁、焦虑、恐惧发作等症状。

③善于休息,睡眠良好。

④应变能力强,能适应环境的各种变化。

⑤能够抵抗一般性感冒和传染病。

⑥体重正常,身材匀称,站立时头、肩、臂位置协调。

⑦眼睛明亮,反应敏锐,眼睑不发炎。

⑧牙齿清洁,无空洞,无痛感;齿龈颜色正常,不出血。

⑨头发有光泽,无头屑。

⑩肌肉、皮肤富有弹性,走路轻松有力。

## 二、健康生活方式

德国著名的社会学家马克斯·韦伯提出,"生活方式"是人们长期受一定文化、民族、经济、社会、风俗、规范等影响而形成的一系列生活习惯、生活态度和生活制度,包括个人嗜好、认知方式和业余时间的行为活动等。生活方式影响个人健康已成为全球瞩目的焦点,人的健康与寿命取决于其自身的行为与生活方式。

健康生活方式是指个体在一定的社会条件和价值观念引导下,利用外界有利于健康和身心和谐发展的各项活动表现出的活动形式和行为特征的综合模式,其目标是促进身心健康。健康生活方式可分为外显性和内隐性两类行为。外显性健康行为是可直接观察到的健康促进行为,如膳食、睡眠、体育锻炼、定期体检等;内隐性健康行为是通过间接手段感知的健康促进行为,如情绪、智力、人际关系、社会适应能力等。

**延伸阅读**

### 全民健康生活方式行动倡议书

健康是人的基本权利,是幸福快乐的基础,是国家文明的标志,是社会和谐的象征。面对不断增加的生活方式病，唯一可行的是每个人都从自己做起，摒弃不良习惯，成为健康生活方式的实践者和受益者。为此，卫生部疾病预防控制局、全国爱国卫生运动委员会办公室与中国疾病预防控制中心以"和谐我生活，健康中国人"为主题，共同发起了全民健康生活方式行动，并向全国人民倡议：

一、追求健康、学习健康、管理健康，把投资健康作为最大回报，将"我行动、我健康、我快乐"作为行动准则。

二、树立健康新形象。改变不良生活习惯，不吸烟、不酗酒，公共场所不喧哗，保持公共秩序，礼貌谦让，塑造健康、向上的国民形象。

三、合理搭配膳食结构，规律用餐，保持营养平衡，维持健康体重。

四、少静多动，适度量力，不拘形式，贵在坚持。

五、保持良好的心理状态，自信乐观，喜怒有度，静心处事，诚心待人。

六、营造绿色家园，创造整洁、宁静、美好、健康的生活环境。

七、以科学的态度和精神传播科学的健康知识，反对、抵制不科学和伪科学信息。

八、将每年的 9 月 1 日作为全民健康生活方式日，不断强化健康意识，长期保持健康的生活方式。

让我们在追求健康的生活方式中实现人与自然的和谐相处，愿人人拥有健全的人格、健康的心态、健壮的体魄，实现全面发展，拥有幸福生活！

目前，人们主要将不健康的生活方式和环境因素所致的、严重威胁人类健康和生命的疾病统称为"生活方式病"，包括肥胖、高血压、冠心病等心血管疾病，脑中风等脑血管疾病，糖尿病、肺部疾病、骨质疏松症以及部分恶性肿瘤等。

生活方式带来的健康问题不仅反映在致死率上，同时还与当今居民的"亚健康"状态有着密切的关系。亚健康实际上是一种生活方式病。

良好健康的生活方式依赖于早年生活习惯的养成，大学阶段是个人健康行为发展定型的关键时期。这一时期的大学生自主意识增强，在自主选择生活方式的过程中，由于自我控制力和自我管理能力差等因素，许多大学生存在一些健康危险行为，如吸烟、过度饮酒、无保护措施的性行为、不健康的饮食行为、网络成瘾等。健康危险行为对健康的不良影响具有相对稳定性，不但可以导致青少年患病、伤残和早死，而且其影响将一直延伸到成年期，成为导致成年人患病、伤残、死亡和出现社会心理问题的主要原因。

大学阶段是大学生养成健康生活方式的最佳时期。大学生精力旺盛，处于长身体、长知识的阶段，良好的生活习惯是确保大学生顺利、成功度过大学阶段的一个重要基础。为了达到身心健康的目的，大学生从进入大学起就需要切实重视这个问题，培养良好的生活习惯，并防止不良生活习惯的养成。

**探索发现**

### 自我评价：你的生活方式是这样的吗？

以下从 7 个方面来对你的生活方式进行测评。如果你觉得某个方面能反映你的生活状况,就在该项目前的横线上作个记号。

_____ 我每天睡 7~8 小时。

_____ 我几乎每天吃早点。

_____ 我很少在餐前吃零食。

_____ 我的体重标准或接近标准。

_____ 我从不吸烟。

_____ 我很少饮酒或仅适度饮酒。

_____ 我有规律地进行锻炼。

作记号的项目得 1 分,将分数加起来,6~7 分是非常好的。

上述符合你生活方式的项目越多,你就越趋于健康,尤其是在 50 岁以后。

——摘自:萨拉裴诺,《健康心理学》.

### 三、影响健康的因素

健康是在生物、遗传、行为、物质和社会环境相互影响下呈现的结果。在加拿大召开的第一届健康促进国际会议上发表的《渥太华宪章》提出,健康的基本条件和资源是和平、住房、教育、食品、经济收入、稳定的生态环境、可持续的资源、社会的公正与平等,把人类行为与生活方式、环境因素、生物因素、健康服务因素和社会因素等概括为影响健康的主要因子。

在健康生活方式的模式中,Pender(1987)公布了自己的观点。他将有关健康生活方式的影响因素分为认知—知觉因素和修正因素两类,其中认知—知觉因素包括个人健康对人们的重要性以及对健康的个人概念、自觉健康状况、自觉健康控制、自觉健康促进行为的阻碍等,是采取或保持健康促进行为的主要动机;修正因素则间接影响健康促进的行为,包括人口学特性、生物学特性、人际间的影响、情境因素及行为因素等。

1991 年,Dahlgren G 和 Whitehead M 提出了健康和幸福圈层影响图:一个人的健康除了受到核心层的自身年龄、性别和遗传因素影响外,还受到四个外部"圈层"因素的影响,包括个人生活方式、社会与社区影响、生活与工作条件以及社会经济、文化和环境条件。这四个并不是各自孤立的健康影响因素,它们彼此间相互作用共同形成了影响居民健康的外部条件。生活方式作为最内层的圈层,对居民健康的影响是最直接的,而个人生活方式圈层则又受到社会、生活工作条件以及整体环境三个圈层的影响。这三个圈层则是城市空间环境的整体反映。

随着人们对健康多样影响因素的深入理解,改变人群的生活方式以促进居民健康,仅靠卫生部门的力量是无法实现的。卫生部门可以依靠自己在医疗卫生方面的专业优势对人类的健康提供技术上的保障,但全社会各人群健康行为的改变必须有政府与社会各界的广泛参与,必须有政策、法律、环境、教育、社区等多个方面的支持,必须强调个人与社会对健康所承担的责任,这样公共卫生的效果才会有保证,人人健康的目标才能达到。

# 第二节 大学生健康问题

随着我国高等教育大众化和高校的扩招,大学生在同龄人中的比重越来越大,大学生的行为及生活方式会极大影响我国未来人口的身心素质。大学生面临的健康问题主要有三方面。

## 一、生理健康问题

### (一)体质健康方面

大学生体质健康突出问题是指大学生体质健康方面严重影响其人体形态结构、生理功能、运动能力、心理素质和对内外环境适应能力的问题,包括肺活量、速度、力量等体能较差,以及营养不良、肥胖和高血压等。

教育部、国家体育总局、卫生部等部委联合组织的《2010年全国学生体质与健康调研》结果显示,与2005年相比,我国男大学生立定跳远、引体向上、1 000 m跑3项身体素质指标全面下降;女大学生立定跳远、仰卧起坐、800 m跑成绩也比2005年低了不少。我国大学生的身体素质在速度素质、耐力素质、柔性素质、爆发力素质、力量素质等方面均有下滑。这种现状引起社会的广泛担忧。

### (二)性健康方面

性健康是指生殖器官结构正常并无疾病,性生理功能、性心理功能正常并有健康的性观念和性行为。大学生作为青少年中思维最为活跃、思想最为开放、文化层次较高的群体,年龄在17~22岁,正处于性成熟时期,性冲动往往很强烈。心理学研究也表明,在大学生成长过程中,性及性健康问题是对大学生困扰时间较长、干扰最多的因素之一。近几年,大学生性健康状况不是很乐观,甚至有一些问题还很严重,对大学生个人和整个群体都会造成不同程度的不良影响。

**认知方面:** 伴随着性生理、性心理的变化,大学生普遍对性知识有了强烈的渴求,但由于受到传统思想和观念的影响,大学生科学的性知识还比较缺乏,令人担忧。大学生一些日常不良生活习惯对性健康造成不良影响,导致大学生包皮龟头炎、尿道炎等疾病的发生率较高,由此严重危害他们的性健康。

**情感方面:** 大学生受到传统文化的影响,性认知的偏差或错误往往导致他们性情感的过敏、禁忌、矛盾,进而表现出焦虑、烦躁、厌恶以及恐惧等情绪反应。大学生性情感方面的偏差主要表现为性焦虑。

**行为方面:** 大学生的性观念呈现多元化倾向,自我保护意识欠缺,性道德意识淡薄,对性问题看法较为开放。部分大学生追求婚前性行为、校外同居,甚至一夜情、嫖娼等行为似乎也已经变得无所谓了。我国大学生性与生殖健康的科学知识匮乏,出现的无保护性行为、性行为低龄化的状况使大学生患病的概率增加,健康风险增大。

## 二、心理健康问题

第三届国际心理卫生大会指出,心理健康是指在身体、智能和情绪上能保持同他人心理不相矛盾,并将个人心境发展成最佳状态。我国学者多认为心理健康是一种持续的积极发展的心理状况,在这种状况下主体能做出良好适应,能充分发挥潜能,而不仅仅指没有疾病。

我国大学生心理健康状况总体上是正常的。马建青教授主编的《大学生心理卫生》一书指出:"根据全国各地对大学生心理健康状况的测评和我们的调查研究,我们认为,多数大学生的心理是比较健康的。"但随着社会发展和教育改革的深入,在复杂的环境变化面前,相当一部分大学生不能进行良好地心理应激,造成心理平衡失调,产生这样或那样的心理问题。

心理问题是指个体在适应环境过程中由内外因素引起的主观困惑状态或心理异常现象。大学生常见的心理问题主要发生在五个方面:环境适应方面、人际交往方面、学习方面、就业择业方面、恋爱方面。

(一)环境适应方面

环境适应问题在新生中表现比较突出。对于刚刚入学的大学生来说,学习形式、生活方式等都发生了变化。面对新的集体、生活方式和学习状况,在这样一个看似自由、放松的环境下,很多大学生没有目标和方向、缺乏生活自理能力和应变能力,常常不知所措,处于苦闷、压抑、沮丧等消极心理状态,产生迷茫、抑郁、焦虑,甚至神经衰弱等心理问题。

(二)人际交往方面

不同地区、不同家庭的高校大学生在性格特征、生活习惯以及兴趣爱好等方面存在差异。大学生有人际交往的需求,但是另一方面又自我封闭,不愿敞开心扉,表现出矛盾性。新时期大学生自我意识强,在与他人交往中普遍存在以自我为中心、任性等心理特点,遇到矛盾互不相让,甚至有厌烦心理与对立情绪,在人际交往上产生不良影响,甚至严重影响生活和学习以及身心健康的发展。

(三)学习方面

大学里人才济济,过去学习成绩较好的学生进入大学以后,发现自己的学习优势不明显,个别人产生一种悲观、失落、妒忌心理,甚至出现打击报复行为。家庭经济比较困难的学生由于经济差、自卑等因素,逐渐对学习失去了兴趣,产生厌学情绪。学习常常给大学生造成很大的压力,主要表现在考试时焦虑、学习缺乏动力等。

(四)就业择业方面

大学生就业问题已经成为一个严重的社会问题,很多大学毕业生面临着就业难、工作不理想等问题,这些都给大学生带来了巨大的心理负担和压力。就业择业形成的挫败感和压抑感加剧了大学生的精神压力,甚至会出现自暴自弃、自我逃避等问题。

（五）恋爱方面

正值青春年少时期的大学生,处于异性交往的黄金时期。很多青年大学生在校时就陷入爱情,往往会面临着多方面的情感问题,如出现失恋、误解,原本年少的大学生心理脆弱,还没有形成理智、稳定的心理,常常会因为感情生活不顺而内心苦闷,心理创伤十分严重。

大学生是心理问题发生的高危人群,心理问题的发生不但使学生自身陷入痛苦,影响学业,往往还伴有不良行为,对他人和社会造成危害。

## 三、成瘾行为

吸烟、饮酒、网络成瘾、缺乏体育锻炼、不良体重控制行为、不健康饮食行为等危害健康的行为是导致青少年进入青年及成年期后生病甚至是死亡的重要原因,有的甚至会导致社会问题。大学生是一个特殊的青年群体,其成瘾行为表现如下。

（一）手机依赖严重

国外部分学者界定手机依赖是一种技术成瘾,指出手机依赖是一种行为上的依赖,包含了人机互动和非生化。屠斌斌、章俊龙等人研究表明,手机依赖是指重复使用手机所导致的一种慢性或周期性的痴迷状态,并产生强烈的、持续性的需求感和依赖感的心理和行为。

随着手机的普及及其功能的多元化发展,手机已成为大学生社交、学习、生活的一种方式。对于大学生来说,手机能够加深同学、朋友之间的情感友谊,提供更加丰富的信息,在非学习时间起到放松心情的作用。但手机的过度使用对大学生健康生活方式和课堂学习都会产生很多不良影响。

长时间沉迷在手机虚拟人际的交往之中,会弱化了现实中大学生正常的人际交往能力。对手机的过度依赖会降低学生学习质量和学习效率,严重影响学业。过度使用手机会让大学生对其产生依赖。手机依赖严重影响了大学生的健康生活、日常学习以及与人交往的能力,甚至是今后的社会适应能力。

（二）网络成瘾

网络成瘾(Internet Addiction Disorder, IAD)指过度使用互联网而导致明显的社会、心理损害的一种现象(金伯利·S.扬)。大学生网络成瘾主要表现为网络游戏成瘾、网上聊天与交际成瘾、网上收集信息成瘾等多种形式。

网络成瘾的大学生眼疾发病率比一般学生高得多,特别是偏爱网络游戏的学生。大学生长期过度使用互联网,使网络几乎成了现实社会的替代品,从而导致学习、工作和生活不能正常进行,精神和情感的稳定性受到严重威胁。

在虚拟的网络世界中,大学生逐渐忘记自己所承担的社会角色,责任感缺失,变得更加封闭和孤立,其社会适应能力下降甚至退化。

（三）物质滥用

物质滥用是指违反社会常规或与公认的医疗实践不相关或不一致地间断或持续过度使用精神活性物质的现象。它是一种对物质使用的不良适应方式。

物质滥用问题已经成为全球性的公共卫生问题。物质滥用不但对当事人的身心造成伤害，而且也会给家庭与社会带来沉重的负担。青年学生是物质滥用（特别是烟、酒、毒）的高危群体，大多数物质滥用成瘾者都是在同伴、家庭的不良影响和缺乏监管的情况下开始的，随着使用的次数和剂量的增加往往会产生成瘾性。

世界卫生组织报道，全世界每年有 600 万人死于烟草，250 万人死于饮酒（WHO，2012）。饮酒、过量饮酒现象同样也在青少年人群中迅猛蔓延，15～29 岁人群年人均饮用酒消费量 1972 年至 2005 年猛增了 5 倍（WHO，2004）。

2011 年，Gore 等在探索全球青少年疾病负担的研究中发现，在 15～19 岁人群疾病负担中，饮酒行为导致的伤残调整寿命年（Disability Adjusted Life Year，DALY）在前 10 位中（单相抑郁、精神分裂、道路交通事故、躁郁症、饮酒、暴力、自伤、恐慌、哮喘、艾滋病）排序位居第五；而在 20～24 岁人群中，饮酒行为导致的 DALY 排序位居第九（单相抑郁、道路交通事故、暴力、艾滋病、精神分裂、躁郁症、结核病、自伤、饮酒、流产）。

物质滥用行为对青少年的身心影响巨大，使用烟、酒、毒等物质的青少年更容易出现高危性行为、抑郁、自杀意图和自杀尝试等心理行为问题。

大学时期是青少年走向独立的重要时期，这一时期大学生的行为特点往往具有较强的自主性和独立性，但又常表现出自制性差、自律性低、易受外界环境因素影响等。大学生养成的健康行为与生活方式不仅影响其目前的健康状况，更对其一生的健康产生深远的影响，大学生吸烟、酗酒等物质滥用给其生理和心理带来了极大危害，需要引起高度关注。

# 第三节　大学生健康管理

健康管理是通过对个人的健康状况以及影响健康的风险因素进行全面检查、监测，收集躯体、精神、心理、社交、环境等多方面的信息，分析影响生理、心理及行为健康的风险因素，对目前健康状况提出评估意见，提供健康咨询和行为干预，提供当前的和前瞻性的全程服务，指导健康文明科学的生活方式及医疗保健。以期提高服务对象的自我保健和自我调适的意识和能力，充分发挥个人、家庭、社会的健康潜能，以求提高健康素质，有效地利用有限的卫生资源来达到最大的健康效果，为实现世界卫生组织提出的"21 世纪人人享有卫生保健"的战略目标奠定坚实的基础。

健康管理的宗旨是调动个体和群体及整个社会的积极性，有效地利用有限的资源来达到最大的健康效果，包括健康咨询、健康体检与监测、健康教育、健康危险因素干预和健康信息管理等。大学生健康管理服务就是高校专业健康管理人员通过全面检测、分析、评估大学生的健康状况和影响因素等，为大学生提供健康咨询、指导，并给出相应方案对大学生健康危险因素进行干预以满足大学生对健康需求的过程。

目前,大学生对健康管理的认识模糊,在校期间大学生更关注自身的学习状况以及综合素质的发展,而对自身的身体状况相对了解较少;高校对健康管理的认识不到位,高校健康管理服务体系不系统、不完善,健康管理队伍不健全。鉴于此,高校实施大学生健康管理必须要紧紧围绕大学生在校期间的各种健康问题,探索建立与高校大学生卫生相适应的健康管理服务体系,以促进和谐校园的构建和"人人享有健康"的世界卫生目标的实现。

# 第二章　饮食行为与健康

合理的饮食行为是健康的基础,不仅可以满足人们每天生理需要的营养素,而且有利于自我健康管理和慢性病的预防。在社会发展进步和生活条件大为改善的今天,"吃好"还关系到青少年的良好生长发育、成年人的健康、老年人的长寿等。作为青年一代的大学生,是时代的弄潮儿,国家的未来,民族的希望,中华民族伟大复兴的中国梦终将在一代代青年的接力奋斗中变为现实。青年大学生强健的体魄因此显得特别重要,青年大学生们应该在志存高远、勤奋学习的同时培养健康的饮食行为,让自己成为德智体美劳全面发展的人才,勇挑祖国和时代赋予的历史使命。

---

**案例导读**

### 90 后姑娘患晚期胃癌　姐弟一查也中招

近日,在网络上流传的"第一批 90 后的胃已经垮了"引来不少人的关注,其内容直指 90 后最大的健康危机为"日益衰落的胃"。

"在临床上,得胃病的年轻人现在确实挺多的,甚至二十多岁的胃癌患者也偶尔会碰到。"浙江省中医院副院长、浙江中医药大学肿瘤研究所所长程向东教授说。

一个多月前,漂亮的 90 后小姑娘小楚(化名)被检查出来为晚期胃癌淋巴转移。来陪床的姐姐和弟弟一做检查,也发现胃里有肿块。

小楚就诊原因是锁骨周围的淋巴结肿大,先做了穿刺和活检,结果为转移性腺癌;然后又做了全身的检查及 PET—CT,被确诊为晚期胃癌淋巴转移。当时已没办法进行手术,专家们讨论后给出了转化治疗的方案,就是先做化疗,看看能否让肿瘤缩小及消除肿大的淋巴结,再考虑有没有做手术的机会。

然而,不幸对于这个家庭来说才刚刚开始。在小楚住院治疗期间,比她大 4 岁的姐姐和小 1 岁的弟弟都赶来陪护。无意间,他们跟医生说起了患胃癌去世的爸爸,考虑到家族遗传在胃癌发病中的威力,医生便建议姐姐和弟弟都去做胃镜检查,结果两个人的胃里都发现了肿块。所幸,弟弟的肿块为良性,只需服药治疗即可;姐姐的肿块为很早期的胃癌,程向东教授已帮她做了手术,目前恢复得还不错。

"一家姐弟三人胃里都长出肿块,其中二姐和三弟还是年轻的90后,除了家族遗传的因素之外,我们也不得不对年轻人不健康的生活习惯敲敲警钟。"程向东教授说。

——摘自:人民网,2017-11-20.

# 第一节　饮食行为的内涵及重要性

饮食是生存物质基础,行为受思想支配活动,饮食行为则是饮食生活所体现的物质和精神现象总和。即饮食行为的内涵是指受有关食物和健康观念支配摄食的行为,涵盖各类影响营养素摄入、对健康产生影响的行为。

## 一、影响饮食行为的因素

孟子曰"口之于味,有同嗜焉",是说人们对美味有相同的爱好;然而世界之大,众口难调,不同的人由于各种因素形成了不同的饮食口味与行为。

### (一)食物喜恶

新生儿天生喜欢甜味不喜欢苦味,加上烹饪的色香味形、质地、食用频率都对儿童有极大影响,这就形成了他们的饮食喜好,并决定一生的健康度。科学的饮食方式是食物多样化,鸡鸭鱼肉蛋、五颜六色的蔬菜水果都各有不同的营养素,能提供人体必需的物质支持。

### (二)食物营养的观念和知识

饮食文化中的"大鱼大肉或粗茶淡饭有营养""越贵越有营养""煲汤有营养""营养离不开保健品、补品"等认识不一定符合膳食推荐标准健康的要求,却影响了人们对食物的选择、消费与制作,从而影响膳食营养的摄入,进而影响健康。

### (三)食物可获得性

食物供给受地理、气候、耕作、收割、运输、保存加工的影响;此外,土地质地的优劣、技术的先进程度也能影响食物供给,这些因素的差异极大地影响了人们的饮食行为。还有,宗教信仰与风俗习惯限制也会影响人们的饮食喜好,地区差异也导致人们对酸麻辣鲜咸的不同青睐,这些都会直接影响生理健康的指数。基于上述多种多样的原因,膳食推荐标准不是每一个公民都能做到的。

### (四)经济收入

恩格尔系数(%)=食品支出总额/家庭或个人消费支出总额×100%;小康社会的恩格尔系数标准是40%~50%,即收入的高低在一定程度上决定人们选择什么样品质的膳食营养摄入。

（五）传播媒体

产品销售广告宣传的影响,悄然改变了人们的部分生活方式,特别是影响了青少年对食品的态度。

（六）家庭/同伴

家庭成员的长期相伴会使饮食方式习惯受到一定程度的影响;青少年更易受到同伴的影响,年龄越小越易受影响。

（七）外界环境因素

工作时间与休息时间、节假日充裕与否影响了人们对饮食的重视程度,摄入的营养质量和数量也都不一样。

（八）心理、情绪

环境舒适与否、情绪愉悦与否影响人们的食欲,直接影响健康。

（九）地域

人们的饮食行为有明显的地域差异,不同的体质适合不同的饮食结构,不同的饮食结构反过来塑造不同的体质。

## 二、健康饮食的重要性

科学合理的饮食和营养有助于提高大学生的身体素质和学习效率。但当代大学生普遍缺乏营养学知识,饮食行为基本处于盲目状态,随意性较大。大学生通过改善饮食习惯,科学地安排饮食,自我调节营养素的摄入,对于保证身体健康、精力充沛、提高学习效果具有重要的意义。

（一）学习、工作起来更有效率

健康均衡的饮食能够确保大脑工作时所需的"燃料",储备更多的能量,以此提高学习、工作效率。

（二）心情更舒畅

人们所吃的食物会对大脑功能产生明显影响。比如,一只香蕉含有 10 mg 的多巴胺,这种化学物质能提升情绪,富含多酚的黑巧克力能促进血清素的生成,能起到缓解抑郁的作用。

（三）压力更小

某些食物能够调节人体内的应激激素（皮质醇）含量。一些研究显示,食用富含蛋白质的食物（包括鱼肉和乳制品）能够对蛋白质含量进行补充,牵制皮质醇的分泌量。

（四）控制体重

一些简单而又健康的替代性选择（如用水代替汽水，用胡萝卜代替炸薯片，用色拉油代替普通油）不仅能减轻体重，还能节省开支。

（五）吃得会更少

饮食的质量远比数量更重要。新鲜食物富含更多的营养物质，从而避免身体过快地消耗营养物。

（六）味道会更好

尽管味道是一种主观性评价，但经过精心制备的健康饮食品尝起来会更美味。

（七）皮肤更年轻

健康饮食能改善皮肤的老化状况。果蔬中含有的大量抗氧化剂，能对皮肤起到保护作用。

（八）活得更健康

不健康的饮食（尤其长期如此）会成为人们患上多种慢性疾病（如癌症、糖尿病、肥胖症和心脏病）的一个风险因素。如果没有摄取到人体所需的足够蛋白质、维生素和矿物质，肌肉重量就会减轻，而脂肪存储量会增加。有学者估计，至少有30%的癌症病例与饮食不良存在关联。

（九）寿命更长

饮食健康能避免患上多种疾病，从而延长预期寿命。一项研究表明：如果七十多岁的女性将富含果蔬的饮食与勤锻炼结合起来，能显著延长寿命。

（十）花钱更少

饮食健康会让人少生病，与之伴随的医疗费用也会减少，从而有充足的金钱购买更健康的食品，吃得也会更少，形成一种良性循环。

---

**课堂互动**

### 饮食健康自我测试法

健康饮食是每个人都愿意追求的，但并不是每个人都知道自己的饮食是否健康。下面有30个题目，每个题目有3个答案："是""偶尔"和"否"。请你试着回答一下。

①吃饭不愿剩，经常吃完盘中所有的食物。

②常吃咸菜以及咸鱼、腊肉等腌制食品。

③经常吃方便面。

④经常吃刚屠宰的猪、牛、羊肉,认为其最新鲜,质量最好。

⑤喜爱吃动物内脏,如猪肝、猪大肠、羊杂碎等。

⑥喜欢选购白馒头、挂面等面食,认为颜色越白越好。

⑦喜爱吃烧烤类食物,如羊肉串、烤鱿鱼等。

⑧喜欢在看电视、读书或行走时吃东西。

⑨不管食物营养价值如何,只要对胃口就买。

⑩喜欢吃素。

⑪因某种目的,时常节食或严格限制饮食。

⑫喜欢用咖啡、冷饮或罐装甜饮料代替日常饮水。

⑬喜欢吃全麦面或杂粮。

⑭每天喝一杯牛奶或酸奶。

⑮在每三天的食谱中,都会安排胡萝卜、西红柿。

⑯西瓜、草莓喜欢挑个大的买。

⑰用餐后马上吃水果。

⑱您的晚餐通常是三餐中最丰盛的。

⑲常吃大豆、豌豆或扁豆。

⑳常吃洋葱、大蒜、姜。

㉑每周都吃河鱼或海鱼。

㉒常吃柑橘类水果,如柚子、橙子或橘子。

㉓经常不吃早餐。

㉔常在农贸市场购买没有包装的豆腐和豆制品。

㉕从小到现在一直偏爱某类食物。

㉖菜里要是盐、味精放少了,会觉得没有味道,很难下咽。

㉗炒菜时,等油冒烟了才放菜。

㉘放了好几天的剩菜,只要觉得没放坏就加热后继续食用。

㉙每天刷碗时都用洗洁精。

㉚喜食甜食,烹炒各种菜时都喜欢放些糖。

以上⑬⑭⑮⑲⑳㉑㉒题选"是"得2分,选"偶尔"得1分,选"否"得0分;①②③④⑤⑥⑦⑧⑨⑩⑪⑫⑯⑰⑱㉓㉔㉕㉖㉗㉘㉙㉚题选"是"得0分,选"偶尔"得1分,选"否"得2分。

得分在50~60分:A级健康饮食标准(钻石级),能达到这个级别的人并不多,说明您非常了解如何健康地安排饮食。得分在40~50分:B级健康饮食标准(黄金级),您的健康饮食水平高出平均水平,但还有可以提升的地方。得分在30~40分:C级健康饮食标准(白银级),您的饮食健康状况处在中等水平。得分在30分以下:D级健康饮食标准(铜铁级),您的饮食状况不健康。

——摘自:《福建卫生报》,2007-09-20.

# 第二节　大学生饮食八大类型误区

目前,我国大学生中存在诸多营养方面的问题,这些问题影响大学生的成长和学习,如偏爱零食、洋快餐、油炸食品,白开水饮用量少、蔬菜摄入量偏少,等等,能按科学方式对待饮食的人为数不多。以下列举大学生饮食的八大类型误区。

(1)有些学生喜欢牛排、炸鸡、面包、牛奶、碳酸饮料、巧克力、蛋糕等,每天都要喝咖啡,休息日喜欢去西餐厅或者西式快餐厅就餐。这样的饮食习惯往往会造成热量摄入过多,容易引发肥胖,而且还会造成营养不均衡,影响健康。

(2)部分在校学生饮食主副颠倒,把副食作为主食,每日三餐以糕点、面包、水果、肉、糖为主,很少吃饭与蔬菜。此为主食副食相悖型饮食,不利于健康。

(3)有些学生家庭富裕,在家山珍海味吃惯了,来校后受不了委屈,经常到校外饭馆大吃大喝。这些学生喜欢享受美食美酒,不计较花钱多少。正如《内经》中所说:以酒为浆,以妄为常。醉酒、腹泻、胀满、呕吐等病症经常不断,对身体健康极为不利。

(4)有些学生自恃身强力壮消化功能好,自认为吃石头都能消化,"不干不净,吃了没病",饮食不讲搭配,不讲节制,不讲卫生,饥一顿饱一顿,饮食全无规律;还有的学生在考试、考研、写论文等学习紧张的时候废寝忘食,睡眠不足,饮食无常,焦虑过度。这类型饮食者多因不注意调养,以致出现胃肠受伤、肝脾不和等病症。

(5)有些学生怕"病从口入",对食物的选择极严,不吃剩饭剩菜,不吃着色食品、防腐食品,不吃生冷食品,不吃荤类食品……了解了一些食品的制作过程之后,拒食多样食品,限制了自己的食品范围,导致必要的营养成分缺乏,达不到食养的目的而百病缠身。这类学生虽较为少见,但绝非没有。

(6)对食品的清洁要求过度,多见于有洁癖的学生。此类学生饮食上要求绝对的绿色食品、无公害食品。不吃有防腐剂的食品,不吃有添加剂的食品,不吃剩饭,不吃电冰箱中的食品……吃饭时绝不用手接触食物,严格执行"无菌观念"。这种饮食习惯使人难以与之共食,不适宜学校的团队生活,适应环境的能力差,影响身心健康。

(7)部分学生追求线条美而盲目减肥;除经常服用减肥药、减肥茶之外,不敢进食,唯恐长肉,于是选择辟谷型饮食。辟谷乃方士道家修炼成仙的方法,即不食五谷(五谷杂粮),仅以水、果品、蔬菜充饥。这当然不是科学的饮食方法。部分肥胖学生也误入此途,导致头晕、乏力、困倦、虚脱等时有发生。

(8)不同区域的学生有不同的饮食习惯,这种饮食习惯反映了不同的饮食文化,且与当地的地理环境、民俗、自然气候有关。学生带着各自的地区饮食习惯进入学校,不能适应学校的普通饮食而坚持区域性饮食,不能因地制宜,亦为饮食误区,往往给生活带来烦恼。

走入饮食误区的大学生应及时调整自己的饮食观,改变不良饮食习惯,塑造健康的体魄。

# 第三节 大学生健康饮食行为的培养

大学生作为优秀的青年群体、国家的栋梁,其素质水平的高低将直接影响国家未来的发展。营养是高素质人才的物质基础,因此培养大学生健康的饮食行为,使其具备良好的营养状况,是适应未来社会竞争的必要前提和基础。

## 一、如何科学合理饮食

高校学生是一个特殊的群体,良好的营养状况是其以后身心健康的基础,关系到中华民族未来的整体素质。大学生只有拥有强健的体魄,将来才能更好地学习工作,完成时代赋予的使命。因此,大学生务必树立科学的饮食观。

### (一)食物品种要多样化

应该一日三餐精心安排。每天所吃的食物品种越多越好,最好能在 15 种以上,营养素的种类尽量齐全。因为食物品种越多,越不容易发生营养不平衡的问题,各种微量元素的供应也能保证。

### (二)不能想吃什么就吃什么

单靠食欲、"想吃什么就吃什么"来摄取食物,就容易造成营养失衡,特别容易患心脑血管疾病、糖尿病、肥胖症等"现代文明病"。

### (三)食物搭配要恰当

因为摄入两种以上的食物,有时会造成某一种需要的营养素过剩,也有的两种以上食物同时摄入会妨碍某一种营养素的吸收利用。所以在选择食物时,要考虑到它们之间相生相克的关系,不可不加选择地一锅煮。因为食物搭配不合理,也会造成营养素的不平衡。

### (四)一日三餐摄入量的比例要适当

从摄入热量来说,早餐所需约占 30%,午餐约占 40%,晚餐约占 30%。通俗地讲就是:早餐要吃好,中餐要吃饱,晚餐要吃少。不吃早餐或晚餐过饱过好,对健康皆有害无益。

### (五)食物必须安全卫生,烹调合理,而且能够引起食欲

选择的粮食、果蔬或鱼肉类都应保证质量。不新鲜或腐败变质的食物容易染上病菌,就是高温烹煮也难以杀灭,吃了会使人生病。在烹调中,还应少加糖和盐,少吃动物脂肪,少吃油炸、煎烤食物。每天的食盐量应控制在 10 g 以内。

## 二、大学生培养良好饮食行为与健康生活方式的10条建议

"养生之道,莫先于食。"大学阶段正是身体发育趋于成熟的关键时期,其营养改善与膳食结构的正确调整直接关系到大学生身体素质的提高。针对大学生身体发育特点,相关专家提出了大学生培养良好饮食行为与健康生活方式的10条建议。

①食物多样化,谷类为主,粗细搭配。

②多吃水果、薯类和深色蔬菜果。

③常吃适宜的鱼和瘦肉。

④每天吃豆制品、奶类、蛋类。

⑤每日定时饮水,少量多次,少喝碳酸饮料。

⑥适当吃零食,少吃方便食品,不吃烧烤,限制宵夜。

⑦饮酒应限量。

⑧培养良好的生活习惯。

⑨注意食品安全,吃新鲜卫生的食物,少吃街边小吃和外卖。

⑩食不过量,天天运动,三餐合理搭配。

# 第三章 睡眠与健康

人类需要睡眠,睡眠是机体的一种十分重要的生理活动方式。现代人的生活节奏越来越快,劳累程度也在不断地增加,患各种疲劳综合征的人越来越多。现代科学研究发现,很多综合征都与人的健康睡眠有关。研究同时指出,只要健康睡眠,就能克服很多的不必要的疾病困扰。近几年来,大学生普遍存在睡眠质量差、睡眠不足等问题,对大学生的学习和生活都造成了消极影响。众所周知,"身体是革命的本钱",睡眠不足也直接导致了当代大学生的体质下降。因此,睡眠问题已经成为威胁当代大学生身心健康的主要问题之一,应该引起全社会的高度重视。

---

**课堂互动**

### 测测你的睡眠质量

**导读:**人的一生有1/3的时间是在睡眠中度过的,可见睡眠的重要性。良好的睡眠质量给整个机体带来动力。据世界卫生组织调查,27%的人有睡眠问题,而80%的患者并不把问题当作问题。以下为大家提供了睡眠质量自我测量法,不妨来测测睡眠质量吧。下面10个问题的答案有4种:A. 经常;B. 有时;C. 很少;D. 从未。

①睡眠时间很不规律,不能按时上床睡眠。

②工作或娱乐至深夜。

③躺在床上脑子里全是白天见过的人和发生的事,难以入睡。

④入睡后稍有动静就能知道。

⑤整夜做梦,醒来时觉得很累。

⑥很早就醒来,而且再也睡不着了。

⑦有点不顺心的事就彻夜难眠。

⑧换个地方就难以入睡。

⑨一上夜班就睡眠不好。

⑩使用安眠药才能安然入睡。

**计分方式**:选 A 记 5 分、B 记 2 分、C 记 1 分、D 记 0 分。

在这些测试题目中,如果你的总分在 20 分以上为严重睡眠障碍。总分在 5～20 分说明你的睡眠质量比较差。5 分以下(没有 A 项)说明你的睡眠质量良好。

# 第一节　睡眠的内涵及重要性

睡眠,是高等脊椎动物周期性出现的一种自发的和可逆的静息状态,表现为机体对外界刺激的反应性降低和意识的暂时中断。正常人脑的活动和所有高等脊椎动物的脑一样,始终处在觉醒和睡眠两者交替出现的状态,这种交替是生物节律现象之一。觉醒时,机体对内、外环境刺激的敏感性增高,并能作出有目的和有效的反应。睡眠时则相反,机体对刺激的敏感性降低,肌张力下降,反射阈增高,虽然还保持着自主神经系统的功能调节,但是一切复杂的高级神经活动,如学习、记忆、逻辑思维等活动均不能进行,而仅保留少量具有特殊意义的活动。

## 一、睡眠的重要性

2001 年,国际精神卫生和神经科学基金会发起了一项全球睡眠和健康计划,将每年的 3 月 21 日定为"世界睡眠日",其目的就是要唤起全民对睡眠重要性的认识和对睡眠质量的重视。睡眠的作用表现在补充人体的能量,增强自身抵抗力,促进人体的正常生长发育,使人体得到充分的休息,对保护人的心理健康与维护人的正常心理活动也极其重要,具体表现在以下 7 个方面。

### (一)消除疲劳,恢复体力

睡眠是消除身体疲劳的主要方式。睡眠期间是胃肠道及有关脏器合成并制造人体能量物质以供活动需求的好时机。另外,体温、心率、血压下降,呼吸及部分内分泌减少,使基础代谢率降低,从而使体力得以恢复。

（二）保护大脑，恢复精力

睡眠不足者易烦躁、激动或精神萎靡，注意力涣散，记忆力减退等，长期缺少睡眠则会导致幻觉；而睡眠充足者精力充沛，思维敏捷，办事效率高。这是由于大脑在睡眠状态下耗氧量大大减少，有利于脑细胞能量贮存。因此，睡眠有利于保护大脑，提高脑力。

（三）增强免疫力，康复机体

人体在正常情况下能对侵入的各种抗原物质产生抗体，并通过免疫反应而将其清除，保护人体健康。睡眠能增强机体产生抗体的能力，从而增强机体的抵抗力；同时，睡眠还可以使各组织器官自我康复加快。现代医学中常把睡眠作为一种治疗手段，用来帮助患者渡过最痛苦的时期，以利于疾病的康复。

（四）促进生长发育

睡眠与儿童及青少年生长发育密切相关。婴幼儿在出生后相当长的时间内大脑会继续发育，这个过程离不开睡眠；儿童及青少年的生长在睡眠状态下速度增快，因为睡眠期血浆生长激素可以连续数小时维持在较高水平。所以应保证儿童及青少年充足的睡眠，以保证其生长发育。

（五）延缓衰老，促进长寿

近段时间来，许多调查研究资料均表明，健康长寿的老年人均有良好而正常的睡眠。人的生命好似一簇燃烧的火焰，若有规律地燃烧则生命持久；若忽高忽低地燃烧则使时间缩短，使人早夭。睡眠时间恰似火焰燃烧最小的程度，因此能延缓衰老，保证生命的长久。

（六）保护人的心理健康

睡眠对于保护人的心理健康和维护人的正常心理活动是很重要的。因为短时间的睡眠不佳就会出现注意力涣散，而长时间者则会造成不合理的思考等异常情况。

（七）有利于皮肤美容

在睡眠过程中皮肤毛细血管循环增多，其分泌和清除过程加强，加快了皮肤的再生，所以睡眠有益于皮肤美容。

# 第二节　大学生失眠的危害及其相关因素

当下临床医学科学对失眠的认识尚存在局限性，但是，临床医学家们已经开始根据临床研究对失眠进行定义。2012年中华医学会神经病学分会睡眠障碍学组根据现有的循证医学证据，制订了《中国成人失眠诊断与治疗指南》，其中失眠是指患者对睡眠时间和（或）质量不满足并影响日间社会功能的一种主观体验。

## 一、大学生失眠的危害

目前,据世界卫生组织调查,世界上近30%的人有睡眠问题,其中大学生群体是重要组成部分。他们普遍面临繁重的学业压力、激烈的就业竞争、复杂的人际关系,以至于很多人都不能很好地安排作息时间,导致严重的失眠问题。其主要表现为入睡困难、睡眠维持障碍、早醒等,严重影响了他们的学习生活甚至身心健康。大学生的失眠问题亟待关注和缓解。

### (一)可导致学习受挫、学业受阻

偶尔的失眠带来的是第二天的疲倦和上课不专注、打瞌睡。长期失眠预示着学习效果不佳,注意力不能集中,记忆出现障碍,学习力不从心,甚至导致休学、退学。

### (二)对身体健康的危害

失眠可能导致大学生处于亚健康状态,使他们失去本该有的激情与创造力;失眠还与躯体疾病关系密切,睡眠不足会使人体免疫力下降,抗病和康复疾病的能力低下,容易感冒、加重其他疾病或诱发原有疾病的发作,严重影响大学生的学习、生活和工作。

### (三)对心理健康的危害

有研究表明,持续1周失眠的人会变得急躁、恐惧、紧张、注意力不集中等,严重时还可能出现定向障碍或共济失调,并可能出现幻觉、妄想等严重的精神障碍。连续失眠还会使人白天精神萎靡或不能保持旺盛的精力,进而影响大学生的社会功能。

### (四)可导致自杀率增大

失眠可能导致的第三种后果就是出现易激惹、情感脆弱、多愁善感、自我封闭、人际关系紧张、对生活缺乏兴趣、性欲减退并伴焦虑、抑郁等精神症状。此外,失眠人群患抑郁症的人数为正常人的3倍,有抑郁症伴严重失眠的病人,其自杀率大大增加。近年来,大学生的自杀率有增无减,成为家庭、社会不安定的重要因素。

## 二、影响大学生失眠的相关因素

历史的车轮已疾驰在21世纪的现代文明里。随着经济社会的发展,大学与社会需要正常接轨,社会上的现代生活方式也借机侵入校园。而越来越多的研究显示,大学生的睡眠质量已明显低于正常人群,这对大学生健康的发展是很不利的。

### (一)环境不适

大学宿舍的温湿度、噪声、晚熄灯、入睡时间不一、卫生条件不好等均可能影响睡眠质量。

（二）体质与运动

大学生睡眠质量与体质健康具有非常显著的关系,睡眠质量好的大学生体质健康好于睡眠质量差的大学生。身体不适、疾病等可导致失眠。

（三）生活方式与睡眠卫生

日常生活方式与睡眠卫生对大学生睡眠质量有重要影响,不能合理安排学习与娱乐的时间、睡眠卫生知识缺乏、不良睡眠卫生习惯等均可引起失眠。

（四）饮食习惯

不健康的饮食习惯会妨碍睡眠,如服用过量高糖分、高淀粉、高盐分、咖啡因、辛辣油腻食品,或睡前吃得过饱、吸烟、喝酒等。

（五）生活事件与应对方式

负性生活事件是导致大学生失眠症的一个危险因素。大学生的生活事件主要包括学习压力、考试、恋爱、人际关系、经济状况、就业压力等。

（六）心理因素

睡眠质量好坏与心理健康水平、情绪、人格特征等密切相关。

（七）社会支持

大学生失眠症患者缺少社会支持,恰恰成为其失眠因素之一。大学生失眠症患者多孤僻、交际差,从家庭、社会、学校、同学中获得的社会支持较少。

（八）网络成瘾

网络成瘾包括网络游戏成瘾、网络色情成瘾、网络关系成瘾、网络信息成瘾、网络交易成瘾等,这些都像幽灵般吞噬着部分大学生的心灵,导致他们失眠,直接危害着他们的身心健康。

# 第三节　大学生提高睡眠质量的方法

针对大学生睡眠情况中存在的诸多问题,大学生要学会自觉合理规划自己的学习生活,通过多种方式有意地去改善自己的睡眠状况,让自己能够健康快乐地学习、工作,让自己的大学生涯变得多姿多彩。

## 一、心理干预

大学生仍是人格完善和可塑的时期,积极的综合心理干预,包括精神上的支持,对改善患者的失眠症状是非常有效的,而且可以防止药物依赖和滥用。通过心理调控,改善心理和身体状态,实现睡眠所需的自我平静和自我控制;通过心理健康教育可以增强大学生对环境的适应能力、对环境刺激的承受能力和应变能力,减少心理压力的产生。

## 二、健康的生活方式

一是建立良好的生活方式和睡眠卫生行为;二是合理营养,加强锻炼;三是劳逸结合。

## 三、增进社会支持

社会支持一方面对压力状态下的个体提供保护,即对压力起缓冲作用;另一方面有利于维持个体良好的情绪体验,从而有益于健康。社会、学校、家长应高度重视,帮助大学生正确处理各方面的压力,形成社会、学校和家庭的立体育人环境。

# 第四章　运动与健康

法国思想家伏尔泰提出了"生命在于运动"的至理名言,一个强健的体魄对于一个人来说是十分重要的,而强健的体魄则来源于运动锻炼。大学阶段是人生中多姿多彩、值得一生回忆的重要阶段,也是进一步打好体质健康基础、养成良好学习生活及运动锻炼习惯、掌握科学的运动健身方法的重要时期。大学阶段养成良好的运动健身习惯及掌握科学的运动健身方法,将会终身受益,提高学习工作生活质量。"青年兴则国兴,青年强则国强",青年的健康体魄对于国家的繁荣昌盛、社会的和谐稳定也有着极其重要的意义,全国、全社会都要关心和爱护青年,为他们的健康成长和人生出彩提供必要的支持、搭建绚丽的舞台。

---

**案例导读**

### 身体素质为何不合格？65.4%受访青年归因于锻炼少

张楠是北京某高校大二的学生,教学楼、食堂和宿舍三点一线构成了他的大学生活。张楠坦言,能够明显感觉自己的身体素质不如高中了。"高中时跑1 000米,全班五十多个男生我能跑前三。现在整个专业就三十多个男生,而我每次体测都是垫底。"

"深夜撸串喝大酒,学习娱乐不下床",当下"瘫"和"宅"已经成为不少大学生的生活主题词。放纵、不规律生活的背后自然就是身体素质的下降。"运动会纪录多年无人打破""入学军训第一天就晕倒数人"……越来越多的这类"新闻"让大家的目光集中在了大学生的身体素质上。

近日,中国青年报社社会调查中心联合问卷网对 1 983 名 18~35 岁青年进行的一项调查显示,20.1%的受访青年自认身体素质合格,50.7%的受访青年认为一般,27.4%的受访青年觉得自己处于亚健康状态,还有 1.8%的受访青年表示自己经常生病。如何提高青年的身体素质?67.7%的受访青年建议制订锻炼计划,循序渐进发展。

——摘自:《中国青年报》,2017-10-25.

# 第一节　运动的内涵及重要性

运动一词有两种含义,一种是指涉及体力与技巧的一套规则或习惯所约束的活动,通常具有竞争性;另一种是指以身体练习为基本手段,结合日光、空气、水等自然因素和卫生措施,达到增强体能、增进健康、丰富社会文化娱乐生活为目的的一种社会活动。在学校教育环境中,运动即指导学生学习和掌握体育的基本知识与技能,使他们形成体育锻炼意识,提高体育活动能力,增进身心健康的教育活动。运动对于促进大学生身体的正常发育和发展、提高心理健康水平、增强社会适应能力、培养全面发展的人才具有重要的作用。

## 一、运动的重要性

当代大学生肩负着中华民族伟大复兴的历史使命,他们需要强健的体魄和良好的心理状态,科学合理的运动可很好地促进大学生身心健康的发展,其重要性不言而喻。

(一)运动对人体各系统健康有重要影响

1. 运动对心血管系统的影响

积极参与运动对心血管系统的作用体现为:促进血液循环,防治心血管疾病;改善心肺功能;提高免疫能力。

2. 运动对呼吸系统的影响

运动对呼吸系统的作用具体表现为提高呼吸系统的机能水平,促进呼吸器官结构的改变。

3. 运动对运动系统的影响

人体所进行的任何运动都是由运动系统参与实现的。运动对于运动系统的良好促进作用表现为:促进结构机能的有利变化;提高关节的柔韧性和灵活性;强化骨结构,提高骨性能。

4. 运动对神经系统的影响

机体经常参与运动锻炼可以有效促进神经系统功能的提升,表现为提高神经系统的反应能力和灵活性;提高人体对环境的适应能力;提高大脑皮层神经细胞的耐受性;延缓大脑组织的衰老。

5.运动对消化系统的影响

进行运动锻炼能够加速人体的新陈代谢和增加人体消化液的分泌,提高食欲,增强肠胃系统对食物的消化和吸收能力,有效增加人体营养素的摄入,为人们强身健体、增强体质保驾护航。

6.泌尿系统的影响

机体通过运动锻炼使肾脏器官产生反复的收缩、扩张过程,能够帮助刺激肾脏器官的血液循环,提高肾脏的健康水平,预防多种肾脏疾病的发生,保护肾脏健康。

(二)运动对人体心理健康有重要促进作用

1.改善情绪状态

情绪状态是衡量运动对心理健康影响的最主要的指标。运动可以转移个体不愉快的意识、情绪和行为,使人从烦恼和痛苦中摆脱出来。大学生常因名目繁多的考试、相互间的竞争以及对未来工作压力的担忧而产生持续的焦虑反应,经常参与运动可使自己的焦虑反应降低。

2.提高智力功能

经常参加运动可以提高自己的智力功能。运动不仅使锻炼者的注意、记忆、反应、思维和想象等能力得到提高,还可以使其情绪稳定、性格开朗、疲劳感下降等,这些非智力成分对人的智力功能具有促进作用。

3.确立良好的自我概念

自我概念是个体主观上对自己的身体、思想和情感等的整体评价,它是由许许多多的自我认识所组成的,包括"我是什么人""我主张什么""我喜欢什么""我不喜欢什么"等。坚持运动可使体格强健、精力充沛,因而,运动对于改善人的身体表象和身体自尊至关重要。

4.培养坚强的意志品质

在运动中要不断克服客观困难(如气候条件的变化、动作的难度或意外的障碍等)和主观困难(如胆怯和畏惧心理、疲劳和运动损伤等),锻炼者越能努力克服主、客观方面的困难,也就越能培养良好的意志品质。从锻炼中培养起来的坚强意志品质能够迁移到日常的学习、生活和工作中去。

5.消除疲劳感

大学生持续紧张的学习压力极易造成身心疲劳和神经衰弱,保持良好的情绪状态和参加中等强度的运动则可以使他们身心得到放松。

6.治疗心理疾病

运动被公认为是一种心理治疗方法。运动作为一种改善心理环境、增强心理健康的重要手段,是任何其他方式无法代替的。在大学生中,有不少人由于学习和其他方面的挫折而引起焦虑症和抑郁症,通过运动即可以减缓或消除。

## 二、科学运动锻炼原则及方法

运动锻炼是发展身体、增进健康、增强体质、调节精神的重要手段。然而,如果运动锻炼不科学合理,运动过量或强度过大等均可能致使机体免疫功能受到损害,影响身心健康,因此遵循科学运动锻炼的原则及方法十分必要。

（一）科学运动锻炼的原则

1. 自觉性原则

人们在选择体育运动项目时，一般都会带有一定的目的性，这促使人们自愿、自觉地投入到运动中，只有这样运动才会起到应有的作用。

2. 循序渐进原则

大学生在进行运动锻炼时，千万不要急于达成目的给身体增加过量的负荷，这样非但达不到预期的运动效果，反而会伤害身体健康。

3. 针对性原则

在选择项目进行运动锻炼时，不要盲目地听从运动教练的建议只进行一些时尚的运动，一定要切合自身的实际情况，根据自身的特点，以增强身体素质和提高运动水平为目的，有选择地确定合适的项目进行锻炼。

4. 经常性、全面性原则

经常性原则是指开始运动锻炼之后一定要坚持，持之以恒地进行，把锻炼当作日常生活中的一项正常内容。全面性原则是指进行运动锻炼时，不要因为爱好单一项目而只进行某一项目的锻炼，应选择包括不同种类的多种项目和不同性质的项目进行锻炼，注重全身各部位、各器官机能的全面发展和整体活动能力的提高。

（二）科学运动锻炼的方法

1. 重复锻炼法

大学生在运动中采用重复锻炼法进行运动时，首先要克服这种单纯重复动作带来的枯燥感，还要保证每次重复练习的质量。这种方法不仅能增强体质，从某种意义上说还可以磨炼人的意志。

2. 循环锻炼法

运用循环锻炼法的运动项目一般都会采用负荷相对较轻的练习，所以在锻炼过程中对技术的要求不高，运动起来简单有趣。参加初级阶段运动的人更适合采用这一方法进行练习。但需要注意的是，在循环锻炼法中，一定要按照全面发展健康的原则来搭配运动项目，以促进身体各个方面的同步发展。

3. 连续锻炼法

为了让锻炼取得更加良好的效果，在持续运动锻炼中，要避免运动强度超过身体负荷的极点，即需要连续运动的时候就坚持连续运动，需要间歇运动的时候就要停一会儿。

4. 间歇锻炼法

一直以来，人们都认为只有在运动的过程中才能实现体质的增强，其实，实现体质内部的增强主要是在间歇过程中，体质能量在运动后休息的过程中会得到超量恢复。

5. 竞赛锻炼法

这是人们为了提高锻炼者的积极性，在模拟、近似或者真实的比赛条件下按照严格的比赛规则和方式进行锻炼的方法。竞争意识可以激发运动者的积极性，同时运动者在比赛中可以相互交流练习经验,也有助于运动者更全面地提高战术水平,培养他们敢于拼搏、积极向上、坚韧不拔的生活态度。

**6. 变换锻炼法**

运动中使用变换锻炼法可以提高运动者的兴奋性,有效地调节生理负荷,克服在运动过程中产生的疲劳和厌倦情绪,增强运动的趣味性,从而更好地达到运动效果。

**7. 游戏锻炼法**

游戏锻炼法一般是为了在进行运动锻炼的过程中激发学生的兴趣,提高他们运动的积极性而采取的以游戏形式进行运动锻炼的方法。让学生们在快乐的游戏中进行强身健体的锻炼,释放更多的激情和笑容,可以有效缓解他们的压力。

# 第二节　运动处方

运动处方的概念最早是美国生理学家卡波维奇在 20 世纪 50 年代提出的。20 世纪 60 年代以来,随着康复医学的发展及对冠心病等的康复训练的开展,运动处方开始受到重视。1969 年世界卫生组织开始使用运动处方术语,从而在国际上得到认可。运动处方的完整概念是:康复医师或体疗师对从事运动锻炼者或病人根据医学检查资料(包括运动试验和体力测验),按其健康、体力以及心血管功能状况,用处方的形式规定运动种类、运动强度、运动时间及运动频率,提出运动中的注意事项。运动处方是指导人们有目的、有计划和科学地锻炼的一种方法。

## 一、运动处方的基本原则

制订运动处方必须遵循一定的原则,具体包括以下四个原则。

**1. 因人而异原则**

运动处方必须因人而异,切忌千篇一律。要根据每一个参加运动锻炼者或病人的具体情况制订出符合个人身体客观条件及要求的运动处方。不同的疾病,运动处方不同;同一疾病在不同的病期,运动处方不同;同一个人在不同的功能状态下,运动处方也应有所不同。

**2. 有效原则**

运动处方的制订和实施应使参加运动锻炼者或病人的功能状态有所改善。在制订运动处方时,要科学、合理地安排各项内容;在运动处方的实施过程中,要按质、按量认真完成训练。

**3. 安全原则**

按运动处方运动,应保证在安全的范围内进行;若超出安全的界限,则可能发生危险。在制订和实施运动处方时,应严格遵循各项规定和要求,以确保安全。

**4. 全面原则**

运动处方应遵循全面身心健康的原则。在运动处方的制订和实施中,应注意维持人体生理和心理的平衡,以达到全面身心健康的目的。

## 二、运动处方的内容

运动处方的内容一般包括运动目的、运动项目、运动强度、每次运动持续时间、运动频率和注意事项 6 个方面。下面将对这些内容进行详细介绍。

### 1. 运动目的

健身者的年龄、性别、职业、爱好、习惯和体质健康状况不同,锻炼目的各不相同,因而开出的运动处方也不同。运动的目的有:预防疾病、强身健体、减肥健美、休闲消遣及提高身体素质、运动成绩等。

### 2. 运动项目

运动项目应根据锻炼目的和个人兴趣而定,一般包括以下项目:耐力性项目(有氧运动项目),如快走(步行)、慢跑、骑自行车、游泳、爬山等,此类运动项目能有效增强或改善心血管系统和代谢功能,提高体能,预防冠心病、肥胖症和动脉硬化等病症。医疗体操(呼吸操、矫正体操等),适用于患有某种慢性疾病或创伤康复期的大学生或患者。放松性训练,如气功、太极拳、瑜伽等,此类项目有调节神经系统、放松精神和躯体、消除紧张和疲劳、防治高血压和神经官能症的作用。力量型项目,力量性练习能增强肌肉力量和力量耐力,防止关节损伤,改善机体有氧代谢能力和增强体力。柔韧性练习,大学生经常做一些柔韧性练习可以活动关节,增强关节的柔韧性和灵活性,延缓关节硬化。

### 3. 运动强度

运动强度是运动处方中最重要的部分,目前运动强度的衡量有多种形式,包括最大摄氧量(Vo2max)。一般来说,60% ~ 80% 的最大摄氧量是理想的运动强度,对于年老且有心脏病者低于 50% 的最大摄氧量较为安全且有效。心率(HR)是一个反映运动强度的直接、简便的指标。ET(梅脱)即代谢当量(MET)是安静坐位代谢水平的倍数,也称代谢当量。无氧阈值(AT)在临床上一般用气体代谢分析仪来测定,可用来客观评价运动疗法的效果。自觉劳累分级(RPE)是持续强度运动中用力水平可靠的指标,可用来评定耐力训练的运动强度。谈话水平是指在运动时谈话而不伴有明显气短的运动强度,即为产生运动效果的适宜强度。

### 4. 每次运动持续时间

每次运动持续时间即除准备活动和整理活动外运动持续的时间,惯坐者和体适能低的人应该从小强度短时间(20 ~ 30 min)运动开始,逐渐增加。

### 5. 运动频率

人体对训练刺激作出反应需要时间,有的人甚至需要 24 小时以上。在进行很长时间的运动中,需要一定的时间来消除疲劳,可以选择每天或隔天一次的运动,但无论如何每周都要留出一天来休息。

### 6. 注意事项

在实施运动处方中必须注意两个问题:一是要循序渐进。在任何情况下都要强调开始时宁少不多,从简单运动开始以渐进的方式逐渐增加难度和强度。二是要做好准备活动和整理活动。在运动开始时,轻微的运动及伸展比实际活动更重要,它们可以用来改善从休息到运动状态的转变。在刚开始运动时,要逐渐增加活动强度,一直到能达到适宜强度为止。

伸展运动能增加关节活动度和下背柔软度,这些都应包括在准备活动中。在活动进行到最后时,大约要有 5 min 的整理活动,这样可使呼吸和心跳恢复到正常值。这在运动进行中是十分重要的,可以减少运动结束后产生的低血压。

### 三、运动处方制订的步骤

运动处方的制订应严格按照运动处方的制订制度进行。首先应对参加锻炼者或病人进行系统的检查,以获得制订运动处方所需要的全面资料,再按以下三个步骤制订运动处方:第一,进行健康调查、健康评价;第二,运动试验;第三,体质测试。在制订各个步骤的具体内容时一定要考虑清楚,要结合运动者自身的实际情况。

### 四、运动处方的实施与监控

不同效果的运动处方经过测量制订后,紧接着就要具体检测处方的实施效果。在实施运动处方的过程中,运动者要切合自身的实际情况及时地调整运动处方的实施方案,始终保持运动处方的科学性、有效性和可行性,最大限度地保障运动促进健康的效果。

1. 运动处方的实施

运动处方在实施过程中一般会分为三个阶段进行,即运动前准备活动阶段、运动中基本活动阶段和运动后整理活动阶段,不同的实施阶段会安排不同的锻炼内容以达到不同的运动效果。大学生在按照运动处方进行锻炼时,一定要注意坚持实行处方在每个运动阶段的计划。

2. 运动处方的监控

大学生们在参与运动锻炼时,身体会产生一定的疲劳现象,这属于正常的运动性疲劳,不会对机体产生危害。因此,不能因为身体有疲劳现象就终止运动,机体会通过肌肉疲劳与恢复的过程来促进自身功能增强,提高机体健康水平。但是也不能过度运动,因过度运动而产生的过度疲劳对身体是没有益处的。大学生在实施运动处方的过程中,一定要采取必要的方法或措施进行自我监督和医务监督。

# 第五章　环境与健康

环境是影响健康的重要因素,生活在环境中的个体一方面受到环境的影响,另一方面其自身的活动也影响环境。现在,我国开始重视和加强生态文明建设,积极推进绿色、健康生态环境的建立和保护。大学生是未来国家建设发展的主力军,加强大学生环境道德教育具有很强的必要性和现实性。

# 第一节　环境与健康概述

## 一、环境的概念

环境是指围绕人群的空间及其中能直接或间接影响人类生存和发展的各种因素的总体,是一个非常复杂的庞大系统,由多种环境介质(如大气、水、土壤)和环境因素(环境介质中无机或有机的组成成分)组成。环境是人类生存的条件,也是人类发展的根基。人类与环境的关系是生物发展史上长期形成的一种既相互依存、相互转化的辩证统一关系。各种环境因素对人体健康既可产生有益作用,在某些条件下也可产生有害影响。人类发挥主观能动性改善环境,既可避免或减轻恶劣环境条件对人类的影响,也可破坏环境,给人类带来巨大灾难。因此,人类与环境在历史进程中必须协调发展,构建环境友好型社会。

## 二、环境对人类健康的影响

每一个人都生活在一定的环境中,人类的健康与其赖以生存的环境是密切相关的。人类的健康在相当大程度上是由环境质量决定的,一个健康的环境通常会促进一个健康的人群。环境包括围绕我们周围的所有外界事物,按其属性分为自然环境、人工环境和社会环境三大类。

### (一)自然环境的影响

自然环境是指包括整个地球的所有生物和非生物,以及在此环境中所有生物的相互作用。自然环境分为天然形成的原生环境和由于工农业生产和人群聚居等施加影响而形成的次生环境。原生环境包括水、空气和土壤等,次生环境对人类生存条件的改变是危害人类健康的主要环境因素。自然环境对人类健康的影响是多方面的、广泛的。自然环境的破坏,如扩散的有害物质、酸化、过度地使用化肥及农药、光化学空气污染、废气排放等引起的全球气候变暖及地表的污染和公害等,都可能直接或间接对人类的健康造成不利的影响,引发多种人类疾病,甚至死亡。

### (二)人工环境的影响

人工环境(又称"建筑环境")是指经人类的干预和开发结合原始原料、空间及文化而开发的产物,所以它是经人类所创造,并结合了物理元素和能量而建立的地方和空间,如建筑物、公园、商场等。人工环境中的物理、化学及生物因素对人们的健康影响极大。人工环境中各种污染物如各类烟尘颗粒物、人体自身排出的不良气体、各种空气微生物、室内装修材料和化学品都会对人体呼吸道、皮肤、脏器和免疫系统造成损伤。其环境内的噪声、光环境、电磁环境和绿化状况等也会对人的身体和心理产生不同程度的影响。

（三）社会环境的影响

社会环境是指人类生存及活动范围内的社会物质和精神条件的总和。社会环境包括诸多因素，主要指人类在生活、生产和社会交往活动中所形成的关系与条件。随着社会的发展和人类疾病构成的改变，社会环境对健康的影响越来越明显。职业、年龄、教育和收入水平及保健意识等因素均可影响个人健康。社会环境对人类健康的影响不是单一的，而是各因素之间互有联系、相互作用，从不同方面综合地影响着人类健康。

## 三、人类活动对环境的影响

人类活动包括农业、渔业、能源工业、各类制造业、冶金矿业、运输业等各个方面的活动，人类活动对自然环境会产生或多或少的影响。伴随着人口的持续急剧增长、经济的迅速发展以及工业化和城市化进程的加快，人类活动对环境的负面影响日益突出。全球人口的急剧增加直接导致世界部分地区水资源和粮食的严重短缺。人类对自然环境的过度开发利用、缺乏规划的滥砍滥伐等，加剧了土壤荒漠化及生态环境破坏。工厂废气废物的排放加重了空气和水资源污染，生态环境遭到破坏，引发各种自然灾害。

环境与健康问题是 20 世纪末提出的重要问题。随着全球气候变暖和人类活动对生态环境破坏的加剧，各种新的健康问题频繁出现。WHO 对全球疾病负担重归因于环境因素的部分作了量化评估：在 102 类主要的疾病和残疾中，环境因素在其中 85 类中导致了疾病负担；在全球范围，估计 24% 的疾病负担（健康寿命年损失）和 23% 的死亡（早逝）可归因于环境因素；在 0 ~ 14 岁的儿童中，归因于环境因素的死亡比例甚至高达 36%。总之，环境和健康之间的关系既密切相关又非常复杂。

## 四、我国的环境问题与健康

环境问题是指由人类活动作用于周围环境所引起的环境质量变化，以及这种变化对人类的生产、生活和健康造成的影响。21 世纪，我国生产力、科学技术迅速发展，物质文明空前繁荣，但环境问题也越发严重，甚至影响了我们的生存和发展。我国已经成为世界上发展最快、能源消耗最大的国家之一，由此引发的空气、水、土壤等环境污染问题使我国居民面临多种急性、慢性疾病的威胁。

在我国面临的众多环境挑战中，大气污染可能是最具有健康风险的问题：全球疾病负担研究估计，2010 年大气污染导致我国逾 120 万人过早死亡和 2 400 万健康生命损失。气候变化是另一个重大威胁：2007 年，我国超过美国成为二氧化碳的头号排放国；2013 年，我国人均二氧化碳排放首次超过欧盟。我国水体污染形势也很严峻，2016 年的调查数据显示：全国十大水系水质有一半被污染；国控重点湖泊水质有四成被污染；31 个大型淡水湖泊水质有 17 个被污染；9 个重要海湾中，辽东湾、渤海湾和胶州湾水质差，长江口、杭州湾、闽江口和珠江口水质极差。水资源短缺、水环境污染、水生态受损情况触目惊心，水安全正在成为新时期经济社会发展的基础性、全局性和战略性问题。

我国每年由于水污染、大气污染、固体废物排放、噪声污染以及生态环境破坏导致的自然灾害所造成的损失大约为 2 830 亿元。这些环境问题持续时间长,危害性极强,直接危及人类的生命健康。

# 第二节　我国生态文明建设视野下的大学生环境道德教育

随着全球经济的迅速发展,环境污染也日益严重,不仅发生了区域性环境污染和大规模生态平衡破坏,而且出现了温室效应、臭氧层破坏、全球气候变暖、土地沙漠化、海洋污染等大范围和全球性的环境危机。环境问题已经超越了国界,威胁着人类的生存和发展。健康是人类生存的基础、社会发展最基本的条件。环境对人类的健康有着极大的影响,保护和开创一个优质的环境是人类健康发展的保障。我们在追求经济发展的同时,需要认真地保护自然资源,创造和维系一个有利于人类健康和福祉的建筑环境和社会环境。

中国共产党第十七次全国代表大会把生态文明建设纳入全面实现小康社会的进程,并首次将"生态文明"这一概念写入党的政治报告,在全社会倡导生态文明观念。中国共产党第十八次全国代表大会指出:"建设生态文明,是关系人类福祉、关系民族未来的长远大计,面对资源约束趋紧、环境污染严重、生态系统退化的严峻形势,必须树立尊重自然、顺应自然、保护自然的生态文明理念,把生态文明建设放在突出位置,融入经济建设、政治建设、文化建设、社会建设各个方面和全过程,努力建设美丽中国,实现中华民族永续发展。"

习近平在中国共产党第十九次全国代表大会所做的报告全面阐述了加快生态文明体制改革、推进绿色发展、建设美丽中国的战略部署。报告明确指出,我们要建设的现代化是人与自然和谐共生的现代化,既要创造更多物质财富和精神财富以满足人民日益增长的美好生活需要,也要提供更多优质生态产品以满足人民日益增长的优美生态环境需要。十九大报告为未来中国推进生态文明建设和绿色发展指明了路线。生态文明建设功在当代、利在千秋,建设生态文明是中华民族永续发展的千年大计。报告对生态文明建设和绿色发展的高度重视,表明我国生态文明建设和绿色发展将迎来新的战略机遇。

建设生态文明必须要加强对人类的道德价值观引导,即加强环境道德教育。环境道德是指人们在环境保护、改造、发展和建设的实践中,对自身所依存的生态环境的一种自觉的反应形式和所持的态度,是人在思考与处理环境问题时必须遵循的道德行为准则。公民的环境意识是反映社会道德水准和现代文明程度的重要标志。当代中国的生态文明建设趋势对公民的环境道德教育提出了更高的新的要求。大学生作为一个特殊群体,其环境意识对我国环境保护与可持续发展战略的顺利实施具有重要影响,环境问题的解决需要几代人的努力,实现生态文明的重担必将落到大学生的肩上。

大学生的环境道德观念和环境道德行为直接影响着我国生态文明建设的进程,关系着社会主义和谐社会的发展和进步。所以,大学生需加强环境道德教育,增强保护生态环境的意识和自觉性,学习保护生态环境的知识,塑造生态人格,积极参与保护环境等实践活动,促进我国生态文明建设。

延伸阅读

### 《中华人民共和国环境保护法》简介

《中华人民共和国环境保护法》是为保护和改善生活环境与生态环境,防治污染和其他公害,保障人体健康,促进社会主义现代化建设的发展而制定的法律。该法于1989年12月26日颁布和施行,全文共六章四十七条。多年来,环保法修法的呼声不断,从1995年到2011年,全国人大代表共有2 400多人次提出修改环保法的议案共78件。2013年10月21日,环境保护法修正案草案第三次提交全国人大常委会会议审议;三审稿再次调整了诉讼主体范围,拟扩大至从事环保公益活动连续5年以上且信誉良好的全国性社会组织。2014年4月24日,十二届全国人大常委会第八次会议审议通过了环保法修订案,定于2015年1月1日起施行。这部法律增加了政府、企业各方面责任和处罚力度,被专家称为"史上最严的环保法"。

# 第六章　物质滥用与健康

在日常生活中,有些群体常常自愿地应用各种危害身体健康的物质,这种物质滥用的行为直接影响其个体的健康。随着物质滥用群体趋向年轻化,大学生群体中也出现了物质滥用的现象,严重影响青年一代的健康成长。因此,增强大学生对物质滥用及其危害的认识,提高大学生对自身和他人健康的关注显得尤为重要。

## 第一节　物质滥用的概述

上瘾是一种由于反复应用某种自然或合成的物质,而使人们在生理或心理上对该种物质产生依赖的一种状态。生理性依赖发生于机体适应该种物质并将其融合进机体组织的正常功能中。心理性依赖是人们由于该物质产生的快感而不断应用它,并非因为生理上的必需。上瘾往往是先产生心理的依赖,接着当机体出现对该物质的适应时产生生理上的依赖。一个人是否对某种物质上瘾决定于对该物质应用的程度和产生的影响。

物质滥用是指长期使用某些可成瘾物质后,产生心理上与躯体上的愉快感而不能克制重复使用这些物质的渴望状态,一旦戒断会出现心理上或躯体不适。发达国家第二次卫生革命实践证明,精神活性物质(烟草、酒精、鸦片类、镇静剂、兴奋剂等药物)的滥用作为不良的生活方式,已成为慢性疾病,甚至是致命性疾病(如吸毒与 AIDS)的起因,不仅直接危害着滥用者的精神和躯体健康,还将造成大量的个人、家庭和社会问题。

随着我国经济的发展及文化变迁,我国精神活性物质的消费与滥用呈上升态势,这对国民健康极为不利。众多研究资料表明,成人的物质滥用常起始于好奇,特别是模仿力强、鉴别力低的青少年期。

# 第二节　常见的物质滥用及危害

## 一、吸烟

吸烟行为往往开始于青少年时期,一些心理社会因素是青少年开始吸烟的原发动力,社会环境影响也塑造着青少年对吸烟的观点、信念和意图。心理学家 Silvan Tomkins(1966,1968)指出了继续吸烟的 4 种心理原因:达到正性效应,通过吸烟来获得刺激、放松和快感;减少负性效应,减轻焦虑和紧张;在无意识之下吸烟成为习惯性或自动的行为;人们可能对吸烟调节正性和负性情绪状态产生了心理依赖。人们之所以对烟草形成了生理性依赖,是因为在使用烟草时吸入了某些化学物质。这些化学物质包括一氧化碳,这种气体被吸入血液即能快速影响生理功能。

20 世纪末,世界上每年与吸烟有关的疾病所致的死亡人数已达到 400 万,预计 2030 年会达到 1 000 万(WHO,1999)。随着科学研究的深入,大量的研究证明吸烟能导致多种其他疾病,特别是肺气肿和慢性支气管炎,吸烟也可导致急性呼吸道系统感染。吸烟会缩短人类几年的寿命,增加许多疾病的患病率,特别是癌和心血管疾病。没有任何一种单独的行为会像吸烟一样产生如此重大的后果。

"二手烟"又称"环境烟草烟雾",是指不吸烟者吸入吸烟者呼出的主流烟雾及卷烟燃烧产生的侧流烟雾。二手烟暴露能使非吸烟者的冠心病风险增加 25% ~30%,肺癌风险提高20% ~30%。在我国,有 7.4 亿不吸烟人群暴露于环境烟草烟雾中。吸烟是人类最大的可预防的致病致死因素,戒烟是降低吸烟对健康产生危害的唯一方法。

## 二、饮酒和酗酒

酒精滥用是指饮酒超过世界卫生组织规定安全范围但是达不到酒精依赖的程度,也可以称为危险及有害性饮酒。过量饮酒会对饮酒者的身体健康产生一系列危害。饮酒会导致饮酒者通过多种形式的事故来伤害自己和他人,比如从无意识的纵火到酒后开车、划船或滑雪导致的灾祸。

饮酒会损伤几个小时的知觉、认知和运动能力,特别是在刚喝完酒的 2 ~3 小时。长期、大量的饮酒者很可能产生多种健康问题,主要的危险之一是导致肝硬化。重度饮酒者还会有其他的健康隐患,比如某些种类的癌、高血压、心脑疾病等。

大学期间,大学生的酗酒问题逐渐增加。在全日制大学生和非学生的青年中,酒精滥用的高频率敲响警钟,需要不懈的努力来降低对酒精的使用和与酒精有关的伤害。以社区和学校为基础的酒精筛选计划的采用和有效性的增加可能是一个有效的途径。这样,只要能确定一个人有伤害性酒精使用行为,就对其进行相关教育,促使他们参加适当的治疗服务计划。

---

**自我评价**

**你是酒瘾者吗?**

请根据自己的情况回答以下问题:

①你经常每周饮用超过 14 杯的酒吗(这里的一杯是指混合型的酒精饮料,比如 340 克的白酒或酒精含量相当的酒)?

②你经常想什么时间、怎样再次去饮酒吗?

③你的工作或学业是否因饮酒行为而受到影响呢?

④自从开始大量饮酒以后,是否感觉到健康状况越来越差呢?

⑤家人或朋友常因为你的饮酒问题而提醒你吗?

⑥你是否有机会用停止和开始饮酒来"检验"自己?

⑦在过去的一年是否因为酒后开车而被吊销驾照呢?

如果第一个问题回答"是",请改变你的饮酒行为;如果对任何其他的问题回答"是",请向你大学的咨询师征求建议或寻求帮助。

——摘自:萨拉裴诺,《健康心理学》.

---

### 三、药物滥用和药物成瘾

药物滥用和药物成瘾已成为当今世界性的公共卫生问题和严重的社会问题,并引起人们的广泛关注和高度警觉。药物滥用是指非医疗目的反复、大量使用具有依赖性特性或依赖性潜力的药,为的是体验该药物产生的特殊精神效应,并由此导致精神依赖性和躯体依赖性。

药物成瘾是一种机体反复与药物接触引起的慢性复发性脑病,其主要特点是强迫性药物使用、持续性渴求状态和对药物渴求控制力的减弱。药物滥用与成瘾的产生和发展取决于政治、文化、经济等宏观环境以及具体个体的心理特点、行为习惯等因素。药物指精神活性物质,除了尼古丁和酒精以外的、能够导致生理上和心理上依赖的物质。成瘾药物的滥用归咎于很难停止的成瘾性行为,尤其是生理性依赖的产生。

2012 年,《国家药物滥用监测年度报告》显示,近 5 年药物滥用流行特征已发生了 5 大变化。

其一,海洛因与"冰毒"是主要滥用物质,"冰毒"滥用呈现增长趋势。2008—2012 年药物滥用监测数据显示,药物滥用监测人群中海洛因滥用者所占比例逐年下降,减少 18.8%,

而"冰毒"滥用者所占比例增长 14.9%。

其二,新型合成毒品滥用者已成为新发生药物滥用人群的主体。新发生药物滥用人群中,海洛因滥用者逐渐减少,所占比例从 70.3% 下降到 23.6%;"冰毒"等新型合成毒品滥用者逐渐增长,所占比例从 28.8% 上升到 75.1%。

其三,25 岁及以下低龄人群仍然是预防药物滥用的重点人群。2012 年监测数据显示,初次滥用药物的人群中有一半是 25 岁以下青少年。

其四,海洛因与新型合成毒品人群的交叉、混合滥用的问题普遍存在。海洛因与"冰毒"依然是药物滥用人群的主要滥用物质。

其五,药物滥用人群中滥用医疗用药品呈逐年下降趋势。随着我国不断完善麻醉药品、精神药品的监管措施和手段,不断加大监管力度,在药物滥用人群中,使用医用麻醉药品和精神药品的比例由 2008 年的 30% 降至 2012 年的 8.2%。药物滥用人群以无业(66.7%)、25 岁及以下低龄人群(占 48.2%)、初中及以下文化程度(83.3%)、无配偶人员(未婚、已婚分居、离婚、丧偶共占 55.5%)为主。

总体而言,我国药物滥用形势依然严峻,滥用人群趋于低龄化。如深圳药物滥用人群 90% 以上是青少年。新型合成毒品流行情况有增长趋势。为此,加强青少年教育,有效防治新型合成毒品滥用显得尤为重要。

WHO 将健康危险行为定义为:吸烟、饮酒、药物使用、过早与不安全性行为、膳食不合理、缺乏体育锻炼及导致意外伤害的行为。健康危险行为引发的新的健康问题日益增长,大学阶段作为青少年成长的一个重要阶段,自然而然也会面临吸烟、饮酒和药物使用等健康危险行为的侵害,大学生需加强认识,逐步提高健康意识,培养良好的行为习惯,远离物质滥用,促进自我健康发展。

# 【健康·行】

## 一、运动负荷的自我监测

在运动锻炼中,运动负荷太小,达不到锻炼身体的目的;运动负荷过大,则容易引起运动性疲劳,影响健康。那怎样判断运动负荷的大小呢? 我们可以通过掌握一些简单易行的方法来判断。

1. 检测运动负荷的简便方法

测定脉搏是检测运动负荷常用的简便方法。心脏是人体中非常重要的动力器官,我们全身流动的血液全靠心脏这个"马达"来推动。心脏每分钟跳动的次数叫心率,它是心脏功能的一种表现。随着心脏的跳动,在特定部位皮肤表面可以摸到的动脉搏动称为脉搏。成人安静时的正常心率为 70 ~ 80 次/min。运动和情绪激动时可使脉搏加快。我们可以通过测定自己的脉率变化来判断锻炼负荷是否合适。

2. 适宜运动脉率的判断及其测定

人都有一个最高脉率,即使你进行非常吃力的运动,达到了最高脉率后也不能再增加了。最高脉率和年龄、体能水平有关。20 岁以下的青少年,最高脉率一般为 200 次/min;而经常锻炼、体能水平好的青少年,最高脉率可以达到 220 次/min。最高脉率只有在参加最为激烈的运动时才会体现出来。通常,比较适宜的运动脉率应保持在最高脉率的 50% ~ 80% 的范围。

由于人们的体能水平存在一定差异,因此最为适宜的运动脉率也有所不同。我们可以用公式计算出自己最为适宜的运动脉率:适宜的运动脉率 =(最高脉率 - 安静时的脉率)65% + 安静时的脉率。

脉率的测定方法:第一步,准备一块马表;第二步,找到能摸到脉搏的部位;第三步,运动停下来时测定 6 秒钟的脉搏跳动次数;第四步,测量时准确地数 6 秒钟脉搏跳动的次数,再乘以 10,就是此时的脉率。

运动后心脏恢复率的测定:持续长时间运动以后,心脏分两个阶段恢复。在最初阶段,心率急剧下降,接着维持一定的状态,然后再慢慢恢复到安静时的心率。在运动刚刚结束后的 1 min 内,有一个心脏恢复的重要时期。在这 1 min 内,你的心脏恢复越快,说明你的心脏功能越好。先在运动结束后即测 6 秒的脉率,运动结束后 1 min 再测一次 6 秒的脉率,利用公式就可以算出心脏恢复率:

$$心脏恢复率 =(运动心率 - 恢复心率)/10$$

心脏恢复率水平评价参考标准见表 1.1。

表 1.1　心脏恢复率水平评价参考标准表

| 心脏功能 | 不好 | 可以 | 好 | 优秀 | 非常优秀 |
|---|---|---|---|---|---|
| 心脏恢复率 | 2 | 2 ~ 3 | 3 ~ 4 | 4 ~ 6 | 7 以上 |

3. 判断运动负荷大小的方法

①晨起安静脉率:在正常情况下,运动锻炼后心脏机能增强,安静时的心率应逐渐减少。但是如果相反,就表示运动负荷大。

②自我感觉判断:如果运动锻炼后,经过合理休息后感到全身舒服、精神愉快、体力充沛、食欲增加、睡眠良好,说明运动负荷安排比较合理。相反,如果感到十分疲劳,四肢酸沉,至次日仍然没有消除,出现心慌、头晕、没有食欲,睡眠不好,并有对再次参加运动锻炼感到厌恶等不良症状,则说明运动负荷过大,需要好好休息调整。

**二、根据下方模板,结合自身体质情况给自己模拟开一个运动处方**

详见表 1.2—表 1.4。

表 1.2　个人资料及身体健康状况

| 姓名: | | 性别: | | 年龄:　　　　　　岁 | |
|---|---|---|---|---|---|
| 身高:　　　　　cm | | 体重:　　　　　　kg | | 职业: | |
| 伤病史: | | | | | |
| 运动史: | | | | | |
| 主要问题:<br>①<br>② | | | | | |

表1.3　体能测试及评估

| | | 实际数值 | 理想数值 | 状态评估 |
|---|---|---|---|---|
| 体重(kg) | | | 66 | |
| 体重指数 | | | 22.5 | |
| 身体围度测量 | 胸围(cm) | | 91 | |
| | 臂围(cm) | | 29 | |
| | 腰围(cm) | | 71 | |
| | 臀围(cm) | | 95 | |
| | 大腿(cm) | | 57 | |
| | 小腿(cm) | | 37 | |
| 腰臀比 | | | 0.75 | |
| 皮脂厚度 | 胸(臂)(mm) | | | |
| | 腹(腰)(mm) | | | |
| | 大腿(mm) | | | |
| | 总厚度(mm) | | | |
| 体脂百分比 | | | 14%~17% | |
| 台阶测试 | | | | |
| 俯卧撑 | | | | |
| 仰卧卷腹 | | | | |
| 柔韧性 | | | | |
| 平衡性 | | | | |

健身目的:①提高心肺功能,降低身体脂肪含量,增强肌力、肌耐力;②塑造身体线条,打造合理腰臀比,预防慢性非传染性疾病;③实现减重13 kg,体重指数降至22.0,改善精神状态,远离亚健康状态。

表1.4　运动处方

| |
|---|
| 第一阶段(1—4周):适应期。每周3次 |
| 第二阶段(5—16周):成效期。每周4次 |
| 第三阶段(17—20周):保持期。每周3次 |
| 训练原则:根据F.I.T.T原则制订。 |
| (注:F=运动频率,I=运动强度,T=运动时间,T=运动方式) |

续表

| |
|---|
| **第一阶段(1—4周):适应期**　　　　　　　　　　　　（每周3次　共计12课时）<br>我们把参加健身训练的第一个月作为过渡阶段,训练的主要目的是熟悉健身器械、掌握正确训练动作、培养训练习惯和秩序。考虑到初学者肌肉力量不足、平衡能力、肌肉控制能力和心肺功能较差,本阶段主要以提高肌力、肌耐力及心肺功能为主,让身体适应正常训练,为第二阶段作好准备<br>F=3次/周　　　　　　　　（隔天进行1次）<br>I=最大心率的60%～70%　（最大心率=220−年龄）<br>T=60 min　　　　　　　　（器械训练35 min,有氧训练20 min）<br>T=抗阻训练+有氧运动　　（固定器械、自体重练习,椭圆仪、登山机）<br>目标:体重下降1～2 kg,体脂下降1%～2%,心肺功能提升5% |
| **第二阶段(5—16周):成效期**　　　　　　　　　　　（每周4次　共计48课时）<br>经过一个月的训练,你将对运动训练有一定了解,心肺功能、肌肉力量、肌肉耐力和平衡能力有了很大提高,这时可以调整到初级训练计划并执行3个月。这个阶段将增加训练强度和频率,针对性逐渐增强,以腹、臀、腿、臂全面的身体脂肪消耗<br>F=4次/周　　　　　　　　（隔天进行1次或练2天休1天）<br>I=最大心率的70%～80%　（注:将心率控制在最佳燃脂范围）<br>T=80 min　　　　　　　　（抗阻训练45 min,有氧训练30～35 min）<br>T=抗阻训练+有氧运动　　（自由重量、弹力绳,跑步机、滑雪机等）<br>目标:体重下降8～10 kg,体脂下降6%～8%,心肺功能提升15% |
| **第三阶段(17—20周):保持期**　　　　　　　　　　（每周3次　共计12课时）<br>本阶段将在一周内用多种不同动作对全身进行大强度训练,建议长期执行这个方案,但要经常微调,以免身体产生适应性,比如:替换部分动作、某次训练课使用低质量高次数或高质量低次数、颠倒动作顺序等<br>F=3次/周　　　　　　　　（隔天进行1次）<br>I=最大心率的75%～85%　（进一步提高心肺功能,燃烧身体脂肪）<br>T=90 min　　　　　　　　（抗阻训练50 min,有氧训练35～40 min）<br>T=抗阻训练+有氧运动　　（各种抗阻力运动,跑步机、动感单车等）<br>目标:保持训练成果,并进一步雕塑身体线条 |
| 预计耗时5个月,总计72课时 |
| 饮食建议:<br>早餐:1杯燕麦片、1个鸡蛋、1袋牛奶<br>加餐:1个苹果<br>午餐:1～2碗米饭,大量蔬菜(少油),适量肉 |
| 加餐:1根香蕉<br>晚餐:1碗米饭,蔬菜,适量肉<br>健康不是一切,但没有健康就没有一切 |

## 【健康·美文】

### 体育颂

皮埃尔·德·顾拜旦

啊,体育,天神的欢娱,生命的动力!你猝然降临在灰蒙蒙的林间空地,受难者激动不已,你像是容光焕发的使者,向暮年人微笑致意。你像高山之巅出现的晨曦,照亮了昏暗的大地。

啊,体育,你就是美丽!你塑造的人体变得高尚还是卑鄙,要看它是被可耻的欲望引向堕落,还是由健康的力量悉心培育。没有匀称协调,便谈不上什么美丽。你的作用无与伦比,可使二者和谐统一;可使人体运动富有节律;使动作变得优美,柔中含有刚毅。

啊,体育,你就是正义!你体现了社会生活中追求不到的公平合理。任何人不可超过速度一分一秒,逾越高度一分一厘,取得成功的关键,只能是体力与精神融为一体。

啊,体育,你就是勇气!肌肉用力的全部含义是勇于搏击。若不为此,敏捷、强健有何用?肌肉发达有何益?我们所说的勇气,不是冒险家押上全部赌注似的蛮干,而是经过慎重的深思熟虑。

啊,体育,你就是荣誉!荣誉的赢得要公正无私,反之便毫无意义。有人要弄见不得人的诡计,以此达到欺骗同伴的目的。但他内心深处受着耻辱的绞缢。有朝一日被人识破,就会落得名声扫地。

啊,体育,你就是乐趣!想起你,内心充满欢喜,血液循环加剧,思路更加开阔,条理更加清晰。你可使忧伤的人散心解闷,你可使快乐的人生活更加甜蜜。

啊,体育,你就是培育人类的沃地!你通过最直接的途径,增强民族体质,矫正畸形躯体,防病患于未然,使运动员得到启迪;让后代长得苗壮有力,继往开来,夺取桂冠的荣誉。

啊,体育,你就是进步!为了人类的日新月异,身体和精神的改变要同时抓起。你规定良好的生活习惯,要求人们对过度行为引起警惕。你告诉人们遵守规则,发挥人类最大的能力而又无损健康的肌体。

啊,体育,你就是和平!你在各民族间建立愉快的联系。你在有节制、有组织、有技艺的体力较量中产生,使全世界的青年学会相互尊重和学习,使不同民族的特质成为高尚而公平竞赛的动力!

### 推荐书目

**1.《中国居民膳食指南2016》,中国营养学会编著,人民卫生出版社**

推荐理由:本书是为了提出符合我国居民营养健康状况和基本需求的膳食指导建议而制定的法规,自 2016 年 5 月 13 日起实施。

**2.《健康快到碗里来》,范志红编著,化学工业出版社**

推荐理由:本书内容丰富且精练,涵盖怎么吃鱼、肉、蛋、奶才既能获得营养,又不给身体增加负担?生病后应该怎样调理才有利于康复?环境污染、食品安全问题层出不穷,如何在恶劣的环境下安然生存?食物相克的条条框框到底有没有科学依据?运动后食欲更旺,减肥屡次失败怎么办？怎样轻松快乐地制作、享用粗杂粮食品？如何高效补钙？使用调味品有什么讲究？读完本书,这些问题都将迎刃而解。

**3.《我的睡眠我做主》,武楠楠、丁成标编著,武汉大学出版社**

推荐理由:翻开这本书,说明你想对睡眠作更进一步的了解,或者对自己的睡眠存在一定的困惑。用心理咨询的专业术语来讲那就是有自知力和一定的求助欲望,这就为改善你的睡眠提供了一个良好的开端。希望这本书可以帮助你调动意志力和能动性,改善困扰你许久的睡眠状况。

# 【知识巩固】

## 名词解释

1. 健康
2. 健康生活方式
3. 洁癖型饮食
4. 失眠
5. 运动处方
6. 物质滥用

## 谈一谈

1. 大学生小明不去食堂吃饭,每天在寝室里叫外卖吃,身体健康问题堪忧。请结合自己的经历谈谈饮食行为健康的重要意义。

2. 某大一新生在训练站军姿时,不到 10 min 就晕倒了。请结合自己的经历谈谈运动锻炼的重要性。

# 第二篇

# 心理健康

## ★本课导航

什么是真正的心理健康？怎样才能拥有美好的人生？我们曾经以为没有压力烦恼、心理疾病就是心理健康。但人生岂能一帆风顺，有问题不可怕，重要的是如何应对。心理健康不仅是没有压力、烦恼和心理疾病，更重要的是要有应对挫折和问题的意识与能力。一个心理健康水平高的人，即使生活出现挫折，心理暂时失衡，也能很快通过自助或他助的方式重新达到心理的动态平衡。本篇将带领大家了解有关大学生心理健康方面的知识。希望同学们能感悟生命的价值与意义，善待自己、善待他人，拥有一个健康幸福快乐的人生。

## ★关键问题

把人与问题分开，问题才是问题，人不是问题。有问题不可怕，重要的是如何应对。

## 学习目标

树立自觉维护心理健康的意识,提高心理健康水平;了解常见的心理问题与心理障碍,学习自我调节方法;学会运用积极心理学的角度看待世界,体会生命的价值与意义;尊重生命,快乐生活。

## 学习重难点

①理解大学生心理健康的标准。
②大学生常见心理问题及调试。
③大学生常见心理障碍及应对。
④大学生心理危机应对。
⑤运用积极心理视角看待世界,感悟生命的价值与意义。

## 主要内容

①心理健康概述。
②大学生常见的心理问题与调适。
③大学生常见的心理障碍与应对。
④大学生心理危机干预与生命教育。

## 【健康·思】

### 最早的心理咨询师

在远古的时候,人们就感到有太多的困扰,需要有人来解惑答疑,可那时只能求助于酋长或长者。后来出现了一批思想家为人们指点迷津,他们其实就是最早的心理咨询和治疗师。

在国外,如古希腊的哲学家苏格拉底,他就以充满智慧的语言和生动的故事帮助人们认识生活和自我,为人们解除心病。

而中华民族悠久的文明发展过程中更是积累了不少有关心理咨询和治疗的知识和案例。有的是中医在医学心理学方面的理论和实践,有的是各种传统养生、健身之道中包含的心理卫生思想,还有的则包含在许多民俗活动中。很多都蕴含着心理咨询和治疗的成分。"治病必求于本"中的"本"在中医看来就是阴阳动态平衡。在古医籍中,一般认为人体的阴阳二气失调(动态平衡被破坏)乃是产生异常心理的基本原因。而在《黄帝内经》中有一段直接论述"心理咨询"的文字:

且夫王公大人血食之君,骄恣从欲,轻人,而无能禁之。禁之则逆其志,顺之则加其病,便之则加其病。便之奈何? 治之何先?

岐伯曰:人之情,莫不恶死而乐生,告之以其败,语之以其善,导之以其所便,开之以其苦。虽有无道之人,恶有不听者乎?(《灵枢·师传》)

岐伯所说的话里包含着深刻的心理咨询的道理。医生所做,不是教导,不是"灌输",而是顺着人"恶死而乐生"的本性,让当事人自己去想明白道理,进而改变其生活态度。

[古今导读]

认识自己,是永恒的课题。对于自己的心理成长过程,你有哪些体悟呢?

## 【健康·知】

# 第一章 心理健康概述

当你阅读这一章时,可能脑海里会出现这样一个问题:为什么要学习心理学? 我们对这个问题的回答是非常直接的:心理学研究对日常生活中的事件有着重要的应用价值。

或许很多学生是带着问题来阅读本章的,有时候那些问题来自同学们自己的经验。如:我如何提高人际交往能力? 我和父母的关系不好,怎么办? 我该怎么提高自己的学习成绩? 等等。本章的内容基本上与大学生们日常关心的问题有关,学习心理学将提升自我认识、丰富你的人生经验。

## 第一节 心理健康的基本概念

心理现象是世界上最复杂的现象之一。自古以来,人们都在探索心理的奥秘。

作为大学生,我们该如何正确认识和把握自己的心理,维护自己的心理健康呢? 首先我们要学习和掌握相关的心理健康知识。

### 一、心理

什么是人的心理? 人的心理是心理过程和个性心理的总称。人的心理现象见图2.1。

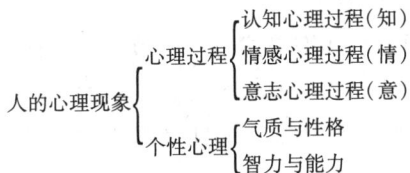

```
                            ┌ 认知心理过程(知)
                  心理过程 ┤ 情感心理过程(情)
                            └ 意志心理过程(意)
人的心理现象 ┤
                            ┌ 气质与性格
                  个性心理 ┤ 智力与能力
```

图 2.1 人的心理现象

延伸阅读

**人的心理现象**

人的心理现象包括心理过程和个性心理。

一、心理过程

（一）认知心理过程

认知是人的最基本的心理过程,一般概括为感觉、知觉、记忆、思维、想象等心理活动过程。

感觉是人脑对直接作用于感觉器官的客观事物个别属性的反映,它包括视觉、听觉、味觉、触觉、嗅觉等。知觉是人脑对直接作用于感觉器官的客观事物整体属性的反映。如当一个苹果的色、香、味、形等各个属性直接作用于人的各有关感觉器官时,就在大脑皮层相关的几个中枢间建立起一组复杂的暂时神经联系,于是就形成"苹果"这个物体的整体印象,这就是对苹果的知觉。记忆是经历过的事物在人脑中的反映。思维是人脑对客观现实间接的、概括的反映,即在掌握感知材料的基础上,通过分析、综合、推理、判断等环节,从而认识事物共同的、本质的特质和内在联系。想象则是人脑在思维的参与下对已有表象进行加工改造而创造新形象的过程。

（二）情感心理过程

人在认识客观事物时,对客观事物是否符合自己的需要总会作出一定的评价,并产生满意、喜爱、恐惧、愤怒等主观体验,这些现象就是情感心理过程。

（三）意志心理过程

人在与周围环境互相作用时,不仅认识事物,产生情绪、情感,还要为达到认识世界、改造世界的预期目的订立计划、采取行动、克服困难,这种心理过程叫意志心理过程。

二、个性心理

个性心理是指一个人在其生活、实践活动中经常表现出来的、比较稳定的、带有一定倾向性的个体心理特征的总和。它包括个性倾向性和智能。

个性倾向性是指人的多种心理活动特点的一种独特的结合形式,包括心理活动的动力特征即气质以及对现实环境和完成活动的态度上的特征即性格。智能指完成某种活动的潜在可能性的特征,即智力和能力。

——摘自:《大学生心理健康》(刘庆明、赵生玉).

## 二、健康

关于健康的定义,在前面已有详细描述。本章节主要讲述在心理学中对健康的界定:躯体和精神上的一种稳定、充满活力的一般状态。它不是简单的不生病或不受伤,而是关注人体的各个组成部分时刻在一起运作良好。最佳健康综合了人的生活、生理、智力、情绪、精神、社会和环境的方方面面。

## 三、心理健康

心理健康是指个体对环境的高效而满意的适应,在这种状态下,人的生命具有活力,人的潜能得到开发,人的价值能够实现。广义的心理健康是指一种高效满意的、持续的心理状态。基于以上观点,我们认为心理健康是指个体在适应环境的过程中,生理、心理和社会性方面达到协调一致,并保持一种良好的心理功能状态。

良好的心理功能状态并不是绝对的,而是相对的,即个体心理在自身和环境条件许可的范围内所能达到的最佳心理功能状态,而不是绝对完美的心理功能状态。良好的心理功能状态的相对性包含两层含义:一是个体的心理与大多数人相比,其心理功能是正常的;二是心理健康与心理疾病是心理功能状态的两极,是一种相对关系,并不是一种非此即彼的关系。

保持良好的心理功能状态,必须符合三项基本原则:

其一是心理活动与客观环境的同一性原则。不论在形式上还是内容上都要与客观环境保持统一;失去统一即失去平衡,则心理失调、行为异常。

其二是心理过程之间协调一致性原则。即一个人的认知、情感、意志等心理活动保持自身的完整统一、协调一致,保证准确有效地反映客观事实。如果失去这种协调和统一,必然会出现异常心理。

其三是个性特征的相对稳定性原则。即一个人在长期的生活经历中形成的个性心理特征具有相对稳定性,一般是不易改变的。但是,如果在外部环境没有巨大变化的情况下,一个人的个性出现明显变化,就应考虑到其心理活动是否出现异常。

# 第二节　大学生心理健康

大学生这一特殊群体具有自身的年龄特征、心理特征和社会角色特征,大学生心理健康也要根据其特征来理解。首先是心理健康状态,表现在大学生能够对个体内部环境具有安全感,对外部环境可以较好地适应,即对于内部或外部环境的变化,都能进行适当的心理调整,能够适应其发展性并保持良好的心理状态。其次,能够表现出适当行为,主动寻求快乐心理与幸福感。大学生要掌握维持心理健康状态的方法和原则,能够在其指导下做出社会适应性的行为。总之,大学生健康的心理状态是个体能够适应当前和发展着的环境,具有良好的个性特征;认知、情绪反应、意志行动均处于积极的状态,并保持正常的调控能力。

## 一、大学生心理健康的标准

大学生是一个特殊的群体,有其自身的独特性,其心理健康的基本特征应包括 8 个方面。

### (一)智力正常

智力是以思维能力为核心的各种认知能力的总和。它是衡量一个人心理是否健康的最重要标准。正常的智力水平是人们生活、学习、工作最基本的心理条件。大学生智力正常表现在:能保持浓厚的学习兴趣和强烈的求知欲;智力因素在学习中能积极协调地发挥作用;能掌握有效的学习方法,保持较高的学习效率;从学习中能获得满足感和快乐感。

（二）情绪适中

情绪适中是指情绪活动的主流是愉快的、欢乐的、稳定的。情绪的产生是由适当的因素引起的，情绪的强弱、持续时间是随着主观、客观情况的变化而变化的，所以每个人的情绪状态都是经常变化的。但是，心理健康的人的情绪状态就像价值规律中价格总是围绕价值上下波动但不超出一定的度。

（三）意志健全

意志健全主要体现在行动上的自觉性、果断性、顽强性和自制力等方面。

（四）人格统一

人格通常也指个性。人格统一是指人格作为人的整体精神面貌能够完整和谐地表现出来。这是大学生心理健康的核心因素。大学生人格统一的标志是：有正确的信念体系和世界观、人生观，并以此为核心，把需要、动机、兴趣、理想及气质、性格、能力统一起来，和谐发展；具有正确的自我意识，不产生自我同一性的混乱，表里如一。

（五）自我意识健全

正确地认识自我、评价自我是大学生心理健康的重要条件。一个心理健康的学生对自己的认识应是比较接近现实的：对自己的优点感到欣慰，但不狂妄自大；对自己的缺陷、不足不回避，能改则改，无法改变的就欣然接受。

（六）人际关系和谐

人际关系和谐既是心理健康的重要标准，也是维持心理健康的重要条件。人际关系和谐具体表现为在人际交往中心理相容、互相尊重；对人真诚、善良；以集体利益为重，关心集体，乐于奉献。

（七）社会适应良好

社会适应能力包括正确认识社会环境及正确处理个人和环境的关系。心理健康的大学生能在社会环境发生改变时面对现实，对环境作出客观的认识和评价，主动调整自我以积极地适应环境。能和社会保持良好的接触，不断调整自己对现实的期待及态度，使自己的思想、目标、行为和社会协调一致。当社会环境出现负面变化时，不是被动消极地去适应，而是积极主动地去影响周围的环境，保持头脑清醒，不随波逐流、人云亦云。

（八）心理特点符合年龄特征

在人的一生中，每一年龄阶段其心理发展都表现出相应的特征，称为心理年龄特征。个人心理行为的发展总是随着年龄的增长而发展变化。如果一个人的认知、情感和言行举止等心理行为表现基本符合他的年龄特征，其心理则是健康的；如果严重偏离相应的年龄特征，心理发展严重滞后或超前，则其心理是不健康的。心理健康是一种持续性的心理状态，一个人偶尔出现一些不健康的心理行为,并不表明这个人的心理不健康。

---

**延伸阅读**

**正确理解和运用大学生心理健康标准应注意的问题**

①心理不健康与有不健康的心理和行为表现不能等同。心理不健康是指一种持续的不良状态。偶尔出现一些不健康的心理和行为并不等于心理不健康,更不等于患有心理疾病。因此,不能仅因一时一事而简单地给自己或他人下心理不健康的结论。

②心理健康与不健康不是泾渭分明的,而是一种连续状态,从良好的心理健康状态到严重的心理疾病之间有一个广阔的过渡带。在许多情况下,异常心理与正常心理、变态心理与常态心理之间没有绝对的界限,只是程度的差异。

③心理健康的状态不是固定不变的,而是动态变化的过程。既可以从不健康转变为健康,也可以反之。因此,心理健康与否只能反映某一段时间的特定状态,而非永远。

④心理健康的标准是一种理想尺度,它不仅为我们提供了衡量是否健康的标准,而且为我们指明了提高心理健康水平的努力方向。每一个人在自己现有的基础上作不同程度的努力,都可以追求心理发展的更高层次,不断发挥自身的潜能。

——摘自:《大学生心理健康》(刘庆明、赵生玉).

---

## 二、大学生心理发展的特点和常见问题

心理发展是指个体在从胚胎发育、出生、成熟、衰老直至死亡的整个生命过程中发生一系列生理和心理变化的过程。人就是在顺利地完成每一个阶段的心理发展任务的过程中不断地走向成熟和完善,度过自己完美的生命历程。大学生年龄为 17 ~ 25 岁,为青年后期和成年早期阶段,正处于人生发展的关键期。大学生在这一时期生理发展已经基本趋于成熟;而从心理发展来看,认知上处于智力和创造力的高峰期,情绪上处于深刻、丰富的变化期。

### (一)大学生心理发展的特点

大学生在这个时期的主要任务是确立一个正确的自我概念,即能够独立地作决断,并能够承担起社会责任;能够与别人建立良好的关系,并在其中获得相互的认同。这一阶段大学生还可能体验到爱情带来的亲密感。但是由于客观环境的改变,种种不适应的问题纷至沓来,诸如学习问题、人际关系问题、恋爱问题、就业问题等,而这些又受到心理发展的制约。因此,了解与掌握大学生心理健康发展的特点,对于许多涉世未深的大学生来说就显得尤为重要。

### (二)大学生常见心理问题

我们在人生发展的过程中都可能面临心理问题,我们要做的不是担忧和回避,而是努力提高自己的心理素质,积极面对和解决问题。据调查发现,大学生常见的心理问题主要有四

个方面：

1. 自我意识问题

进入大学的都是通过高考"独木桥"的佼佼者们，但优秀的人才在一起，难免会对自己期望过高，不能正确评价自己。理想和现实的差异导致大学生压力过大，自卑、抑郁，心理失去平衡。

2. 学习问题

一些学生进入大学后，因未能掌握大学的学习方法而导致成绩不理想或考试不及格，从而带来一系列问题，如自卑、焦虑、抑郁、强迫、恐惧等。

3. 人际交往问题

大学由来自不同省份的同学组成。初进大学的学生往往想要和别人交往，但不知道该怎样去交往，导致人际关系敏感、少言寡语、敌意、偏执、自闭、多疑等。

4. 压力应对与情绪管理的问题

因适应问题、学业问题、人际问题导致的压力和情绪问题常困扰大学生的健康成长。

## 三、影响大学生心理健康的因素

大学生心理问题一方面与他们自身所处的心理发展阶段有关，另一方面与他们所处的社会环境相关。各种生理因素、心理因素、社会因素交织在一起，容易造成大学生心理发展失衡，导致各种心理疾病。主要有客观和主观两方面的原因。

（一）客观方面

1. 生物遗传因素

近十年医学遗传流行病研究表明：重型心理障碍如精神分裂症、情感障碍等与遗传的关系较密切；而轻型心理障碍如神经症，则与遗传的关联度较小。有研究表明，心理障碍随着年龄的增加，遗传因素的影响呈下降的趋势，环境因素的影响则呈上升趋势。大学生的年龄处于青春期后期，因此遗传因素和环境因素的影响都处于比较重要的位置。

2. 环境变迁的因素

生活环境的变迁对刚入学的大学生是一个不小的挑战。这种变化的主要方面是要独立生活，应对一切生活琐事。几个同学共住一个寝室，彼此的生活习惯、作息安排及语言隔阂都需要去面对和适应。心理学研究表明：个体所处环境的巨大变迁也会使个体产生心理应激。具有良好心理的同学很快就能适应新的环境，并与同学、老师建立起良好的人际关系。而心理承受力、适应力差的同学却较难适应，从而较易出现心理问题。

3. 冲突与选择

在相对比较稳定的大学生活中，大学生仍面临着各种各样的冲突与选择，主要包括几个方面：专业学习与社会工作的冲突，所学专业与自己兴趣的冲突，学习、社会工作与恋爱之间的冲突，考研与找工作之间的冲突及在将来的计划中不同目标的冲突等。对有些人来讲，这些冲突的影响可能很小；而对有些人来讲，这些冲突的影响可能很大。当他们面临的冲突对他们的影响较大时（如关系到工作的性质和前途时），要作出选择可能就比较困难。

面对冲突而难以作出选择往往是对冲突的性质认识不清以及对自我的认识不清造成

的。其实,大学生活中需要作出的选择并不是单选题,而是有很多答案的多选题。只要想出折中的办法就可以很好地解决。

**4.家庭环境的因素**

家庭的影响主要包括家庭的氛围、父母的教养态度、家庭结构及家庭经济状况四个方面。在人的成长过程中,家庭的影响非常重要,如民主、平等而非命令、居高临下的,开明而非专制的,潜移默化而非一味娇宠的教养态度与教育方法有利于个体心理的健康发展。家庭结构的变化,如单亲家庭、重新组合家庭等因素对正在读书的大学生的心理也有一定的影响。家庭经济困难特别是家庭贫困的学生更易产生心理不适感。因此家庭环境所带来的学生心理问题,其影响是深远而长久的。

**5.网络影响**

大学生是一个充满青春活力的群体。他们有着活跃的思维,有着鲜明的个性。他们害怕寂寞,渴望交友,希望能够得到别人的理解。但矛盾的是有些人又不愿主动与同学交往,在这样的心理状态下,网络的出现满足了他们渴望交流的内心需求。有的学生沉溺于网络世界,上网时精神亢奋,下网后烦躁不安(陷入"网络病");有的宁可荒废学业也要和网络为伴;还有的甚至受到网络不良信息的影响而误入歧途。

**(二)主观方面**

**1.道德因素**

近年来,世界卫生组织把道德纳入健康范畴,把道德作为健康的一部分。巴西著名医学家马丁斯研究发现,品行端正、心态淡泊、为人正直、心地善良、胸怀坦荡则会心理平衡,有助于身心健康。相反,有违于社会道德准则胡作非为,则会导致心情紧张、恐惧等不良心理,有损健康。马丁斯的结论同样适合于大学生。一个道德水准低下,处处伤害他人的人,他自己最先受到伤害。因为这样的人很难有一个平静愉快的心境,他总是处于紧张易怒的状态,很难把自己的心理调整到健康状态。

**2.价值取向**

人生的价值取向可分为两种不同类型,一类是个人主义的价值取向,以个人利益为出发点,以追求满足个人需要为目的;另一类是利他主义的价值取向,即活着是为了追求一个目标,在追求目标和实现目标的奋斗中为他人、为社会作出贡献。如果一个大学生只以个人为中心,以私欲为目的,必然表现为狭隘闭塞,难有良好的人际关系,个人愿望得不到满足的痛苦经常困扰着他,焦虑不安会经常与其相伴,难以达到健康稳定的心理平衡状态。而具有利他主义价值取向的人会心胸开阔、积极进取而充满活力,以学习为乐趣。这种优秀的人格品质决定他处处能有良好的人际关系,有益于获得健康的心理。

**3.心理因素影响**

这一时期的大学生心理发展还处在尚未成熟、尚不稳定的阶段。青年时期的大学生正处在由不成熟走向成熟的过程中,这种成熟与不成熟常常交叠在一起,造成内心矛盾重重。一旦这种心理冲突时间太长、强度过大,就有可能破坏心理平衡而引起心理疾病。

当然,同样的环境、同样的挫折,不同的个体有不同的反应方式,这与人的个性有直接的关系。一般来说,性格内向孤僻、敏感多疑、固执急躁、爱钻牛角尖、过于自卑、唯我独尊、爱慕虚荣等个性特征都是不利于心理健康的。

## 四、大学生心理健康的意义

心理健康指的是一种持续的状态,在这种状态下,个人具有旺盛的生命力,积极的内心体验,良好的社会适应能力,能够有效地发挥个人的身心潜力与积极的社会功能。

（一）心理健康是大学生身心健康发展的需要

心理健康是身体健康的保证,生理健康是心理健康的基础,而心理健康反过来又能促进生理健康。

（二）心理健康是大学生适应社会的需要

现代社会要求人才具有良好的心理素质。良好的心理素质是社会全面发展对培养高素质创新型人才的必然要求。培养大学生良好的个性品质,拥有创新、自信、进取、合作的精神,使个人的心理素质、文化素质、专业本质和身体素质协调发展,是现代社会对人才的要求,是大学生必备的心理素质。

（三）心理健康是大学生实现自我、超越自我的前提

当一个人自信、情绪积极乐观、意志品质坚强时,就能够最大限度地挖掘自己的潜能;当一个人处于自卑、愤怒、抑郁、焦虑、紧张等消极状态时,对外界的感知能力就会下降,从而限制自己潜能的发挥。

---

延伸阅读

### 近期部分高校意外事件

2016 年 3 月 27 日

3 月 27 日 23 时 50 分,在四川师范大学成龙校区学生公寓发生了一起杀人案。接警后,民警迅速赶到现场开展调查。经查,犯罪嫌疑人滕某(男,20 岁,甘肃白银市人,川师大学生)与受害人芦某(男,20 岁,甘肃白银市人,川师大学生)之间因生活琐事发生矛盾,滕某在川师大成龙校区学生公寓东苑 2 栋学习室用当日白天从超市购买来的菜刀将芦某杀死。后犯罪嫌疑人滕某于 3 月 28 日 0 时 17 分让同学打电话报警并投案自首。警方已于 3 月 28 日依法将涉嫌故意杀人的犯罪嫌疑人滕某刑事拘留,并依法进行处理。

2016 年 4 月 30 日

4 月 30 日上午,上海海事大学临港校区图书馆,一名女生疑因感情纠纷被一男生泼洒不明刺激性液体,并被刀捅伤。伤者被紧急送往第六医院东院抢救,于当天下午确认死亡。该男生已被警方控制并带走调查,作案动机警方正在调查中。

2016 年 5 月 2 日

5 月 2 日晚,上海工程技术大学一名大二男生从宿舍楼不幸坠楼。事发当晚,该生因抢

救无效死亡。对此,学校配合警方进行进一步调查并全力做好善后工作。

2016 年 5 月 3 日

5 月 3 日 23 时 30 分左右,上海松江大学城内的上海对外经贸大学发生一名女大学生坠楼事件。该女生从高处坠落,事发后被紧急送医。坠楼原因警方还在调查中。校方表示,该女生目前没有生命危险,正在康复中。

——摘自:搜狐新闻.

# 第三节　心理咨询与治疗

学校心理咨询是促进学生心理健康、提高学生心理素质的重要途径。近年来,我国高校心理咨询工作发展迅速,为帮助大学生提高心理健康水平、促进大学生自我成长产生了积极的影响。

## 一、心理咨询与治疗概述

心理咨询是运用心理学方法,凭借语言、文字等沟通形式,帮助来访者提高自我认识、增强自主能力,解决心理问题以促进其适应和发展的过程。其中涉及教育教导、心理健康咨询、婚恋家庭咨询等方面。

心理治疗是指心理治疗师对求助者的各类心理与行为问题进行矫治的过程。心理咨询与治疗是维护人们的身心健康为目标和内容的一种专业工作,是心理学为社会服务的一个重要领域,也是一门正在兴起并日益受到人们重视的新学科。关于心理治疗,可见图 2.2。

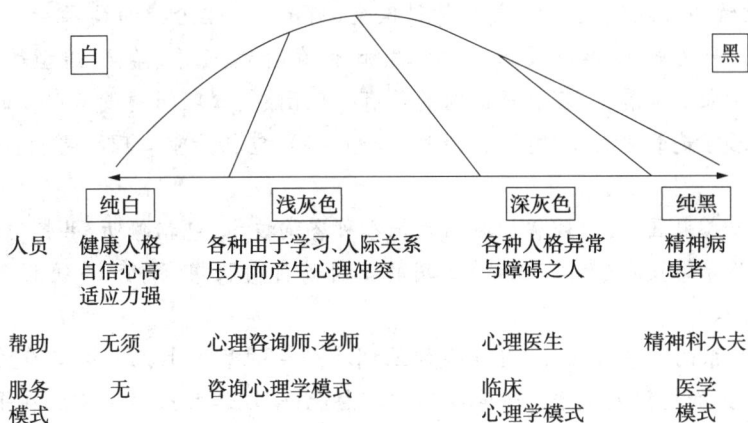

| | 纯白 | 浅灰色 | 深灰色 | 纯黑 |
|---|---|---|---|---|
| 人员 | 健康人格<br>自信心高<br>适应力强 | 各种由于学习、人际关系<br>压力而产生心理冲突 | 各种人格异常<br>与障碍之人 | 精神病<br>患者 |
| 帮助 | 无须 | 心理咨询师、老师 | 心理医生 | 精神科大夫 |
| 服务<br>模式 | 无 | 咨询心理学模式 | 临床<br>心理学模式 | 医学<br>模式 |

图 2.2　心理健康"灰色区"示意图

## 二、心理咨询与心理治疗的关系

心理咨询与心理治疗联系紧密,两者理论基础一致,工作对象相似,都强调帮助求助者

成长和改变,都注重良好的人际关系的建立。但仍存在以下不同点:

**对象不同**:心理咨询的对象主要是正常人,称为来访者;心理治疗的对象主要是有严重心理障碍的人,称为患者。

**主体不同**:从事心理咨询的人被称为心理咨询师;从事心理治疗的人则被称为心理医生。

**任务不同**:心理咨询的任务是解决正常人遇到的适应或发展方面的问题;心理治疗则以矫治心理疾病为主要目标,以帮助患者由心理异常向心理正常转变为主要任务。

**情境不同**:心理咨询多在非医疗情境(如学校、社区等心理咨询机构)中进行;心理治疗多在医疗情境(医院)中进行。

**操作不同**:心理咨询是在"协助解决"问题,即在协商和帮助过程中解决问题;心理治疗则是"矫治",即带有强制性的矫正和按治疗方法进行调治。

**时间不同**:心理咨询用时较短;心理治疗用时较长。

---

**探索发现**

## 心理咨询师与心理医生,这俩可不是一回事

心理咨询师与心理医生可不是一回事,本文将简介两者在服务对象、工作方式、工作关系的性质、工作难度以及服务范围上的区别,以澄清认识,把握专业界限。

①从职业上的规定来看:我国对心理咨询师在职业上的定义是,运用咨询心理学的专业知识,遵循心理学原则,通过心理咨询的技术与方法,帮助求助者解决心理问题、增进心理健康的专业人员。心理咨询的终极目的是助人自助,它是一门使人愉快和成长的科学。这里的"成长"是心理学意义上的人格成长,它含有心理成熟、自主性增强和自我完善的意思。心理治疗师在职业上的一般定义是,运用心理学理论和方法对心理疾病患者实施治疗的专业人员,往往也被称为心理医生(师)或精神科医生(师)。心理治疗的技术和方法有暗示、催眠术、精神分析、行为矫正、生物反馈、气功、瑜伽、体育运动、音乐、绘画、造型等。

②从服务对象上来看,心理咨询面对的是有心理困惑、心理问题或不严重的心理障碍的人群。而心理治疗是面对有心理疾病(或称精神疾病),包括严重心理障碍、精神分裂症等的人群。

③从工作方式来区分,心理咨询运用的是各种咨询技术,包括倾听、共情、鼓励、释义、反射,以及对质、解释等技术;而心理治疗运用的是诸如自由联想、释梦、系统脱敏、暴露疗法、厌恶疗法等方法。

④从工作关系的性质来区分,心理咨询强调在平等的基础上把来访者看成一个有自我修复功能的人,更加重视激发来访者自身的心理潜能;心理治疗虽然也建立在平等的关系之上,但由于心理疾病患者的精神状况的异常性,所以更强调对患者的直接干预和控制。

⑤从工作难度上来说,一般认为,心理治疗面对的对象是产生了心理病变的人,这使得心理治疗的难度要高出心理咨询,其专业上的训练也更为复杂。这如同教育领域的普通学校和特殊学校的教师一样,后者工作的难度更大,其实对工作者的要求更高。但是,两者的难易度不能绝对化。一个优秀的、杰出的心理咨询师所掌握的专业知识、技能与素养是令人

惊叹的。

⑥从服务范围来看,心理咨询的服务范围更大,面对的是心理亚健康人群,它是"防病于未然";而心理治疗的服务范围较小,面对的是心理疾病人群,是"治病于已然"。

值得注意的是,心理咨询与心理治疗两者之间虽有必须区分的界限,但又是紧密联系的。实际上,从广义上来说,心理咨询本身就具有治疗、疗伤的意义;而心理治疗也不可能没有诸如安慰、支持、鼓励、激发等心理咨询的色彩。

——摘自:壹心理专栏.

## 三、心理咨询的功能

心理咨询的作用一般来说是为来访者提供全新的人生经验和体验,帮助来访者认识自己与社会,逐渐改变其不适应的反应方式,学会与外界相适应的反应方式,更好地发挥内在潜力,更好地面对生活。具体来说,心理咨询的作用有以下 8 个方面。

(一)体验人际关系

咨询关系是一种彼此诚实的人际关系。在心理咨询的过程中,咨询师总是以善意而真诚的态度与来访者进行沟通。这种人际互动的过程为来访者提供了一种体验良性人际关系的机会。来访者可以把这种人际交往经验逐步地应用于自己的人际关系中,利用在咨询中学到的东西更有效地处理现实中的人际互动问题。

(二)认识内部冲突

促使人们进行心理咨询的问题大多是由自身内部原因引起的心理问题。但是,人们习惯于从外部找原因,习惯于从别人身上找原因。为了解决这些问题,咨询师应该帮助来访者认识到自身内部的种种心理冲突。看清了自己的内心,才能慢慢地让心灵健康起来。

(三)促进自我反思

要看清自己是不容易的,因为人们很习惯蒙蔽自己的眼睛。心理咨询是促使人们不再蒙蔽自己的过程。通过心理咨询,来访者有机会反思自我,认识到自己的错误观念导致了许多本来可以避免的困境,从而形成正确的观念,作出清醒明智的选择。

(四)深化自我认识

人只有真正认识自己,认识自己的需要、态度、价值观以及优缺点,才有助于把握自己的人生,获得最大的幸福。

(五)获得心理自由

来访者往往在心理上缺乏自由,心理咨询为来访者提供了一个在心理上获得更大自由的机会。心理咨询帮助来访者学会接纳自己及他人、社会的不足,明白人生总是与缺憾相伴的,学会以更大的自由享受生活。

### （六）学会面对现实

当人们逃避现实或用不坦率的态度对待现实时,就容易出现心理问题。心理咨询的过程就是引导来访者回到现实中来。一旦目光集中到现在,不再一只眼看着过去,一只眼看着未来,而是关注此时此地的体验,用眼看,用耳听,用脑想,用心去感受,逐渐地就学会与"现在"打交道,学会面对现实。

### （七）付诸有效行动

心理咨询最终的目标应该指向现实生活,也就是帮助来访者更为有效地处理现实生活的问题,付诸有效的行动。一旦来访者有了新的积极有效的行动,就真正学会了自我救助,就将为自己创造新的生活。

### （八）发现人生意义

人们若能找到人生的意义或价值,就不容易感到痛苦,也不容易产生心理问题。因为在这种情况下,自然有一种对环境适应的生命力会从心底涌出。

---

**延伸阅读**

#### 大学生心理咨询人数比例仍偏低　更多人愿默默承受

面对近期频发的高校恶性事件,目前,各高校正积极通过开设心理健康教育课程、心理讲座、设置班级心理委员提供及时咨询等渠道,将心理咨询服务尽可能地触及每一位学生。

上海师范大学的小林告诉记者,她碰到不开心的事情时一般都选择憋着,因为倾诉没有用,不想把负面情绪传染给别人。对于学校开设的心理咨询室,她认为与自己无关。

复旦大学的小张透露,他有烦恼比较习惯求助于身边的同学或长辈,不会去学校心理咨询室。但身边同学有的会去心理咨询,"我室友大二时患抑郁症,他经常去学校心理咨询室。他说,老师都很专业,也很负责,但就是无法解决他的问题。"

就读于立信会计学院的小陈则表示,自己之所以从来不去心理咨询室咨询,是因为咨询需要去学校官网预约再确定时间,她觉得无法等待那么长的时间。"我和另外三位室友,每个人或多或少都有不开心的时候,大部分都是哭一场,然后发泄出来,就不会有很大的问题了。我基本上没有听说有人去心理咨询室的。"

——摘自:搜狐新闻.

---

## 四、大学生心理咨询的途径

大学生心理咨询的内容一般包括三方面:①心理发展咨询,帮助来访者增强认识能力、社会适应能力,挖掘自身潜力,促进全面发展;②心理适应咨询,对来访者在学习、工作、人际关系等方面的适应不良提供帮助;③心理障碍咨询,帮助有心理障碍的来访者挖掘病源,寻找对策,消除痛苦。

寻求心理咨询的第一步是选择心理咨询机构。合适的心理咨询机构能提供高效率的心理帮助。目前国内的心理咨询机构分为三类:学校的心理咨询中心、各种医疗机构下设的心理咨询门诊以及社会上日益兴起的私人心理诊所。此外,一些大型企业会为员工提供专门的"员工心理咨询(EAP)"。

对于大学生来说,高校提供的心理咨询中心无疑是最好的选择。它主要面对在校学生,对于处理一般学生遇到的心理问题具有丰富的经验,咨询费用由学校承担。

高校心理咨询的一般流程为:①预约登记,②问题评估,③目标设定,④方案讨论,⑤行动,⑥结束与评估。心理咨询一般一周一次,一次 50 min。每位来访者一般进行 4~5 次。

# 第二章　大学生常见的心理问题与调适

自我是一个古老的话题。"庄周梦蝶"的典故中,庄周不知道是自己的梦中有蝴蝶,还是蝴蝶的梦中有庄周,引发了"我是谁? 谁是我?"的思考。这不仅是一个哲学问题,更是一个心理学问题。自詹姆斯在《心理学原理》中首次提出自我概念理论以来,许多心理学家都在关注这一领域的研究。

## 第一节　自我意识与人格

根据我国著名心理学家黄希庭教授的观点,自我意识是一个人对自己的认识和评价,包括对自己的生理状况、心理特征以及自己与他人的关系和自己在集体中的位置的认识和评价。健康的人格,能够有意识地控制自己的生活,掌握自己的命运;正视自己,正视过去,面对现实,注重未来,渴望迎接生活的挑战,在实践中充分发挥自己的潜能并实现自己的价值。

### 一、自我意识

自我意识是一种多维度、多层次的心理系统。

#### (一)自我意识的层次结构

从心理结构形式上看,自我意识可以分为自我认知、自我体验和自我控制;从自我意识发展的层次上看,自我意识亦可分为生理自我、社会自我和心理自我;从自我认知中的自我观念来看,自我意识还可以分为现实自我、理想自我和投射自我。

（二）大学生自我意识的发展过程

埃里克森是第一个系统全面地阐释自我同一性的心理学家。他将同一性纳入人格发展体系，创立了人格发展八个阶段的心理社会发展论。埃里克森的心理社会发展论认为人的一生要经历八个连续而又不同的发展阶段，每个阶段都面临着一个主要矛盾或发展任务。大学生处于从青少年晚期向成年早期的过渡阶段，这一时期面临着青少年期和成年早期共同发展的任务：建立自我同一性。大学生开始对自我进行重新认识和更深刻的反省，思考将来的目标、生活方式以及价值观等，努力寻求"我是谁""我将来向何处发展""我如何适应社会"等问题的答案。在同一性形成和发展的过程中，大学生自身具有的独特人格特质作为个体心理发展的内部资源中最根本的部分将影响其认识自我和处理问题的方式。

1. 自我意识的分化

青年期自我意识的发展表现为"理想中的我"和"现实中的我"逐渐分化。自我意识的分化是自我意识开始走向成熟的标志。自我意识的分化使大学生开始主动地关注自己的内心世界和行为，产生新的认识、体验。

2. 自我意识的矛盾

自我意识的分化使大学生开始意识到自己不曾注意到的许多关于"我"的细节。当"理想中的我"和"现实中的我"出现差距时，内心会产生巨大的冲突。如果不能够很好地调整心态，大学生会产生强烈的内心痛苦和不安感。

（1）理想自我和现实自我的矛盾。这是大学生自我矛盾最突出、最集中的表现。社会对大学生期望较高，但由于大学生活范围比较窄，较少能接触到社会，不能很好地将社会期许与自身的现实情况进行有机结合，自己的现实条件往往与社会要求差距较大，这种差距常常给大学生带来苦恼和不满。

（2）独立意向与依附心理的冲突。进入大学后，大学生独立意向迅速发展，他们希望能在经济、生活、学习、思想各个方面独立，希望摆脱家长和老师的管束；但在心理上又依赖家长和老师，无法真正做到人格上的独立。这种独立和依赖的矛盾也是大学生苦恼的问题。

（3）交往需要和自我闭锁的冲突。大学生迫切需要友谊，他们有强烈的交往需要。然而，大学生同时又存在着自我闭锁的趋向，他们常常认为没有人能理解自己，交往过程中常存戒备心理。这种矛盾导致大学生产生孤独感。

（三）大学生自我意识的特点和常见问题

大学生自我认识的内容更加深刻，自我体验更加丰富而复杂，自我控制的自觉性和独立性显著增强。他们迫切地要求深入完善自己的人格，探索内心世界。多彩的生活给大学生提供了丰富的自我体验的条件，但大学生对自我的认识仍然不够完善，个性不够成熟稳定，对外部世界和自己的内心世界都比较敏感，由挫折引起的消极体验会给大学生带来情绪上的负面波动。大学生自我意识的独特性导致其存在特有的自我意识问题。

1. 自我同一性混乱

自我同一性混乱是对自我缺乏清晰而完整的自我概念，是大学生在自我成长中容易出现的心理危机，可能使大学生迷失生活目标或过度思考生命的意义，常常会产生莫名的烦恼和空虚,有时甚至会导致极端行为以及自我迷失。经历着同一性混乱的大学生无法成功地作出选择,他们会逃避思考问题,缺乏兴趣,孤独,对未来不抱希望,或者很叛逆。

**2. 缺乏自尊**

自尊,亦称"自尊心""自尊感",是个人基于自我评价产生和形成的一种自爱、自我尊重,并要求受到他人、集体和社会尊重的情感体验。大学生自我意识的发展尚不完善,不能对自己有全面的认知,因此会出现自尊的两个偏差:自负或自卑。

**3. 过分追求完美**

每个人都希望自己是完美的,也都不同程度地追求完美,但如果对自己的要求过高,希望完美无缺,就很容易带来适应障碍。过分追求完美常常表现为相辅相成的两个方面:一方面是对自己要求过高,脱离实际,从而使自己的"完美"期望受挫;另一方面是对自己苛求,即对自己的不完美之处看得很重,结果难免悲观自责。

**4. 自我中心和从众心理**

随着自我意识的发展,大学生更多地关注到自己内心的变化,认为自己是"独一无二"的,也更多地从自己的角度出发考虑问题。当他们过分地以自我为中心时,思考问题和做事情都从"我"出发,不能设身处地地为他人着想,会出现人际关系的矛盾。与自我中心相反的是从众心理,也有不少大学生过分地强调从众心理,缺乏个性和创造性。

（四）大学生健康自我意识的培养

**1. 建立正确的自我认知**

客观全面地认识自我,实事求是地评价自我,是自我调节和人格完善的重要前提,是培养健全的自我意识的基础。认识自己的身体特征和生理状况、社会地位与作用、内心活动及特征;多了解他人眼中的我,描述的维度越多,就越能找到比较正确的自我。

**2. 培养积极的自我体验**

悦纳自我是培养积极的、健康的自我体验的核心。悦纳自我是对自己的肯定、认可,是建立在对自己的全面了解、认可自己的优点、同时接受自己的缺点的基础之上的。悦纳自我才能产生自我价值感。

**3. 努力超越自我**

大学是学习的黄金时期,也是人格成长、塑造的重要时期。大学生有巨大的潜力和发展的可能性,每个人都需要认真思考"我要成为什么样的人"。如果大学生能把握住大好年华,勇于尝试,自我雕刻,自我突破,每个人都会不断进步,遇见更好的自己。

## 二、人格

"人格"原指演员在舞台上戴的面具,后来用于心理学,指一个人整体的精神面貌,以及所具有的与他人相区别的独特而稳定的思维方式和行为风格,是具有一定倾向性的和比较稳定的心理特征的总和。

人格具有独特性和共同性,稳定性和可塑性。一个人的人格是在遗传、环境、教育等因素的交互作用下形成的。不同的遗传、生存及教育环境形成了各自独特的心理特点。所谓"人心不同,各有其面"就是人格的独特性。但在人格形成和发展过程中,既有生物因素的制约,也有社会因素的作用。人格作为一个人的整体特质,既包括每个人与其他人不同的心理特点,也包括人与人之间在心理、面貌上相同的方面,如每个民族、阶级和团体的人都有共同的心理特点。

俗话说"江山易改,禀性难移",这里的"秉性"就是指人格,表现了人格的稳定性。当然,强调人格的稳定性并不意味着它在人的一生中是一成不变的,随着生理的成熟和环境的变化,人格也有可能产生或多或少的变化,这是人格可塑性的一面。正因为具有可塑性,人格才能被培养和发展。

**(一)人的气质**

人格是人类独有的、由先天获得的遗传素质与后天环境相互作用而形成的、能代表人类精神实质及个性特点的性格、气质、品德、品质、信仰、良心以及由此形成的尊严、魅力等。

1.气质的含义

气质是指那些主要是与生俱来的心理和行为特征,也就是那些由遗传和生理决定的心理和行为特征。它是指人格中最稳定的、在早年就表现出来的、受遗传和生理影响较大而受文化和教养影响较小的那些层面。

2.气质类型

最早提出气质类型的是古希腊的医生希波克拉底,他提出了气质的体液说。他认为:人体含有四种不同的液体,即血液、黏液、黄胆汁和黑胆汁。它们分别产生于心脏(血液)、脑(黏液)、肝脏(黄胆汁)和胃(黑胆汁)。

希波克拉底认为,四种体液形成了人体的性质,机体的状况取决于四种液体的正确配合。在体液的混合比例中,血液占优势的人属于多血质,黏液占优势的人属于黏液质,黄胆汁占优势的人属于胆汁质,黑胆汁占优势的人属于抑郁质。

**(二)人的性格**

性格一词源于希腊语,是雕刻出的痕迹的意思,是个人在社会活动中与环境相互作用的产物,是人对现实的态度和行为方式中较稳定、独特的心理特征的总和。

不同派别的心理学家按照一定的原则对性格有不同的分类。我们主要介绍三种常见的性格分类:

①根据知、情、意三者在性格中所占的优势,把人们的性格划分为理智型、情绪型和意志型。理智型的人通常以理智来评价、支配和控制自己的行动;情绪型的人往往不善于思考,其言行举止易受情绪左右;意志型的人一般表现为行动目标明确,主动积极。

②荣格根据力比多倾向于内部或外部把人的性格分为内向型和外向型。内向型性格的人心理活动倾向于内部,感情较深沉,待人接物较谨慎小心,处理事务缺乏决断力,但一旦下定决心办某件事,总能锲而不舍;能够进行自我分析和自我批评;深思熟虑,不善社交,反应慢。

外向型性格的人心理活动倾向于外部,活泼、开朗、感情易外露,待人接物决断快,独立性强,但比较轻率;缺乏自我分析与自我批评精神;不拘泥于小事,善社交,反应快。

③威特金通过知觉来研究人的性格,把人的性格分为场独立型和场依存型。

**场独立型**:有较大的独立性,不易受暗示,社会敏感性差,不大善于社交,比较自信,自尊心强;能主动地适应环境,善于采用相当克制的方式表达冲动,有组织活动和控制外来阻力的能力。

**场依存型**:被动接受环境,缺乏自我领悟和自我控制,独立性差,易受暗示,社会敏感性强,善于社交;易产生自卑感和依赖行为。

气质和性格都属于人格心理学的范畴。气质是人格的生物学基础,性格是人格的核心特征。气质更多受生物遗传因素的影响,可塑性小,无好坏之分;性格更多受社会环境的影响,可塑性较大,有好坏善恶之分。

(三)大学生人格发展异常的表现及其原因

1. 大学生人格发展异常与身心健康

人格发展异常会影响到大学生的身心健康,严重者会导致心理疾病的产生,如强迫症、抑郁症、神经衰弱、疑病症、分裂型人格、偏执型人格等。

2. 大学生人格发展异常的主要原因

大学生人格发展异常主要受生物遗传、家庭教育与环境、社会环境因素的影响。

---

**案例分析**

小王同学为大二学生,近期上课出勤较差。寝室同学给辅导员反映,小王两周来每天早上起来都要先在床上打坐、念经,沉迷于与智能机器人"小冰"聊天,主要聊佛法、轮回等内容。辅导员多次与该生沟通。该生最初两次很不情愿与老师交流,精神恍惚,渐渐地他对辅导员老师敞开了心扉,表明他之所以愿意将心事说给"小冰"听,是因为他无人倾诉心里的压力。小王的妈妈是一个控制欲极强的母亲,用小王的话说,他就像妈妈手中的遥控器,一旦偏离了妈妈的意愿,妈妈就会"以死相逼";小王的妈妈常常在他面前抱怨小王的爸爸如何不爱家,虽然她为家庭付出了所有,但是爸爸根本不体贴她等。加之临近期末考试,很多科目平时没有好好学习,有可能会挂科,他就将精神寄托在了智能机器人"小冰"的身上。

小苟同学大三上学期开学就没有来上学,与老师联系说要求退学。老师希望她能珍惜学习机会,考虑清楚再做决定,毕竟还有一年就可以实习找工作了,现在退学太可惜。但是小苟同学态度坚决。老师了解到她父母在她很小的时候就离异了,她跟随爸爸,妈妈又改嫁了,爸爸因为生意失败,很少能照顾到她。小苟高中时代就开始利用课余时间打工赚钱,上了大学更是一有时间就在校外打工。此次是因为她找到了一份她认为是"事业"的工作,因此想要退学,全身心地投入到她的"事业"当中。在要求退学的前几周,陆续有小苟的同学跟老师反映,小苟向他们借钱或邀请同学去广西给她过生日。经过老师多方了解,小苟同学是被卷入了"传销"组织当中。最后,小苟被解救了出来,她说"中间人"对自己太好了,她觉得一定能挣大钱,不用再依赖爸爸了,但进去了才知道被骗了,特别后悔。

---

(四)家庭教育与健康人格的塑造

莫言说:"对人影响最大的是家庭教育。每个人从生下来最早接受的就是家庭教育,受影响最大的就是家庭教育,这种家庭教育有言传也有身教,甚至身教大于言传。你生活在这个家庭里面,你的长辈、亲人,他们以一种什么样的方式对待亲人、对待他人、对待工作,我想会对孩子产生非常直接的、潜移默化的影响。"

每一个问题孩子背后都有一个问题家庭和一个不完整的童年。在儿童时代受精神创伤、家庭关系不和谐、父母教育方式不当及不良教养方式等影响,成人后就会遇到更多难以应对的心理和行为问题。人格健全是心理健康的集中体现。儿童时期的人格教育对将来人格的形成和完善具有重要的意义。精神分析心理学家弗洛伊德认为,成年人所有的心理和行为问题都能在其童年找到问题的根源。

家庭是人成长的初始环境,儿童最初形成的人格特征同家庭的初始教育关系极大。有资料表明,儿童精神症状如遗尿、厌食等神经功能障碍;情绪易变、恐惧、怯生等情绪障碍;咬指甲、扯头发等不良习惯;攻击性、破坏性等行为问题不同程度地与家庭初始的养育环境有直接关系。

(1)形成良好的家庭环境,一是要营造健康和谐的家庭气氛。对于一个家庭而言,在家庭建立后的最初几年中创造出一种真正的、感情交融的人际关系是十分必要的,儿童生活在这样的家庭中就会感到愉快和安全,就能接受他人和自己,就有可能将埋藏在心灵深处的紧张和不安通过正常的渠道宣泄出来。

在儿童早期,若出于各种原因,使儿童感情上疏远了父母,其结果会使其从根本上否定自我,感到焦虑、孤独和自卑。为此,在儿童成长过程中,父母不仅要养育孩子,更要用自己的情感抚爱孩子。弗洛伊德认为,一个接受了充分爱的人,将来必是人格健全,能爱人,有独立感、责任心的自我实现型人物。

(2)父母应尊重儿童的本性,表现为关心而不是强迫屈从,应给予儿童充分的自由,让儿童在自由中成长;改善教养人的人格品质,在现代社会中生活的人,由于生活和工作节奏的加快,心理上常会产生沉重感、压力感、失落感、抑郁感和情绪波动,这种状况必然通过各种途径"感染"子女。为此,家长要学会自我调整,消除心理紧张,改善自己的人格品质,以应付环境中的各种变化;家长自身的人格塑造和心理调整没有固定的模式,但是学会对事待人宽容随和,不过于计较,不动辄产生情绪波动,善于面对现实而不急于求成和好高骛远,善于从逆境或挫折中自我解脱,能幽默处世等,都有益于将人的心态调节到最佳状态,从而对儿童人格的形成产生积极的影响。

# 第二节 学习心理

在人的一生中,最普遍、最重要的活动莫过于学习了,大学是高等教育的殿堂,也是寻求知识的场所。它需要学生积极主动学习知识、研究学问,进而培养自己分析问题、解决问题的能力。在大学里与教师的引导、授课相比,学生的自主学习能力的培养显得更为重要。学生学习进步,主要靠自己去探索、钻研。我国古谚云:"师傅领进门,修行在个人。"就是这个意思。

## 一、大学阶段学习的特点

大学阶段的学习与中学阶段相比,在学习内容、学习方式、学习要求、教师授课方式等方面有显著的不同。

### (一)大学学习内容广、课程多、专业性强

大学开设的课程分通识类课程、专业课程、专业选修课程等层次,每个层次又由多门课程综合构成。专业性强是大学学习的一个重要的特点。学生的学习具有一定的专业指向性和职业定向性。大学生应根据专业和职业规划的方向,深入地掌握专业知识,并能很好地运用于实践。

### (二)学习方式多样化

在大学里,课堂讲授相对减少,自学时间大量增加。同时,大学为学生学习提供了非常好的环境,有藏书丰富的图书馆,有设备先进的实验室,有丰富多彩的科研竞赛活动。大学的教学计划还安排了大量的教学实验、实训、社会调查、毕业设计、学术报告等教学环节。

### (三)以"自主学习"为主要学习方法,强调学习的"合作性"

在大学,提倡学生的"自主学习",即大学生作为学习活动的主体,能调控自己的学习活动,积极主动地获取知识、培养能力和形成专业必须得各种品质。另外,大学生还应做到课前预习、课后复习;熟练的查找专业资料;能将专业理论学习运用于社会实践。

由于大学的学习内容涉及广泛,大家相互分享彼此的学习收获,可以获得更多的学习资源。大学许多学习任务都是需要合作完成的。

### (四)教师讲课方式

大学教师讲课有以下特点:一是介绍思路多,详细讲解少;二是抽象理论多,直观内容少;三是课堂讨论多,课外答疑少;四是参考书目多,课外习题少。

## 二、大学生学习存在的问题与调试

### (一)学习的目标不明确

俗话说:成功的人生就是一个好的目标体系,当目标完全融入生活的时候,人生目标的达成就只剩下时间的问题了。

对于大学生,更应该为自己制订切实可行的学习目标,一步一步努力达成目标,但现在学习目标不明确而导致的学生缺乏学习兴趣是一种普遍现象。根据调查,大学生学习目标不明确有以下两个原因:

**1. 对专业不满意**

有些学生因为高考志愿调剂,没有被自己心仪的专业录取,从而对现在的专业充满困惑

和矛盾。其实,很多学生在进入大学前,对专业都不甚了解,对自己究竟适合什么专业也不了解。

我们可以尝试改变态度,既然不能让专业适应自己,那么我们就尝试着去适应现在的专业;还可以培养新的兴趣,在学习现在专业的过程中,有意识地发掘专业兴趣所在,多与专业老师探讨学习方法以及专业将来的就业方向和前景,多参加与专业相关的社会实践。

2.学习内容、学习方式以及教师授课方式的不适应

学习内容的多样化,专业性也越来越强,要求学生更多地以"自主学习"为主要学习方式。很多大学生并不能很好地适应这种变化,因此导致不知道怎样制订合理的学习目标。

首先应该努力地适应大学学习方式的转变;其次应该合理地安排学习内容和时间,做好课前预习和课后复习。

### (二)学习态度不端正

现在的大学生中,很多人对自己"为什么要学习"缺乏正确的认识。因而在学习中,缺乏积极主动的学习心态,常表现为只上课堂管理严厉的老师的课程,应付老师考勤,学习被动;考试寄希望于老师划重点。

大学生更多是自主学习,制订切实可行的目标,调整心态,变"要我学"为"我要学"。

### (三)学习方法不当

大学的学习更加注重独立思考和勤于思考的精神。没有独立的思考,就没有真正意义上的学习;要真正地学习,必须学会独立思考。但是,还有很多学生缺乏主动思考的精神,依然只是知识的被动接受者。

### (四)缺乏创新精神

这是大学生普遍存在的问题,书上宣扬的、教师传授的,不管对与错一味接受,甚至是自己感到怀疑的知识,也不敢大声说出来。学生缺乏质疑精神,只懂得接受现有知识的后果是不利于知识的创新。

学习贵在创新,在学习的过程中,大学生应该善于发现问题、能够清楚准确地陈述发现的问题,能够根据提出的问题进行独立的思考,能够运用所学的知识和可以利用的资源验证问题。

# 第三节　人际交往

荀子说:"人,力不若牛,走不若马,而牛马为用,何也? 人能群,而彼不能群。"现代社会中,一个人事业的成功,少部分是由于他的专业知识和能力,而更多的则要靠人际关系和处世沟通技术。因此人际交往、沟通已成为现代人生活中不可缺少的重要组成部分。

人际关系是大学生心理健康的一个重要影响因素,特别是人际关系状况与焦虑症、抑郁

症和恐惧症的关系极为密切。

## 一、人际交往的内涵

所谓人际交往是指人与人交感互动时形成起来的相互之间的情感关系。人与人之间的关系是心理性的,是对两人(或多人)都发生影响的一种心理性联系,包括朋友关系、亲子关系、夫妻关系、朋辈关系、师生关系等。

这种联系是交往所产生的情感的积淀,是人与人之间相对稳定的情感纽带。对于任何人来说,正常人际交往和良好的人际关系都是其心理正常发展、个性保持健康和生活具有幸福感的必要前提。良好的人际关系可以提供给个体强大的社会支持,满足个体的归属需要、安全需要等一些基本的需要。

## 二、大学生人际交往的特征

"交往是人的个性发展的途径,人的本质只能到交往所形成的社会关系中去寻找。"就个体的社会化发展过程来说,大学生群体处于心理上的断乳期。他们在生活中遇到的各种问题,有些是可以向父母求助的,如思想矛盾、人际关系问题等;而有些则可能更多地求助于朋友,通过与朋友的沟通来解决,此时,同辈群体的友谊对大学生来说显得格外重要。大学生友爱心理受成熟程度、抱负水平、个性能力等因素制约,主要表现为如下特征:

(一)迫切性

大学生随着知识的增长、心理的逐步成熟,成人感也日益增强,加之进入了一个全新的人际环境,因而他们迫切希望别人了解自己,渴望得到他人的尊重和承认,也急于了解他人和社会。因此,大学生于人际关系的建立抱有积极良好的愿望。

(二)交往内容的丰富性

大学生不仅存在迫切的交往动机,而且交往内容也显示出丰富多彩的特点。他们兴趣广泛、情感丰富、精力充沛、思想活跃,对各种自然和社会现象都感兴趣,希望自己见多识广,因此在他们的交往过程中所涉及的内容非常丰富,除了专业知识外,内容广泛。涉及文学、艺术、政治、经济、文化、历史、民俗等各个方面。

(三)平等性

大学生的交往对象主要是同龄人,他们都是通过高考的"独木桥"进入心目中的象牙塔,优越感强。进入大学后,首先面临的问题就是卓越感的消失,因此需要平衡心态,接受自己的平凡,并且认识到追求价值观念、态度、信念等方面相似的人际关系,才能获得和谐的朋辈人际关系。

(四)理想性

处于幻想的年龄,由于心理尚未完全成熟、社会阅历有限,也由于家庭、社会及客观环境对人的限制,不可能全面地接触社会,全面地了解现实的"人",易于产生理想化的思维定式。这样大学生在交往的过程中,往往是先在自己的头脑中塑好一个"模型",然后根据这个"模型"到现实中寻找知己,因此大学生对人际交往总趋于理想性,也就是追求所谓的"跟着感觉走"。

### (五)不成熟性

人际交往的不成熟性主要表现在:大学生思想认识尚未完全成熟,富于热情、冲动,选择交往对象易变;自我意识逐渐增强但又不完善,交往中容易以主观臆断,产生偏见;交往中容易自我为中心,过分注重自我在关系中的地位及表现。

### (六)纵横向联系

大学生的横向人际关系指大学生在同龄的同学与朋友之间建立的人际关系,纵向关系指他们与父母、师长等不同年龄人之间建立的人际关系。大学生对同辈关系的重视程度超过与父母或其他成年人的交往。这一方面是因为大学生的自我意识有了进一步的发展,另一方面也是因为与同学和同龄朋友在生理、心理上有更多的相似之处,在理想、爱好、愿望等方面有更多的共同点。

## 三、大学生人际交往的类型

现代社会人际关系错综复杂,霍尼依据个体与他人关系的外在表现形式将其分为:谦让型、进取型和分享型。另外,还有一些分类标准将人际关系分为个体和群体关系,其中,对个体影响最大的是师生关系、同事关系、同学关系、上下级关系。而大学生处于一种渴求交往、渴求理解的心理发展时期,良好的人际关系是他们心理正常发展、个性保持健康和具有安全感、归属感、幸福感的必然要求。

### (一)与老师的交往

老师与学生是大学校园里两大基本群体。大学里师生之间的交往相对松散、活泼。辅导员、班主任是学生人际交往的重要对象。师生关系是学生人际关系的重要内容。师生关系如何,直接影响学生能不能健康地学习成长,并在很大程度上决定了学校能不能对学生的身心施加符合社会要求的影响。

### (二)与同学的交往

同学是大学生人际交往的主要对象,同学关系是大学生人际关系的主要内容。大学班集体由有着不同方言和生活习惯的大学生组成,同学间的交往情况发生了重要的变化,一方面,入学初期,大多数学生是从中学校园直接走进大学校园,社会阅历浅,思想单纯,相互之间能够自然地产生淳朴的"同窗"情谊,形成友好的同学关系。另一方面,随着相互交往和了解的深入,不同的地域出身、家庭背景、个性特点、生活习惯,甚至不同的方言,都有可能成为继续交往的障碍,而且夹杂着利益冲突、激烈竞争,也容易给双方造成伤害。

### (三)与父母的交往

上大学后,大多数大学生自然而然地接受改变:社会视其为成人,行为按成人标准衡量;其自身也觉得已长大,会有意识地,积极地调整心态以适应新的环境。这时候,他们能更自觉地体谅父母的辛苦,自愿承担部分家庭的责任;还会体谅父母对自己思念的心情,经常会通过书信或电话及时、主动地向父母汇报自己的学习、生活等情况,和父母加强思想感情的交流。当然也有些平时对父母依赖性很强的学生会非常想家、想父母,甚至因为想念父母影响学业。所以,大学生应该尽快适应大学生活、融入大学生活,理性处理思家之情。

### (四)社会交往

在大学阶段,对人际沟通能力提出了更高的要求。就业压力日益增大的大学生们,要想在激烈的竞争中脱颖而出,找到理想的工作,较强的社会交往能力是必不可少的。扩大社会交往的方式多种多样,如加入学生社团、参加社会公益活动、勤工助学、创业等。通过各种社会实践活动,既可以增加对社会的了解,也可以扩大社会交往的范围,还能够提高自己独立谋生的本领。当然,阅历不深的大学生要有自我保护意识、甄别是非的能力,理性认识社会交往。

### (五)网络交往

当今社会已经进入了"全媒体时代",网络拓展了人类交往的空间,大学生可以通过社交软件进行交友。网络交友可以使大学生更迅速地结交朋友,获取更广泛的信息、拓宽视野;但另一方面,自控力较差的大学生也会因此而沉迷网络,混淆虚拟与现实,反而影响正常的人际交往。

## 四、大学生人际交往中存在的问题

### (一)功利性

有的大学生在与别人交往时处处为自己着想,只关心自己的需要和利益。如在寝室关系中,常常为打扫卫生等问题发生争执。

### (二)冲动心理强烈

大学生处于特定的心理发展期,自制能力弱,遇事易冲动,有些同学认为自己做事爽快,实则也是冲动表现。

### (三)"边缘人"地位的处世双重性

大学生踏入大学校园,但又要为即将迈出大学做准备,大学时期成为"校园人"到"社会人"的重要过渡阶段:一方面,他们的自给自足能力还没有实现,迫切需要父母的帮助;另一方面,他们又想从父母的束缚之中走出来。因此,这种矛盾的心理使他们在为人处事的时候表现得与众不同,这种不同成为人际交往过程中的重要影响因素。

### （四）封闭性

有些大学生在与别人交往时,总喜欢把自己的真实思想、情感和需要掩盖起来。在他们看来,人世的一切是那么无聊,令人厌倦、平淡、无意义;他们往往持一种孤傲处世的态度,只注重自己的内心体验,古怪的行为和习惯有时令人难以理解。这种人交往的失败在于他们在心理上建立了一道屏障,把自我封闭起来,无法与别人沟通,从而使自己的人际关系处于危机之中。孤芳自赏往往容易导致性格偏执,做出令人不解的古怪行为。

### （五）面子心理作怪

爱美之心,人皆有之,爱面子更是大学生的一大怪癖,大学生的许多人际冲突,都是发生在没有什么原则问题的小事情上,往往是一次无意的碰撞、不经意的言语伤害或蝇头小利等,本来只要打个招呼、道个歉也就没事了,但双方都"赌气",非但不打招呼、不道歉,反而出言不逊,结果争吵起来。更有甚者,一个不让,一个拔拳相向,头破血流,事后懊悔不迭。双方都在用不适当的方法维护自尊,即典型的面子心理,仿佛谁先道歉就伤了面子,谁在威胁面前低了头,谁就懦弱,于是层层升级,以悲剧而告终。

## 五、如何获得好人缘

### （一）需要清楚自己的交际需求量

交际需求量就是一个人自认为的交际数量,或者说是交际的必要性有多大。一个人不需要无限制地与人来往,通常一定量的交际即可以满足自己的生活需求或者说是心理需要。过多无疑会占用自己正常的学习、生活时间。而且,交际的对象也需要有所选择取舍。例如通常人们会考虑交际的安全性,即与某人来往会不会对自己的健康、学习、心理有负面的影响。所以无论建立什么样的交往都需要保持与生活、学习的平衡。

### （二）接受自己,悦纳他人

接受自己,意味着既要接受自己的优点,更要接受自己的缺点。作为当代大学生,在衡量和评价自己时,应多角度进行,只有这样,才能比较客观、全面地认识自我和接纳自我。"金无足赤,人无完人。"大学生既要以宽容的心接纳自己,也要悦纳他人的缺点。在了解对方的过程中,应尽量避免首因现象、晕轮效应、心理定式和刻板印象的消极作用,充分肯定他人长处,尊重对方的人格、兴趣爱好,不苛求对方与自己评判标准一致。

### （三）朋友间相互信任,做到诚实守信

为友要真诚。友情需要不断培养、浇灌才能成长。只有真诚相待,友情才能永存。因为真诚是开启心灵的钥匙,信任是维系友情的纽带,这是最起码的品质。

### （四）尊重他人就是尊重自己

尊重是交往的前提,大学生要做到尊重他人,真诚相待,要"会听"。大学生往往急于

表现自己,愿意自己成为人际交往的中心,经常是重视了"说"而忽视了"听",这会造成人际交流的不平衡,引发对方的抵触情绪。在人际交往中,不仅需要听,而且要会听,不耐烦是听的大忌,一定要重视他人被聆听的需要。另外,珍惜他人时间与精力,恪守时间观念也是人际交往的重要方面。大学生在人际交往中要充分尊重他人安排自己生活的权力,不可勉强要求别人为自己付出过多的时间与精力,时间观念要加强,不可拖沓。最后,尊重他人隐私。

（五）要有所作为,提升自己的交际价值

任何一个人都有自己较别人的长处,一定要挖掘并不断创造。从现在就开始努力做点什么吧,好好学习拿奖学金,或者勤奋锻炼,或者发表文章等。任何一种成功都可以显著提高自己的交际价值,从此改善自己的人际关系。

（六）端正交际态度

端正交际态度不需要将交际对象分门别类采取不同态度对待。端正交际态度就是要回归正常、自然的交际心理,具体地说就是在你缺乏自信的时候表现的自信点,在你高傲时谦虚一点等等。

（七）相互理解,学会宽容

所谓知己就是能够理解和关系自己的人。相互理解是人际沟通、促进交往的条件。大学生在人际交往中,心胸要宽广,遇事权衡利弊,切不可苛求他人,尽量营造宽松的气氛。

（八）正确处理好人际关系中情、理、法的关系

所谓情,就是人情,它决定交往主体对交往客体的依恋程度和开放程度。与人交往,首先要合乎人情,有人情味,同时要注重理,做到合情合理。社会心理学研究表明:情感比认知和意志在维系人际关系时更稳定、更持久。

# 第四节　压力应对与情绪管理

我们赶公交车,车上非常拥挤,你已经感到被挤得透不过气了,呼吸困难,其实这是一种身体压力的体现,我们这时可以选择下车,此时就摆脱了这个压力环境,一身轻松。但心理压力可不像上下车这么简单,因为心理压力的背后,我们赋予了它很多的感情和社会色彩,有因为不能实现社会、家庭对自我期待而造成的压力,有情感的压力,有生活的压力等。长时间背负这些压力,会对我们造成亚健康的状况。

## 一、压力应对

日常生活中有或大或小的应激事件,如果个体认为这些应激事件威胁到内心的平衡,就

会产生压力感,这就是压力。这样的事件也就是压力事件。

有些人对压力会产生一些误区,比如,会认为只有负性的事件才会产生压力;或者认为只有比较大的事件才会使人产生压力,这些都是不正确的。生活中压力感的产生可以是大事,也可以是很小的事情,这些事情有的是正性的,有的是负性的。所以,不论是正性的还是负性的,重大的还是琐碎的,都可能会对个人产生压力,关键是个体怎么认知和评价压力事件。

(一)压力的作用

1. 消极作用

压力会给我们的日常生活带来种种困难。大学生的学业压力、人际压力、经济压力、就业压力和生活其他压力感是引起焦虑、抑郁的重要相关因素。此外,强烈而持久的压力感会导致机体心理和生理功能的紊乱而致病,如高血压、头痛、失眠、溃疡等。

2. 积极作用

压力给生活带来乐趣。为什么我们有时候会主动从事长时间的任务,比如电子游戏,直至精疲力竭还不愿罢手?

环境压力促进人类发展。为什么我们有时候会主动寻求刺激,比如危险刺激的惊险游乐项目,蹦极、过山车等;户外探险;恋爱等;人的成长和发展就是不断适应环境压力的过程;进化论认为,有限的资源导致竞争,而竞争就必然有压力,发展最快的地区,压力也最大。

如果人为减少外界刺激,会发生什么结果呢?

贝克斯顿在美国麦吉利大学所做的感觉剥夺研究,募集了大学生志愿者作为参加实验的人。"感觉剥夺"实验给被试者戴上半透明的护目镜,使其难以产生视觉;用空气调节器发出的单调声音限制其听觉;手臂戴上纸筒套袖和手套,腿脚用夹板固定,限制其触觉(图2.3)。被试单独待在实验室里,几小时后开始感到恐慌,进而产生幻觉。在实验室连续待了三四天后,被试者会产生许多病理心理现象:出现错觉、幻觉,感知综合障碍及继发性情绪行为障碍;对刺激过敏,紧张焦虑,情绪不稳;思维迟钝;暗示性增高;体诉多,各种神经症症状实验后需数日方能恢复正常。

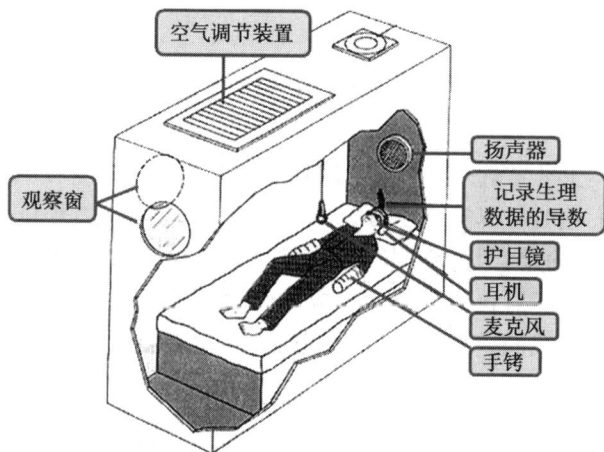

图2.3

（二）大学生压力现状及压力应对

大学阶段是大学生人生道路上的一个重要转折点。在这期间,个体与旧环境之间的平衡被打破,通过调整自身与新环境的关系,个体将重新达成与新环境之间的动态平衡。伴随着平衡的打破,建立一再打破再建立的过程,个体必然会承受各式各样的压力。然而也正是在应对这些压力的过程中,不断走向心理成熟。

近年来,大学生的心理问题呈递增趋势,大学生面临的压力也在逐渐增大,社会对大学生的期望越来越高,而社会可以提供给大学毕业生的就业机会却是有限的,因此大学生面临的各个方面的压力都比以前大了很多。

1. 大学生压力的来源

大学生普遍处于青年前期,是一个人一生中心理发展变化最活跃的时期,也是一个人心理矛盾和心理压力的多发期。导致大学生产生心理压力的原因很多:一方面与他们当前所处的竞争激烈的社会环境有关。例如:上大学经济费用的攀升、学业竞争压力的沉重和就业前景的艰难给大学生带来的心理冲击比任何一个时代都要强烈;另一方面与其所处年龄阶段的身心发展特点有关。

在进入大学后,他们面对环境的突然变化所带来的各种压力缺乏自我调节和应对能力,这就使得其中的一些人很容易产生焦虑、抑郁、烦躁和失眠等身心症状。大学生面对各种压力所产生的内心矛盾和冲突,正是引发种种不良心理反应,导致心理问题和心理障碍发生率高的主要原因。

2. 大学生压力的类型

大学生常见压力主要有人际交往压力、学习压力、情感压力、就业压力、经济压力及专业压力等几个方面。

**人际交往压力**:目前,大学生常见的人际交往压力主要有怯懦、猜忌、自卑、冷漠心理等,这和现在的社会风气有很大的关系,一方面,现在的社会要求大学生掌握人际交往的技巧,处理好人际交往,有时候比其他的都重要,而有大部分同学是不擅长这一部分,还会出现自卑等不良的心理压力。另一方面,大学生不擅长人际交往,有一些同学就会沉浸在网络的虚拟世界中,将自己封闭起来,这样更增加了在现实生活中的压力。

**学习压力**:进入大学以后,大学生的教育方式跟以前有很大的差别,在中学,大部分老师都会很详细地讲解问题,而到了大学以后,大部分是靠自己去学习,如果没有掌握好的方法,会出现投入和收获不成正比的结果,导致了大学生的学习兴趣降低,压力也就越来越大。

**情感压力**:现在大学生谈恋爱已经是很平常的事情,大部分只限制在大学校园里面,毕业就分手的例子也有很多,这说明,大学时候的情感还处于不成熟阶段。大学生因感情问题产生轻生等极端行为的也不乏例子,大学生对感情的认识不正确,已经直接影响大学生的心理健康。

**就业压力**:不仅大四学生会有就业压力,大一到大三的学生也会有预感就业困难的压力,社会竞争的加剧,大学生找工作越来越困难,连续的挫折可能会对大学生产生很大的压力,同时许多的心理问题也随之产生。

**经济压力**:经济压力虽然不是大学生压力源的主要方面,然而是其重要方面,受年级因素影响最大,年级越高影响越大,这与实际生活也是相吻合的,即大学生初期的经济来源主要是父母,随着自身的独立,渴望有充裕的、自由支配的金钱,经济独立是必然趋势,因此到大学生中后期经济压力增大,同时经济问题给贫困生和非独生子女带来的压力比一般同学要高得多,相当一部分的学生要靠打工赚取生活费用,同时也出现了穷家富娃的现象。

**专业压力**:从专业角度分析,不同专业的大学生在压力方面有明显差别,理、工、医科大学生在学习、交往、情感及总体压力感上高于文科大学生。主要由于课程的难易差别过大,使得理、工、医科大学生学业压力以及连带其他压力均高于文科学生。我们说人文类学科学生的幸福感还是比较高的。

3. 大学生压力的影响因素

(1)生活方式与压力

生活方式与压力之间存在着密切的关系,生活方式越好的学生,压力越小。积极健康的生活方式对大学生的发展、身心都有很好的积极的作用,而消极的生活方式会给大学生的生活带来很大的危险。因此,大学生要养成积极、健康的生活方式。

(2)时间管理与压力

大学生正处于人生发展的关键时期,随着社会的发展和人才需求层次的不断提高,很多大学生希望科学合理地使用时间,提高时间的利用率和有效性,学好专业知识和技能,发展各种能力,并争取优秀,以更好地适应社会,在人才竞争中取胜。能否有效管理时间与个人生活质量密切相关。善于管理时间的大学生,生活质量高,能出色快捷地完成工作任务,能按计划完成学习任务,有充裕的时间休闲娱乐,锻炼身体使得生活丰富,人际关系和谐。

4. 大学生如何正确应对压力

没有一种应对方式能够应对所有的压力,个体只有选择建设性的应对方式。而建设性的应对方式具有如下特点:直接面对问题;所做的一切符合现实情形;准确而实际地评估压力情境,而不是扭曲真实的情形;学会辨认和抑制因为压力而产生的伤害性的情绪反应;能主动、理性地评估各种可能的解决问题的办法;努力保证自己的身体不至于因压力而变得容易遭受伤害。

(1)选择正确的生活方式

大学生生活方式具有以下特点:一是注重人际关系的交往;二是具有开放性,多样性的特点;三是实用性和前卫性相结合。

大学生越来越重视人际关系的作用,现在的大学生认为人际关系是一种资源,这种关系对于工作和事业或者学习等方面都有很大的作用。在大学中,学生成熟的一种表现就是很好地利用人际关系来使自己得到发展。

在生活方式上,要培养学生积极的生活方式,树立高尚的生活目标,自觉抵制社会中的各种诱惑。

（2）建立完善的社会支持系统

一定程度的社会支持能提高个体有效应对压力的能力,减轻压力的不良影响。社会支持又称社会关系网络,是指来自社会各方面包括家庭、亲属、朋友、同学、伙伴、社团等组织给予个体的精神上和物质上的帮助和支持的系统。社会支持能够为个体提供安全感和用以应对压力的条件,使大学生以积极的观点与态度面对外界提出的要求,采取有效的行为去处理生活中各种有待于解决的问题。

（3）选择合理的压力应对方式

生活中我们应该认识到有些事情是个体可以控制和变化的,也有很多事情是个体不可以控制和变化的。若想不受压力和消极情绪的影响,人们需要区分可控的和不可控的环境和事件,大学生也是如此——特定的情景要求选择更有效的应对方式,而不存在任何情境中都有有效的应对方式。

（4）树立正确的压力观

首先,大学生应认识到压力的存在是必然的,适当的压力能够促进人的发展。其次,大学生应全面地认识自己,客观地评价自己,减少一些不必要的压力。再次掌握好的学习方法,提高学习的成就感和自我效能感。最后应多参加体育锻炼,学会用自己的方法达到缓解压力的作用。

（5）培养健康的人格

人格对压力不仅具有短期效应,对两年后个体的压力仍有持续影响;相当多的大学生顾虑较多,易自我怀疑,这些不良人格品质均可能影响其对压力事件的感知。虽然人格的形成受诸多因素制约,但大学生强烈改变与完善自我的意愿为其人格发展奠定了良好的基础。要通过各种教育手段帮助大学生尽早认识其人格的不足及其影响因素,促使其从日常生活点滴做起,日积月累,在实践中不断完善自我。

（6）进行自我调节

处理较高水平压力感的方法有增氧健身法、散步、慢跑、游泳、骑自行车等,这些有助于增强心脏功能,降低心率,使人从高水平压力中解脱出来,并提供了用于发泄不良情绪的渠道。

---

**延伸阅读**

### 弗洛伊德"自我防御机制"

1. 压抑:自我最基本的防御机制,因为它先于其他任何防御机制而产生,别的防御机制的运行要以它为基础。压抑能使人对清晰明白的事物视而不见或歪曲已经看见的事物或曲解感知的信息。以这种方式,压抑保护自我不至于因为危险物或与危险物有关的事物而感到恐惧。压抑还作用于创伤性记忆或与创伤性经历有关的记忆。

2. 否认:最早形成的自我防御机制之一。据说它伴随着痛苦感情一起产生,是为了减轻痛苦的一种保护性机制。

3. 投射:一种广为应用的防御机制,因为人们从小就学会在外部寻找自身的行为原因,而不会检查和分析自己的动机。

4. 退行:已经到达某一阶段,但因恐惧而退缩到前一阶段,这就叫作退行。

5. 升华:当某种焦虑被转移到较为高级的、常人容易理解的、为环境社会所承认及肯定的对象上。

---

情绪是一种复杂的心理现象,它有三个基本元素:主观体验、行为和生理唤醒。而快乐、愤怒、恐惧和悲哀这四种基本情绪是与人的基本需要相联系的,是不学而能的,通常还具有高度的紧张性。

## 二、情绪管理

情绪管理是通过研究个体和群体对自身情绪和他人情绪的认识、协调、引导、互动和控制,充分挖掘和培植个体和群体的情绪智商、培养驾驭情绪的能力,从而确保个体和群体保持良好的情绪状态,并由此产生良好的管理效果。

我们任何人都离不开情绪和情感,情绪是我们"生命的指挥棒""健康的晴雨表"。

### (一)情绪管理对心理健康影响

情绪管理对个体具有相当重要的意义,其原因在于它从以下几个方面对个体的身心进行改造。

#### 1. 情绪管理是良好的人际关系的润滑剂

和谐的人际关系,有助于个体获得社会生活所必需的自我价值感、人格品质、理想信念以及社会赞许的行为方式,加快其社会化的进程。情绪在人际关系中起着信号、表达和感染作用,是人际关系交往的重要手段。情绪的信号作用有助于个体对自我情绪进行认知、表达和调控,对他人情绪进行觉察和把握。情绪表达则是人际沟通的重要方面,根据梅拉比的研究,在人际交往中情绪独特的表现形式:表情,与言语相比更具信息冲击力。

#### 2. 情绪管理是创新能力的激发器

知识经济时代是一个不断变化、充满机遇和极具活力的时代。知识更新速度越来越快,这就要求社会成员不仅要有学习、储存新知识的能力,更重要的是要有可贵的开拓精神和创新能力,更要进行创造性思维活动。在个体进行思维活动中,情绪管理对其有重要的促进作用。首先,情绪管理对思维活动具有选择和引导功能。其次,情绪管理对思维活动具有促进和支持功能。心理学家认为,一般情况下,愉快而稳定的情绪,有利于调节脑细胞的兴奋和血液循环,能使人的大脑处于最佳活动状态;思路开阔,促使个体从多个角度进行思考,灵活性增强;记忆和判断能力提高;帮助大学生打破思维定式,灵感也容易出现;人的潜能得到发挥,智力活动效率提高,有利于创造性思维的发展。而在消极情绪状态下,则会使个体思路狭窄,判断力、理解力降低,甚至出现思维阻塞或思维中断。

#### 3. 情绪管理是身心健康的护航者

情绪与人们的身心健康有着密切的关系。一方面,不良情绪会造成生理机制的紊乱,从而导致各种躯体疾病。如强烈或持久的消极情绪会造成心血管机能受损,引发高血压和冠心病,严重时还可导致脑血栓或心肌梗塞。另一方面,不良情绪会抑制大脑皮层的高级心智活动,使人的意识范围变得狭窄,正常判断力减弱,甚至使人精神错乱,神志不清,导致各种神经症和精神病。

4.情绪管理是健全人格的塑造者

人格是个人素质的重要组成部分,是其行为的倾向性,是人在社会化过程中形成的具有个人特色的身心组织。根据大五人格模式,情绪控制性是个体人格的主要组成部分之一。健全人格的情绪控制性特征表现为:情绪理性化,冷静,脾气温和,有满足感,与别人相处愉快。许多研究表明,对情绪的有效调节和控制能使个体保持良好、积极、稳定的情绪,有助于大学生培养乐观向上、积极进取、百折不挠的良好品质;对自己和他人情绪的认知和理解则又会有助于其培养真诚友好、宽厚大度、善解人意等良好性格。如果任由不良情绪泛滥,则个体人格必将出现缺陷和障碍。

(二)大学生常见的情绪困扰

大学生情绪活动丰富,情绪波动较大,情绪活动有冲动易爆发性的特点。常见的情绪困扰主要有:对未来某种可能发生的威胁性情境或某种不良后果而产生的紧张不安焦虑;对"现实自我"的认识和评价过分低估的自卑;对个体需要不能被满足、愿望不能实现所产生的愤怒;对他人怀有戒备心理甚至敌对情绪,也不与他人交流思想感情的淡漠;以及对别人处处比自己强而心里不平衡的嫉妒。

---

**延伸阅读**

### 关于猴子的心理学实验

①预备实验:把一只猴子放在铜条里,双脚绑在铜条上,然后给铜条通电。猴子挣扎乱抓,旁边有一弹簧拉手,是电源开关,一拉就不痛苦了,这样猴子一被电就拉开关,建立了一级条件反射。然后每次在通电前,猴子前方的一个红灯就亮,多次以后,猴子知道了,红灯一亮,它就要受苦了,所以每次还不等来电,只要红灯一亮,它就先拉开关了。这就建立了一个二级条件反射。预备试验完成。

②正式实验:在这只猴子的旁边,再放一猴子,与第一只猴子串联在铜条上,隔一段时间就亮红灯,每天持续6小时。第一只猴子注意力高度集中,一看到红灯就赶紧拉开关,第二只猴子不明白红灯什么意思,无所事事,无所用心,过了二十几天,第一只猴子就死了。

究竟是什么原因导致了第一只猴子很快死亡的呢?

①第一只猴子是因为什么死的呢?科学家发现,它死于严重的消化道溃疡,胃烂掉了,实验之前体检它没有任何胃病,没有溃疡,可见这是二十几天内新得的病。

②第一只猴子要工作,他的责任重,压力大,精神紧张,焦虑不安,老担惊受怕,它的消化液和各种内分泌系统紊乱了,所以就会得溃疡。

由此说明,不良的情绪会产生过高的应激值,从而会严重损害身体的健康。

（三）大学生常见的自我情绪管理方法

鉴于当前很多大学生的心理问题是由缺乏情绪管理方法所引起的,因此大学生有必要掌握一些行之有效的情绪管理的方法,简单易行的方法有以下几种。

（1）向自己提问,这是避开负面情绪的有效途径。有不良情绪的大学生应问自己三个简单的问题:是什么事让我苦恼？我为什么老惦记着它呢？我真正想要的是什么？

（2）利用音乐进行陶冶。音乐是一种很神奇的工具,当大学生出现情绪不振时,听音乐能起到舒缓抑郁、紧张、焦虑等不良情绪的作用。用音乐来改善不佳心境的关键在于能否根据每个人的具体情况不同,来选择合适的曲目。

（3）积极进行情感梳理。大学生一旦受情绪的困扰,内心就会积蓄大量的能量,如果一味压抑,就会使其泛滥成灾。梳理情绪的方法很多,比如记日记。

（4）展开想象。比较常见的想象就是做白日梦。有研究发现,白日梦不仅能丰富人生,而且也能引起创造性思维。

（5）保持适当的幽默。幽默和痛苦也有一种逆转关系:因为大笑会使肌肉乱了步调,因此与肌肉有关的疼痛就可能在一阵大笑后随之消失,它的麻醉功能最主要就是,能够把大学生的注意力从疼痛上转移开来。

（6）心理咨询。在咨询过程中,作为来访者的大学生可以得到专业工作者的指导意见。

# 第三章　大学生常见的心理障碍与应对

心理健康是人们幸福的基础,随着社会快速地发展和时代的变迁,影响心理健康的因素越来越多。如家庭变故、失恋、落榜、人际关系冲突等可能会造成情绪波动、失调;一段时间内不良心境导致兴趣减退、生活规律紊乱甚至行为异常、性格偏离等,这些由现实问题所引起的情绪障碍最后变成了心理障碍。这些问题大多数人往往通过自我调节或求助父母、亲朋、老师等来调节,假如通过这些调节方法仍无效果时,就需要找心理咨询医生寻求帮助。

## 第一节　心理障碍概述

心理疾病与正常心理是两个相对的概念。正常心理指个体具备正常功能的心理活动,包括心理健康与心理不健康两种状态。心理障碍又称异常心理,是指个体因生理、心理或社会因素而出现的各种偏离常态、丧失正常功能的一种心理状态。对刺激的反应有异常表现,并有伴随痛苦和功能性损伤出现的个体内部的心理功能紊乱。它通常表现为认知、情感和行为三方面功能的混乱和不协调。

关于异常的最早文字记载出自古代中医典籍。黄帝是中国传说中的第三个黄帝,他在公元前2674年左右撰写了《内经》(内科学经典)。中医的基础是阴和阳的概念,人体据说包含正的力量(阳)和负的力量(阴),彼此对抗并相互依存。如果两种力量处于平衡状态,人体是健康的。如果两种力量不平衡,就会导致疾病,包括精神错乱。例如,狂症被认为是阳盛造成的。

古代中医哲学的另一种理论认为,人的情绪受内脏的控制,当"精气"或滞于某脏腑时,人就会体验特定的情绪。例如,当气生于肝脏时,人就感到愤怒;滞于脾脏时,人就忧虑;当气生于心脏时,人就高兴;滞于肺脏时,人就悲伤;滞于肾脏时,人就恐惧。该理论鼓励人们生活要和谐、有条理,这样精气才能通畅。

人类心理活动是有机的、协调的、统一的。从接受外界刺激到做出反应,是一系列相互联系不可分割的活动。心理活动包括感觉、知觉、记忆、思维、情绪、注意、意志、智能、人格、意识等,其中任何一方面的变化均可表现为精神活动障碍,即心理活动的各个方面互不协调或精神活动与环境不协调,均可表现为心理异常。

最常见的心理障碍为焦虑、恐怖、幻觉、妄想、兴奋、抑郁、智力低下,品行障碍及不能适应社会环境等。心理异常的表现可以是严重的,也可以是轻微的。心理异常的表现是多种多样的,目前,我国根据WHO的分类法将精神障碍分为10大类(CCMD-3):

①器质性精神障碍。

②精神活性物质与非成瘾物质所致精神障碍。

③精神分裂症和其他精神病性障碍。

④心境障碍(情感性精神障碍)。

⑤癔症、严重应激障碍和适应障碍、神经症。

⑥心理因素相关的生理障碍。

⑦人格障碍、习惯和冲动控制障碍、性心理障碍。

⑧精神发育迟滞与童年和少年期心理发育障碍。

⑨童年和少年期多动障碍、品行障碍、情绪障碍。

⑩其他精神障碍及心理卫生情况。

---

**延伸阅读**

### 追求完美的"非常人物"

查理兹·塞隆爱情事业两得意,但她自曝有个问题长期困扰着她,那就是患上"强迫症"。

理查兹·塞隆透露,家中任何柜子里都必须整整齐齐,否则她无法睡着。不过,除了理查兹·塞隆,足球明星贝克汉姆也有同样的问题,一定要在整洁的环境里才能放松。

理查兹·塞隆表示,她的"强迫症"是无法忍受任何"隐藏的混乱"。一般人懒得整理内务,常会把一堆东西乱塞进柜子,把门一关,眼不见为净,但是她刚好相反。如果外面乱成一团糟,理查兹·塞隆觉得无所谓,但只要是碗柜、衣橱、置物柜里的物品没有放整齐,她就会受不了,半夜会醒来整理整齐后才能继续睡觉。

至于贝克汉姆,他的强迫症则严重到无论眼前的或者柜子里的,他都要求整齐清洁。通常他住进饭店,一定会把书桌上的杂志、宣传品等排整齐,甚至连冰箱里的饮料罐头都得按品牌、种类排好,如果"排好队"的罐头有多出来的,他就会拿出来用掉或者丢掉,因为他无法忍受不整齐。

——摘自:新浪网.

# 第二节　大学生常见心理障碍及应对

联合国教科文组织称:"21 世纪人类健康的最大杀手是心理疾病。"大学生常见的心理障碍包括神经症、心境障碍、精神病障碍和躯体障碍等方面。

## 一、神经症

神经症是对一组精神障碍的总称。根据《中国精神障碍分类与诊断标准(第三版)》(CCMD-Ⅲ)中神经症的描述性定义:"神经症是一组主要表现为焦虑、抑郁、恐惧、强迫、疑病症状,神经衰弱症状等的精神障碍。"

中医认为神经症是事件变化发展的客观规律之一。外因多是长期有强烈精神刺激,如家庭纠纷、恋爱挫折、事业失败或人际关系紧张,持久的脑力、体力劳动,睡眠不足。内因主要是脏腑功能失调,在脏腑功能失调的情况下再加上外界因素的长期作用,高级神经中枢过分紧张,因而导致中枢神经系统紊乱。此外,劳逸失度、久病体虚、饮食不节等都能引起阴阳失交、阳不入阴,而形成精神官能症。

(一)神经症及表现

神经症不是神经病,也不是精神病,主要表现为持久的心理冲突,患者觉察到或体验到这种冲突,感到不能控制的自认为应该加以控制的心理活动,发病通常与不良的社会心理因素有关,不健康的素质和人格特性常构成发病的基础。神经症是可逆的,外因压力大时加重,反之症状减轻或消失;社会功能相对良好。

1.焦虑症

焦虑症是以焦虑情绪为主的神经症。焦虑是内心紧张不安,预感到似乎将要发生某种不利情况而又难于应付的不愉快情绪。一般来说,焦虑症指对没有危险性的情境、地点、事件或物体极端恐惧且无法控制的情绪。其主要分为惊恐焦虑和广泛性焦虑两种。

惊恐焦虑是反复出现的显著的心悸、胸闷、窒息感和眩晕感等神经症状,常伴有对死亡的恐惧,有失控感。

广泛性焦虑指以缺乏明确对象和具体内容的提心吊胆及紧张不安为主的焦虑症,并有显著的植物神经症状、肌肉紧张及运动性不安。正常的焦虑和焦虑症是有区别的。人们口中的焦虑一般范围较广,很多时候指的是一些焦虑的感受、症状,比如我明天要参加面试或者上台演讲,就会感到很焦虑。当引起我们焦虑的事情过去的时候,我们的情绪会在一段时间内恢复正常水平,也就是说,登台演讲的事情过去了,我们慢慢就不焦虑这件事情了。这是正常焦虑。

引起焦虑的原因主要有:心理因素和压力应激因素。当焦虑情绪严重影响正常的学习、生活和工作时,可以寻求精神卫生人员的帮助,采取心理治疗。焦虑症是可以治好的。

2. 恐惧症

恐惧症又称恐怖症或恐惧焦虑障碍,是一种以恐惧症状为主的神经症。其主要表现以过分和不合理地惧怕外界客体或处境为主神经症。患者通常对某些客体或处境有强烈恐惧,恐惧的程度与实际危险不相称。明知没有必要,但仍不能摆脱,不能防止恐惧发作,并甚为苦恼。因此,患者一般会极力回避所害怕的客体或处境,或是带着畏惧去忍受。最常见的是场所恐惧、社交恐惧和特定恐惧三种。

大多数人会意识到这些害怕是过分不合理的,但却无法控制自己的恐惧。

导致个人痛苦及社会功能受损时,建议寻求心理专业人员的帮助,可采用心理治疗和药物治疗。

---

**延伸阅读**

## 正常恐惧与恐惧症的区别

想一想你有没有感到恐惧或焦虑的时候?比如你到一个新环境的第一天,你可能有点紧张不安,担心会遇到什么,有时希望能退回自己曾熟悉的环境和人群中去。这是对可能具有威胁性的情景的典型反应——这里的威胁可能是你不喜欢的人或事。当环境中存在真实的威胁,恐惧与威胁相称时,威胁消失,恐惧也会随之消退,这是正常的恐惧。当恐惧与威胁极不相称时,恐惧也是适应不良的,例如:一些经历过创伤性事件的人在创伤过后持续感到非常恐惧。当一个人面对威胁做出适应不良的行为时,恐惧就会变成焦虑障碍,例如:一个患有广场恐怖症的人因为害怕外出而不出户。如出现类似情况,建议到正规医院治疗。

——选编自:《大学生心理健康教育》(郭朝辉).

---

3. 强迫症

强迫症是一组以强迫思维和强迫行为为主要临床表现的神经精神疾病,其特点是有意识的自我强迫行为和反强迫行为并存,二者强烈冲突使病人感到焦虑和痛苦。一些毫无意义,甚至违背自己意愿的想法或冲动反反复复侵入患者的日常生活,影响其学习工作、人际交往甚至生活起居。

无论是强迫观念还是强迫行为,一个共同的特点是明知这种想法或动作毫无必要、毫无意义,甚至感到荒谬,但还是难以控制,内心感到痛苦,做完之后再反复做,内心更加痛苦,这种痛苦有时是为了避免这种痛苦而产生的痛苦。

明显影响正常生活,使其社会功能受损时,应及时寻求专业心理机构的评估与治疗。

## 案例分析

### 锁门的癖好

小王是大二的学生,自从大一开始,总是担心寝室门是否锁好,每次去教室上课前都要在宿舍的楼梯口徘徊几次,反复检查寝室门是否已锁好。明知道这样做没有必要但还是控制不了自己,也因此常常耽误上课的时间,非常苦恼。在心理老师的建议下,小王去医院进行了心理治疗。经过一段时间的心理治疗与辅导,情况明显好转。现已投入正常的学习、生活中。

4. 疑病症

疑病症是一种以持久担心或相信自己患严重躯体疾病为主的神经症。病人因为这种症状反复就医,各种医学检查阴性和医生的解释,均不能打消其疑虑。

遇到这样的情况,应及时寻求专业的心理卫生机构的帮助。

## 案例分析

### 老师,我得了艾滋病

小李是大三的学生,半年前得了痔疮,医生建议做小手术。他不信任医生能治好他的病,也害怕手术流血过多而死。一直拖着不治。同时,他又很紧张,此后,精神压力很大,每天都担心自己会得艾滋病而死。看过心理咨询师,老师告诉他根据艾滋病的传染途径判断他不可能得艾滋病。他自己也多次跑医院去查血,没有查出艾滋病毒。但他依然不相信诊断,坚持认为自己得了艾滋病。在心理老师的建议下,小李去专科医院看了心理医生。接受了一段时间的心理治疗与心理辅导,该生情况明显好转,并能正常地生活、学习。

(二)神经症的自我调适

> 张而不弛,文武弗能也;弛而不张,文武弗为也,一张一弛,文武之道也。
>
> ——孔子

神经症不是神经病,它是一种轻度精神疾病,一般人都或多或少会出现一些不良的心理或行为症状。首先,不要过度敏感,将一般的心理问题对号入座,扣上神经症的帽子而惶惶不安。在相关专业人员未做出神经症的诊断前,不要随便给自己贴标签。同时,如果周围有同学患了神经症,当他们需要关心和帮助的时候,我们应给予充分的倾听、理解和帮助。当他们在正常期间或不需要我们关注的时候,我们不能过分关注,以免强化他们的疾病意识。

一般来讲,轻度的神经症如果发现较早,在前期都可以通过自我调节和心理咨询等办法进行治疗。但通常神经症都是心理问题长期积压的结果,因此治疗也是需要一个长期而系统的过程。目前大多采用药物治疗和心理治疗相结合的方式。自我调节可以从以下几个方面入手:

**1.正确认识自己,悦纳自我,接纳他人**

不能正确认识自我往往是形成心理障碍的重要原因之一。要保持心理健康,不仅要了解自己的长处、兴趣、能力、性格,还要了解自己的不足和缺陷,并要正视它们。如果对自己不了解、不接受,那么,不是感到怀才不遇、生不逢时,就是愤世嫉俗、狂妄自大,或是过分自卑焦虑,导致心理不平衡。因此,大学生应有自知之明,在充分了解自我的基础上,既不可高估自我,也不自欺欺人,这样才会心安理得,减少心理的冲突,保持心理健康。同时也要了解人与人之间的不同,学会包容别人的缺点,接纳别人的不同。

**2.提高自我的社会适应性和人际交往能力,充实生活,融入社会**

多参加户外活动,找朋友聊聊天,发展自己的兴趣爱好,提高人际交往能力,良好的人际关系既是心理健康的条件,又是心理健康的表现。妥善处理人际关系,即处理好与父母、老师、同学、朋友、异性的关系,其中尤以朋友关系最为重要。处理人际关系要有一个"好尺寸"。"好尺寸"是指善于学习、仿效他人之长。这不但能使自己与周围的人们形成和睦的气氛,有利于最佳心态的培养与稳固,也容易把周围的事情处理好。

**3.合理规划,积极行动**

早规划,早行动,尽量少拖延,这样才会逐步实现自己的理想目标。人在现实生活中,而客观现实又不以人的主观意志为转移,只能要求个人去充分认识和了解现实,适应和改造现实。这就要求青少年面对现实,把个人的思想、愿望和要求与现实社会统一起来。

**4.缓解焦虑情绪的方法**

**(1)转移目标法**

首先是把注意力转移到自己身体的另一部位。可以注视自己手指的长短、手心掌纹的走向、指甲的形态等;或把自己的注意力转移到自己喜欢的情景中去;或把注意力转移到电视节目中的小品、相声、笑话等;或者有意识地看一些笑话、幽默故事等。

**(2)身体放松法**

比如常见的腹式呼吸放松法、肌肉放松法、听音乐法等。通过身体的放松训练,使身体状态得到较好的放松,缓解神经紧绷的症状,这样也就能够避免自己在出现焦虑情绪的时候,难以自我放松,难以尽快地消除情况的出现,在自我治疗焦虑症方面取得的效果是非常不错的。

**(3)想象放松法**

夜深人静之时,在脑海中想象出两种具有典型特征的颜色,一种代表紧张、压抑(如红色、黑色等),另一种代表了放松、安详(如蓝色、绿色等)。现闭上眼睛,幻想肌肉中全是紧张的颜色,接下来,想象那个能使自己放松的颜色,当整个身体肌肉慢慢转变为放松的颜色时,代表你已全然放松下来。

## 二、心境障碍

心境障碍又称情感障碍,它是一组以情感显著而持续地高涨或低落为主要临床特征的精神障碍,常伴有相应的思维和行为改变。情感障碍的表现具有很大的变异,较轻的可以是对某种负性生活事件的反应,重的则可成为一种严重的复发性甚至慢性致残性障碍。情感障碍的基本症状是心境改变,通常表现为抑郁发作和躁狂发作两种完全相反的临床状态。

（一）抑郁症

抑郁症是一种以持久的情绪低落或兴趣下降为主要特征的心理疾病。核心问题是情绪的持久低落、兴趣下降或快感缺失。其中情绪的持久低落,主要指那种不可理解的情绪低落。这个与我们平时一般正常的情绪低落还是有区别的。正常的情绪低落是可理解的,个体知道因为什么变得不好,也知道什么可以让自己的心情变得更好。比如有同学说最近心情不好,情绪很低落,原因就是考试不及格,还失恋了,像这种情况一般会随着这种应激事件的消失,可能心情就会变得更好。

林黛玉独自在大观园暮春时节看到落花纷纷飘下时,不禁悲从心来,于是边唱葬花吟,边埋落花,但看到宝玉时马上破涕为笑,此时黛玉的情绪状态是正常人的悲喜情绪变化。当黛玉自知与宝玉结婚无望后,一个月心情如掉入万丈冰窟,万念俱灰,浑身无力,不吃,不喝,不动,不看书弹琴,焚书烧绢,绝望拒食而死。此时的她已具备重性抑郁症的核心症状:情绪低落,无力,兴趣丧失,有自杀倾向,且长达月余,根据书上描述应诊断为抑郁症。

正常人的抑郁情绪和抑郁症是有区别的。正常人情绪包括喜、怒、悲、恐四种基本成分,抑郁情绪是人们负性事件刺激下的短暂悲伤情绪,不影响人们的正常生活和社会功能;而抑郁症是一种有生物性基础的疾病,情绪低落,无力,兴趣丧失等核心症状,严重影响人类的正常生活和社会功能。

抑郁症的诊断主要依靠临床症状,需到专业医院进行评估与诊断。一经确诊需及时就医进行专业心理治疗与辅导。

（二）躁狂症

躁狂症是躁狂抑郁症的一种发作形式,以情感高涨、思维奔逸以及言语动作增多为典型症状。躁狂状态的主要表现是心境高涨,思维奔逸和精神运动性兴奋。

事实上,每个人在现实生活中都可能会有过感到悲伤、沮丧甚至绝望的时候,也有感到高兴、异常兴奋的时候。但情绪本身没有正常与异常之分,抑郁情绪本身也不足以使心境障碍的诊断成立。如果遇到悲伤的事情,我们没有负性情绪,遇到高兴的事,没有正性情绪,反而存在问题。抑郁和躁狂与其他情绪一样,是从正常到异常的一个连续体,当抑郁或躁狂达到了某种严重的程度,已经严重影响人的正常生活和社会功能时,这就可能是属于异常需要治疗的情况,但这样的诊断必须专业机构来完成。

（三）心境障碍的自我调适

大学生中最为常见的心境障碍就是抑郁症，重度抑郁的学生不仅各项社会功能严重损伤，还可能出现自伤和自杀行为。对于大学生抑郁症患者来讲，抑郁心理的自我调适是治疗抑郁症的重要部分，可从如下几个方面入手。

1. 科学客观地看待抑郁症

认识到疲倦、无用、无助和绝望是抑郁的症状，但这些消极的感受并不反映真实的情况，随着疗效生效，这些症状会逐渐消失，认识到这点很重要。大多数抑郁症患者通过心理治疗、药物治疗或者两者结合都会有实质性的改观。

2. 尝试着多与人们接触和交往

及时向亲友、同学、心理医生、心理热线倾诉淤积在心头的苦闷和烦恼，则可以排淤化结，使受挫的心灵得以平抚，感情的伤口得以愈合。

3. 面对现实，了解自己的优点和不足，设定自己的人生目标

千万不要给自己制订一些很难达到的目标。可以将一项大的繁杂的工作分成若干小部分，根据事情的轻重缓急，做力所能及的事，不要对很多事情大包大揽。

4. 主动转换自己生活的环境和内容，发展自己的才能和兴趣

尽量多参加一些校园活动和社团组织，尝试着做一些轻微的体育锻炼及文体艺术等活动。抑郁苦闷时，在校园里或郊外散散步，看看电视、电影，或听听音乐、写写日记等，避开引起不良情绪的事件或人，通过转移注意力达到稳定情绪，调整心境的目的。

5. 自己创造好心境，学会快乐地生活

积极地自我暗示，热爱生活，宽容、幽默、关心他人，善于诉，巧妙遗忘等，都可以使自己创造良好的心境，实现快乐的人生。

总之，每个人的情况不同，可能承担生活压力的程度也不同，进行积极的自我身心调适，是防止有抑郁倾向的人发展成为心理异常的关键。

---

**延伸阅读**

### 美国纽约医学中心精神科专家专为抑郁症患者开出的一张自助"方子"

1. 不要自责。抑郁症是一种疾病，你没有能力创造或选择它。因此，不要自责"我为什么得了这种该死的病"，而应明白自己急需帮助，积极踏上寻求康复的治疗之路。

2. 认真遵循治疗方案。依照处方服药，定期就诊。让医生能够准确地监测到疗效，并适时调整治疗方案和药物。不要气馁。告诉自己，恢复正常需要一段时间，不要着急。时常跟自己说"我会好起来的"。避免做人生重大决定。患上抑郁症后，做出重大决定的能力就会受影响。因此，最好等抑郁症好了之后，且对决策力有信心时再做重大决定。

3. 简化生活。患上抑郁症后，就要适当改变一下生活。不要期望可以像发病前一样，如果发现某事太难做，干脆置之不理。如果还要求自己像个健康人一样可以同时做很多事，或快速完成某项任务，你可能会觉得力不从心，从而变得更加沮丧。

4. 参与活动。参加一些擅长的、能让自己有成就感的活动，即使一开始你只是个旁观

者,也不要放弃这些机会。这样的活动能让你逐渐恢复自信,对治疗抑郁症大有裨益。

5.认可小进步。只要抑郁症状有了一点改善,你都要学着感到满足。这样能让你逐渐恢复活力,一点点找到曾经健康的自我。

6.防止复发。防止复发的方式之一就是防患于未然。首先,严格遵循医生制订的治疗计划,并保持良好的生活习惯。其次,对复发信号保持警觉。尽管每人的复发信号不尽相同,但你如果早早就起床,饭量比平时少,感觉特别烦躁,对任何事都漠不关心等就要留神了。并且持续了两周左右,请马上就医。

### 三、躯体形式障碍

躯体形式障碍是一种以持久地担心或相信各种躯体症状的优势观念为特征的神经症。病人因这些症状反复就医,各种医学检查阴性和医生的解释,均不能打消其疑虑。经常伴有焦虑或抑郁情绪。尽管症状的发生和持续与不愉快的生活事件、困难或冲突密切相关,但病人常否认心理因素的存在。本障碍男女均有,为慢性波动性病程。严重者会导致社会功能受损。一般情况下,人的躯体疾病与心理问题是相互影响的。

（一）心理问题可能会导致躯体的不健康

比如由于压力太大、精神紧张,不少人可能会出现呼吸困难、胸闷、心悸、手足抽搐等躯体表现;也可能会出现便秘、腹泻、食欲不振、消化不良等现象。但反复检查以及药物治疗并没有出现缓解。因此在治疗躯体疾病的同时,及时发现心理问题,并对心理问题进行积极、有效的治疗,有利于缓解躯体疾病。

（二）长期患有某种躯体疾病也会影响心理健康

这些人可能会比正常人更容易在躯体强迫、抑郁、恐惧和焦虑等方面出现心理问题。心理问题的严重程度与疾病的活动程度、病程的长短以及社会活动能力的影响程度有关,同时也与患者的个人心理素质有关。某些治疗疾病的激素类药物,长期使用也可能会导致一些心理问题的产生;同样,躯体疾病的缓解也可使心理问题获得减轻。

### 四、精神分裂症

精神分裂症是一组病因未明的重性精神病,具有感知觉、思维、情感和行为等多方面的障碍,以精神活动与环境不协调为特征。患者一般意识清楚,智能基本正常,但部分患者在患病过程中会出现认知功能的损害。多在青壮年缓慢或亚急性起病,病程一般迁延,呈反复发作、加重或恶化,部分患者最终出现衰退和精神残疾,但有的患者经过治疗后可保持痊愈或基本痊愈状态。

（一）精神分裂症及表现

精神分裂症是由一组症状群所组成的临床综合征,它是多因素的疾病。尽管目前对其病因的认识尚不很明确,但个体心理的易感素质和外部社会环境的不良因素对疾病的发生发展的作用已被大家所共识。无论是易感素质还是外部不良因素都可能通过内在生物学因素共同作用而导致疾病的发生,不同患者发病的因素可能以某一方面为主。

精神分裂症的临床症状复杂多样,可涉及感知觉、思维、情感、意志行为及认知功能等方面,个体之间症状差异很大,即使同一患者在不同阶段或病期也可能表现出不同症状,主要表现为以下几个方面的障碍。

1.感知觉障碍

精神分裂症可出现多种感知觉障碍,最突出的感知觉障碍是幻觉,包括幻听、幻视、幻嗅、幻味及幻触等,而幻听最为常见。

2.思维障碍

思维障碍是精神分裂症的核心症状,主要包括思维形式障碍和思维内容障碍。思维形式障碍是以思维联想过程障碍为主要表现的,包括思维联想活动过程、思维联想连贯性及逻辑性等方面的障碍。妄想是最常见、最重要的思维内容障碍。

3.情感障碍

情感淡漠及情感反应不协调是精神分裂症患者最常见的情感症状,此外,不协调性兴奋、易激惹、抑郁及焦虑等情感症状也较常见。

4.认知功能障碍

在精神分裂症患者中认知缺陷的发生率高,约85%的患者出现认知功能障碍,如信息处理和选择性注意、工作记忆、短时记忆和学习、执行功能等认知缺陷。

(二)精神分裂症的自我调适

1.正确认识精神分裂症

许多人对精神分裂症的认识误区,导致精神病人压力大,家人顾虑多,而耽误了治疗。其实,精神分裂症同身体疾病一样,并不是不治之症,多数人是可以通过治疗得到控制的;精神分裂症并非都是疯癫痴狂、伤人伤物的,除生病发作外,他们与正常人无明显差异。因此,早发现、早治疗,效果越好。

2.药物治疗为主,心理治疗为辅

目前,抗精神病药物治疗是精神分裂症首选的治疗措施,药物治疗应系统而规范,强调早期、足量、足疗程,注意单一用药原则和个体化用药原则。恢复期可辅以心理治疗。同时,如果我们身边出现精神病患者,要尽量给予他们理解、支持和帮助。不要歧视、冷漠甚至厌恶。因为正常的社会生活和人际交往有利于康复,应鼓励精神病人出院后积极投入到学习、生活中去。

---

延伸阅读

### 天才·精神分裂症·诺贝尔奖

世界博弈均衡论创始人——纳什,早年就非常优异,1958年被美国《财富》杂志评为新一代天才数学家中最杰出的人物。在他30岁春风得意的时候,患上了严重的精神分裂症。

经过多年的艰苦努力,纳什在妻子的帮助下最终走出了阴霾,理性为他带来了心灵的平和,终于在 1994 年,纳什凭借他在现代博弈论上的卓越贡献,获得了科学界的最高荣誉——诺贝尔奖。

——摘自:《变态心理学》(钱铭怡).

## 五、人格障碍

生活中我们常常感叹人与人的不同,正所谓"人有千面,各有不同",人格是人的素质的重要组成部分。人格或称个性,是一个人固定的行为模式及在日常活动中待人处事的习惯方式,是全部心理特征的综合。人格的形成与先天的生理特征及后天的生活环境均有较密切的关系。童年生活对于人格的形成有重要作用,且人格一旦形成就具有相对的稳定性,但重大的生活事件及个人的成长经历仍会使人格发生一定程度的变化,说明人格既具有相对的稳定性又具有一定的可塑性。

(一)人格障碍

人格障碍是指明显偏离正常且根深蒂固的行为方式,具有适应不良的性质,其人格在内容上、质上或整个人格方面异常,人格障碍通常开始于童年、青少年或成年早期,并一直持续到成年乃至终生。人格障碍的治疗主要是服用药物来控制症状、控制情绪,帮助患者改变偏执观念;心理治疗主要是改变患者的心理发展。

人格障碍可能是精神疾病发生的素质因素之一。在临床上可见某种类型的人格障碍与某种精神疾病关系较为密切,如精神分裂症患者很多在病前就有分裂性人格的表现,偏执性人格容易发展成为偏执性精神障碍。人格障碍也可影响精神疾病对治疗的反应。常见的人格障碍有偏执型人格障碍、回避型人格障碍、冲动型人格障碍、强迫型人格障碍、焦虑型人格障碍、分裂型人格障碍、依赖型人格障碍。

(二)人格障碍的应对

形成人格障碍原因是多因素的,如社会文化、心理特征、社会因素以及早年经历等都可能成为导致人格障碍的原因。人格障碍的矫正虽有一定难度,但也不是"不治之症"。在临床实践中发现,有相当一部分人格障碍患者通过精神科医生和心理学家的治疗,在可能的限度里,通过自身的努力,在人格障碍的矫正方面取得了较好的效果。下面简要介绍几种人格障碍自我矫正的方法。

1. 反向观念法

人格障碍者大多伴随有认识歪曲现象,反向观念法是改造认识歪曲的一种有效方法。反向观念是指自己主动与自己原有的不良自我观念唱反调,原来是以自我为中心,现在则应逐渐放弃以自我为中心的观念,学习设身处地为他人着想;原来爱走极端,现在则学习多方位考察问题,来点中庸;原来喜欢超规则化,现在则应偶尔放松一下,学习无规则地自由行事。

采用反向观念法克服缺点的要点是:先对自己的错误观念进行分析,然后提出相反的改进意见,在生活中努力按新观念办事。这种自我分析可以定期进行,几天或一星期一次,也可以在心情不好或遭挫折之时进行。认识上的错误往往被内化成无意识的,通过上述自我分析,就可把无意识的东西上升到意识的自觉层次,这有助于发现和改进自己的不良人格状态。

### 2.习惯纠正法

人格障碍者的许多行为已成为一种习惯,破除这些不良习惯有利于人格障碍的矫正。以依赖型人格为例,实施这种方法有三个要点,一是清查自己的行为中有哪些事是习惯性地依赖别人去做的,又有哪些事是自己做的,你可以每天作记录,记足一个星期。二是将自主意识很强的事归纳在一起,你如果做了,则当作一件值得庆贺的事,以后遇到同类情况应坚持做;你如果没做,以后遇到同类情况则应要求自己去做。而对自我意识差、没有按自己意愿做的事,自己提出改进的想法,并在以后的行动中逐步实施。例如,在制订某项计划时,你听从了朋友的意见,但你对这些意见并不欣赏,便应把自己不欣赏的理由说出来,这样,在计划中便渗透了你自己的意见,随着你的意见的增多,你便能从依赖别人意见逐步转为完全自主决定。三是找一个你信赖的人作监督者,并订立一个监督协议,当你有良好表现时,予以奖励,当你违约时,予以惩罚。

### 3.行为禁止法

对于人格障碍者的许多不良行为,可以采取该法。例如,一个偏执型人格障碍的人当对一件事忍无可忍而将要发作时,你对自己默念如下指令:"我必须克制住自己的反击行为,让我当即分析有什么非理性观念在作怪。"采取这种方法后,用理性观念加以分析,怒气便会随之消减,不少你认定极具威胁的事,在忍耐了几分钟后,你会发现灾难并未降临,不过是自己的一种无谓担忧罢了。

### 4.情绪调整法

人格障碍者多半有情绪障碍。例如,戏剧型人格的情绪表达太过分,旁人无法接受。采用此法首先要做到的便是向你的亲朋好友作一番调查,听听他们对你的看法。对他人提出的看法,你应持全盘接受的态度,千万不要反驳,然后你扪心自问一下,上述情绪表现哪些是有意识的,哪些是无意识的;哪些是别人喜欢的,哪些是别人讨厌的。对别人讨厌的坚决予以改进,对别人喜欢的则在表现强度上力求适中。对无意识的表现,你将其写下来,放在醒目处,不时地自我提醒。此外,可请你的好友在关键时刻提醒一下,或在事后对自己的表现作评价,然后从中体会自己情绪表达的过火之处。这样坚持下去,你的情绪表达就会越来越得体和自然了。

### 5.精神外科治疗与心理治疗法

心理治疗对人格障碍是有益的,通过深入接触,同他们建立良好的关系,以人道主义和关心的态度对待他们,帮助他们认识自己个性的缺陷,进而使其明白个性是可以改变的,鼓励他们树立信心,改造自己性格,重建自己健全的行为模式。如遇到困境可进行危机干预。认知行为治疗可能帮助焦虑性人格障碍患者,使他们认识到自己的紧张和忧虑是过分的,并且促使其逐渐克服。焦虑症状明显时,可适当予以抗焦虑药。另外,还可以通过家庭治疗、行为治疗等加强自信心的训练,同时要鼓励患者多参与社会实践。通过精神外科治疗,将大脑一定部位(杏仁核、扣带回、内束前肢、尾状核下)定向破坏手术,可改善某种类型的人格障碍症状,如冲动行为明显者,手术可改善明显的冲动行为,但手术可导致不可逆脑局部损伤,故外科治疗应采取慎重态度。

# 第四章 大学生心理危机干预与生命教育

人生不可能总是一帆风顺,总会有遇到逆境的时候。人生中的逆境,考验人的意志,也锻炼人的能力。但当我们的能力不足以应对当前的挑战,我们就可能陷入心理危机之中。所以要维护心理健康,我们首先从认识和学会应对心理危机开始。

---

**延伸阅读**

小文是一位来自偏远农村的女大学生,家庭经济非常困难,上大学后,从农村来到城市,一方面,贫困的家庭经济情况很快成了同学人尽皆知的"秘密",因此变得非常自卑和压抑。另一方面,面对繁重的学业压力、生活压力、人际压力,这些都让小文应接不暇,整日郁郁寡欢,处于严重亚健康状态。正在这时,她的妈妈因病去世。从家里奔丧回来,她几乎垮掉了,天天以泪洗面,不止一次向同学提起为什么上天如此不公平,那么多不好的事情都降临到她的头上,她觉得没有勇气再活下去了。

---

## 第一节 大学生心理危机干预

心理危机这一概念是美国心理学家 G. 卡普兰(G. Caplan)首次提出的。他认为,心理危机是当个体面临突然或重大生活事件(如亲人死亡、婚姻破裂或天灾人祸)时又无法用常用的方法来解决问题时所出现的心理失衡状态。

### 一、大学生心理危机概述

大学生心理危机,是指大学生由于无法克服主客观因素的负面影响,而产生的一种严重的心理失衡状态。心理危机是一种失衡状态,这通常伴随着危机事件的发生而产生。心理危机不是一种疾病,而是一种情感危机的反应。

某一事件是否会成为危机有三个影响因素:第一,个体对事件发生的意义以及事件对自己将来的影响的评价;第二,个体是否拥有一个能够为自己提供帮助的社会支持系统;第三,个体是否获得有效的应对机制,也就是个体能否从过去经验中获得解决问题的有效方法,如哭泣、愤怒、向他人倾诉等。由于个体在这三个方面可能存在着较大的差异,因此,相同的事件不一定对每个人都构成危机。

每个人对严重事件都会有所反应,但不同的人对同一性质事件的反应强度及持续时间不同,一般的应对过程可分为三阶段:

第一阶段:即立即反应,当事者表现麻木、恐慌,否认或不相信;

第二阶段:即完全反应,感到激动、焦虑、痛苦和愤怒,也可有罪恶感、退缩或抑郁;

第三阶段:即消除阶段,接受事实并为将来作好计划。危机过程持续不会太久,如亲人或朋友突然死亡的居丧反应一般在 6 个月内消失,否则应视为病态。

### (一)大学生心理危机的种类

**1.发展性危机**

发展性危机是个人在正常成长和发展过程中,对急剧的变化或转变所产生的异常反应,如环境与人际关系适应问题、理想自我与现实自我问题、学习与就业问题、对生命价值和生活意义的感悟问题、性心理问题等。这些危机是大学生生命中必要和重大的转折点,每一次发展性危机的成功解决都是大学生走向成熟和完善的阶梯。

**2.境遇性危机**

境遇性危机是指突如其来、无法预料和难以控制的心理危机,如交通事故、人质事件、突然的绝症或死亡、被人强暴、自然灾害等。

**3.存在性危机**

存在性危机是指人生中的一些重要事件出现问题,而导致的个人内心的冲突和焦虑,是伴随重要的人生目的、人生责任和未来发展等内部压力的冲突和焦虑的危机。

### (二)心理危机的主要原因

①精神疾病是导致大学生心理危机和自杀的重要因素。

②人格成长中的挫折与早期经验不良现状。

③适应困难、交往障碍与自卑。

④学习、择业、就业压力带来的心理烦恼。

⑤情感与性问题带来的心理困扰。

### (三)心理危机的特征

**1.突发性**
危机常常是出人意料、突如其来的,具有不可控制性。

**2.紧急性**
危机的出现如同急性疾病的爆发一样具有紧急的特征,它需要人们去紧急应对。

**3.痛苦性**
危机在事前事后给人带来的体验都是痛苦的,而且还可能涉及人尊严的丧失。

**4.无助性**
危机的降临,常常使人觉得无所适从,而且,危机使得人们未来的计划受到威胁和破坏。由于心理自助能力差、社会心理支持系统不完善,危机常常使个体感到无助。

### 5.危险性

危机之中隐含着危险,这种危险可能影响到人们的正常生活与交往,严重的还可能危及自己和他人的生命。

(四)心理危机的结果

(1)顺利度过危机,并学会了处理危机的方法策略,提高了心理健康水平。
(2)度过了危机但留下心理创伤,影响今后的社会适应。
(3)经不住强烈的刺激而自伤自毁。
(4)未能度过危机而出现严重心理障碍。

## 二、大学心理危机的识别

总体来说,大学生心理障碍、生理疾患、学习和就业压力、情感挫折、自我期望值过高、在学习上遇到挫折后产生很大的失落感和心理落差、经济压力、家庭变故以及周边生活环境等诸多因素,都可能会导致心理危机发生。还有抑郁心理、孤僻性格、自卑心理、抑郁症、精神分裂等精神疾病是引起心理危机、导致自杀等极端行为的主要原因。抑郁心理与孤僻性格往往与人格发展、早期经历不良等因素有关。自卑心理往往与自身缺陷,自我期望过高、过低等因素有关,而抑郁症和精神分裂是心理问题已经危机化了,并且随时随地都有可能发生极端行为。

心理危机的识别是开展大学生心理危机干预研究的前提和基础。有效地识别出现心理危机的大学生,将使危机干预更有针对性和方向性。结合郑希付的《临床心理学》,大学生心理危机的表现为情绪、认知、行为、躯体四方面。

情绪方面:表现高度的焦虑、紧张、丧失感和空虚感,且可伴随恐惧、愤怒、罪恶、烦恼、羞惭等消极情绪体验。认知方面:身心沉浸于悲痛中,导致记忆和知觉改变,难以区分事物的异同,体验到的事物间关系含糊不清,做决定和解决问题能力受影响,有时害怕自己发狂,一旦危机解决就可迅速恢复正常。行为方面:不能专心学习或劳动;回避他人或以特殊方式使自己不孤单,与社会联系破坏,可发生对己或周围的破坏性行为;拒绝帮助,认为接受帮助是软弱无力的表现,行为和思维情感不一致,出现过去没有的非典型行为。躯体方面:失眠、头晕、食欲不振、胃部不适等。当大学生出现四个方面中的两个或两个以上方面的表现,我们就认为该生出现了心理危机。

章周炎认为,心理危机包含三个最基本的要素,当三个基本要素都具备时,就说明该个体出现了心理危机。分别是:重大改变,如个体生活中发生重大事件、遭受挫折境遇、面临严峻挑战、遇到严重阻碍。无能为力,惯用的应对策略防御机制失效,努力尝试解决失败,产生严重的乏力感和失控感。心理失衡,以往平静、平衡和稳定的状态被打破,各项功能出现明显失调,认知上只看到消极悲观无望、心情抑郁、烦躁、易激怒,行为上不能做灵活的选择,遇事回避或拖延。

综合杨洪玲和章周炎等人的观点,当以上表现未达到精神病学症状标准,并不构成精神病学疾病诊断时,大学生出现四个方面中的两个或两个以上方面的表现,或者三个基本要素都具备时,才构成心理危机。

以上学生的变化信息可以来自同学、室友、朋友、班长的报告，也可以由辅导员、咨询室、宿管工作人员、心理网站、心理热线、同辈心理互助队提供。不仅要关注周围的人提供的信息，还要整理学生本人的报告或求助资料。

具体来讲，对存在下列因素之一的学生，应作为心理危机干预的高危个体予以特别关注：

①情绪低落、抑郁、不与家人或朋友交往者。

②过去有过自杀企图或行为者，经常有自杀意念者。

③存在诸如失恋、学业失败、躯体疾病、家庭变故、人际冲突等明显的动机冲突或突遭重挫者。

④家庭亲友中有自杀史或自杀倾向者。

⑤人格有明显缺陷者。

⑥长期有睡眠障碍者。

⑦有强烈的罪恶感、缺陷感或不安全感者。

⑧社会支持系统长期缺乏或丧失，感到自己无能，看不到"出路"者。

⑨有明显的精神障碍者。

⑩存在明显的攻击性行为或暴力倾向，或其他可能对自身、他人、社会造成危害者。

⑪因心理问题休学后复学者。

⑫心理普查中显示有严重心理障碍或自杀倾向者。

上述多种特征并存的学生，要作为重点干预对象。

## 三、大学生心理危机的预防与干预

针对大学生的心理危机，怎样实施有效的预防和干预，是一个非常重要的课题。

### (一)学生心理危机预防

教育部《普通高等学校学生心理健康教育工作基本建设标准》要求，大学生心理危机与干预工作必须坚持"预防为主"的原则，做好大学生心理危机干预工作应立足教育，重在预防。通过预防，能够最大限度维护大学生心理健康。

1.加强大学生的心理健康教育与心理辅导

通过开设心理健康教育课，确保全体学生受到系统的心理健康方面的教育和指导。在个体中开设心理健康教育课程。开展心理健康讲座，加大宣传力度，提高个体对心理问题求助的意识，个体积极求助是危机干预的关键。同时要利用开设选修、讲座、专题讨论、主题活动、校园平台、网络媒体等途径引导大学生树立正确的人生观和价值观。要提高学生在学习适应、人际交往和心理调控能力等方面的心理素质。引导大学生能用科学、理性的态度去面对与处理危机事件，能在生活中防患于未然，从生活的具体细节上建立起应对危机的习惯和做法，能够在危机结束后懂得如何尽快恢复正常生活。

2.通过心理普查识别评估危机征兆信息，早期干预，防止心理问题恶化

每年新生入校后，积极组织学生参加心理健康普查并建立心理档案。对普查中筛查出的高危学生进行约谈，帮助其疏导缓解心理困扰及压力，对重点关注的学生实施追踪干预。

同时,做好学生的纵向心理发展变化的观测,及时发现问题,并进行跟踪干预。

3. 加强对院系辅导员、班级干部、心理委员的培训,提高对心理危机的识别干预能力

通过组织开展班级干部、心理委员的各类培训,一方面提高他们自身的心理素质;另一方面提高他们觉察心理问题的敏感性和对心理危机的识别干预能力,增强他们自助和助人的责任意识和专业知识,同时要加强对各院(系)辅导员及班主任的相关培训,使他们在心理危机的早期发现和预防中发挥重要作用。

4. 建立班级—学院—学校三级危机预防预警工作网络

一级预警,学生自我调节与心理委员的帮助;二级预警,各院系辅导员及班主任的帮助;三级预警,学校心理咨询专职人员的干预。

班级心理委员要随时掌握全班同学的心理状况,若发现同学有明显的情绪或行为异常要及时向院(系)的辅导员汇报。辅导员老师要深入学生,并通过寝室室长、心理委员、学生心理社团成员和学生干部等学生骨干及时了解学生的心理健康状况。要重视建立心理异常学生的档案,特别关注学习困难学生、单亲家庭学生、贫困学生、网络成瘾学生、未签约毕业生等特殊群体的心理预防教育与心理危机干预。如发现心理问题迅速恶化或存在严重心理问题的学生,院(系)应将该生的情况迅速上报,主动与心理健康教育中心联系,及时填写《学生心理危机情况院(系)报告表》,并向校心理健康教育中心和相关职能部处报告。

5. 建立心理咨询老师对学生心理危机报告制度

心理咨询老师在心理咨询值班期间发现学生存在心理危机,应及时将相关信息以书面的形式向心理健康教育中心报告。心理健康教育中心及时将学生心理健康普查结果、院(系)上报的有心理危机倾向的学生的心理评估结果和通过其他途径获取的有心理危机倾向的学生名单及其心理评估结果等相关信息反馈给院(系),并向相关职能部处和学校危机领导小组汇报。

6. 整合各方面教育资源,构建大学生社会支持系统

有研究表明,社会支持水平与个体的心理健康状况具有显著的正相关,通过提供社会支持,能有效降低个体身心不良症状的严重程度。

大学生的社会支持主要来自学校、教师、学生群体和家庭等方面。学校帮助大学生构建有效、可用的社会支持系统,积极整合校内外各种资源,优化校园心理环境,真正形成全面育人、全过程育人的工作新态势。开展丰富多彩的校园活动,有益于大学生的身心健康发展。

(二)大学生心理危机干预

大学生面对心理问题时,高校的心理咨询中心等机构会通过系统的心理危机干预来帮助大学生渡过心理危机。

1. 建立大学生心理危机干预机制

(1)对于建立心理档案的学生或突发心理危机的学生,应根据其心理危机程度,采取支持、阻控、监护、心理咨询、紧急救助等方法,实施心理危机干预。

(2)建立支持体系。院(系)应通过开展丰富多彩的文体活动来丰富学生的课余生活,

培养他们积极向上、乐观进取的心态,应在学生中形成团结友爱、互帮互助的良好人际氛围。全体教师尤其是辅导员应该经常关心学生的学习生活,与学生交心谈心,做学生的知心朋友。班级心理委员、学生党员、学生骨干对有心理困难的学生应提供及时周到的帮助,真心诚意地帮助他们渡过难关。院(系)应动员有心理困难的学生家长、朋友对其多一些关爱与支持,必要时应要求学生亲人来校陪伴学生。

(3)建立治疗体系。对有心理危机的学生应进行及时的治疗。对症状表现较轻、危机程度不高的学生,以到医院等专业机构接受心理治疗为主,学校辅以心理辅导。对症状表现较重的学生必须在接受药物治疗的基础上,同时在相应的专业机构接受心理治疗。对症状表现严重、危机程度很高的学生,必须立即将其送往精神医院住院治疗。

(4)建立阻控体系。对于学校可调控的引发学生心理危机的人事或情景等刺激物,学校危机领导小组应协调有关部门及时阻断,消除对危机个体的持续不良刺激。对于危机个体遭遇刺激后引起紧张性反应可能攻击的对象,院(系)应采取保护或回避措施。心理咨询老师、医院医生等在接待有严重心理危机的学生来访时,在其危机尚未解除的情况下,不应让学生离开,并立即报告心理健康教育中心、相关职能部处和学生所在院(系)。

(5)建立监护体系。对有心理危机的学生,在校期间要进行监护。

对能在学校正常学习的学生,院(系)应成立以学生干部为负责人、寝室同学为主的不少于3人的学生监护小组,以及时了解该生的情绪与行为状况,对该生进行安全监护。监护小组应及时向院(系)汇报该生的情况。

对于能在学校坚持学习并需要接受治疗的学生,院(系)应将其家长请来学校,向家长说明情况,家长如愿意将其接回家治疗,则让学生休学回家治疗;或家长与学校签订书面协议后由家长陪伴监护。

对有严重心理危机的学生,院(系)应通知学生家长立即来校,协助保卫人员进行24小时特别监控,对心理危机特别严重的学生,对学生做休学处理,让家长将学生接回家或送医院治疗。对于已出现危机状况的学生在医院接受救治期间,家长根据医院要求做好24小时特别监护。

(6)建立救助体系。对于因心理危机突发学生自伤自毁事故的紧急处理,学生所在院(系)的相关人员,应在闻讯后立即赶赴现场,并立即报告给学生工作部(处)、心理健康教育中心、保卫处、校医院等部门。上述部门在接到通知后应立即派人赶到现场,进行紧急救援。特殊情况下,院(系)可先将学生紧急送医院治疗,然后向有关部门汇报。

(7)建立后期跟踪体系。因心理危机而休学的学生申请复学时,院(系)应对其学习生活进行妥善安排,帮助该生建立良好的社会支持系统,引导同学避免与其发生激烈冲突。应安排班级安全委员对其密切关注,了解其心理变化情况。院(系)辅导员每月至少与其谈心一次,关注其心理状况。心理咨询中心要根据院(系)提供的情况,定期以预约咨询或随访咨询的形式,对这些学生的心理状况进行评估,并将评估结果及时反馈给学生所在院(系)。

对于有强烈自杀意念或自杀未遂休学而复学的学生,院(系)还应对他们给予特别的关心,应安排班级心理安全委员、学生骨干和该生室友对其进行密切监护,制订可能发生危机的防备预案,随时防止该生心理状况的恶化。心理咨询中心应对他们保持密切的关注,对其进行定期跟踪咨询及风险评估。

2.积极主动的自我干预

（1）提高自身的社会适应性，正视现实，树立符合实际的奋斗目标

大学生要有意识地提高自己的社会适应能力，正视并接受现实，尤其是在自己尚无力改变现状的时候，保持心态平衡，然后在此基础上奋发向上，创造新的发展机遇。个人理想要与社会理想相协调。

（2）建立自己的社会支持系统，提高人际交往能力

良好的支持系统有助于维护自身的心理健康水平，在危机期间和危机过后，个体都需要和周围人保持良好的人际关系，共同分享经验，共同面对事情。这种良好的人际关系不一定是要求他人提供强烈的情感支持，而是与他人保持日常的联系，比如和朋友一起散步、逛街、听音乐或静静坐一会儿。

（3）保持冷静，暂时避免做重大决定

处于危机中的个体由于受到问题和情绪的双重困扰，搜集和处理信息的能力受到一定的限制。处理问题的能力比平时要低。个体虽然努力寻求一切解决问题的办法，很想摆脱危机，但危机的无法控制往往让个体无功而返，甚至造成更大的伤害。因此，避免独自做出重大的决定，有利于个体的自我保护，避免再次受到伤害。

（4）寻求心理帮助，促进身心健康

处在转型期的大学生，总会遇到这样那样的问题，因此每位大学生都应主动掌握一定的生理、心理健康知识和一些相关的自我评估方法，一旦出现异常，可以进行自我调节和控制。在进行自我调适无效时，应该勇敢地走进心理咨询室，主动寻求老师帮助。切记：求助是强者的表现！

# 第二节　大学生生命教育

生命犹如一场短暂的烟花，但是生命却有着其神圣的价值。生命的意义是什么呢？赫塞说："生命究竟有没有意义，并非我的责任，但是怎样安排此生却是我的责任。"这句话其实在拷问每个人生命从何而来，生命的意义要如何实现，生命的意义和责任是什么？面对生命，我们认识到生命首先应该是它特有的特征。

## 一、生命意义的探索

人们总是在不断寻求生命的意义和价值，犹如在探索一个永远无法解释的难题，但是每个人最终还是会获得自己对于生命意义的答案。

（一）生命的特征

1.生命的有限性

人的生命是有限的，如果将人的一生按照每个人能够活100岁来计算，每天按照24小

时计算,人生也只有 36 500 天,876 000 小时。所以按照这样的时间来计算,我们人类的生命是有时限的。如果我们再除去每天睡眠的时间,那么其实人生的时限又要除去 1/3,那就是 292 000 小时。而按照世界卫生组织的报告,全球人类的平均寿命是 74 岁,还要面临着疾病和灾难,所以人无法延长自己的生命,只能努力去拓展自己生命的广度和深度。

**2. 生命的完整性**

生命是一个复杂、矛盾的统一体。德国哲学家雅斯贝尔斯指出,生命是完整的。它有着年龄、自我实现、成熟和生命可能性等形式,作为生命的自我存在也是向往着成为完整的个体,只有经过对生命来说合适的内在联系,生命才是完整的。

**3. 生命的独特性**

生命对于每个人来说有着不一样的呈现形式,因为个人的思维和精神的差异性,形成生命所特有的独特性。

**4. 生命的双重属性**

人的生命是通过自然属性和社会属性来体现的。生命同时还具备着实践性、体验性、审美性、自主性与超越性的统一。

### (二)生命的内涵

生命的内涵,科学的解释是指在宇宙发展变化过程中自然出现的存在一定的自我生长、繁衍、感觉、意识、意志、进化、互动等现象,其外也可以包括生化反应产生的能够自我复制的氨基酸结构,以及真菌、细菌、植物、动物(人类)。就未来的发展可能而言,人工制造或者促成的机器复杂到一定程度,具备了某种符合生命内涵的基本属性的现象也将可能纳入生命的范畴,包括人机混合体,纯自由意志人工智能机器人等。而心理学家李虹认为,生命意义内涵包括三个方面:第一,生命意义是对个人所理解的生命的执着;第二,生命意义是关于生命价值的内部标准;第三,生命意义是按照"标准"评价自己"生命"的价值。因此,概括来说,生命意义主要包括两个方面:对生命意义的执着和对生命意义的理解。不同学者及不同宗教和文化对生命的认识见表 2.1、表 2.2。

表 2.1　不同学者对生命的认识

| 学者 | 认识生命的角度 | 对生命的具体认识 |
|---|---|---|
| 弗兰克 | 精神生命 | 奠定了生命伦理学,认为所有生命都要纳入伦理学的范畴;每个人通过自身的独特性和唯一性来认识生命的意义 |
| 施韦泽 | 生命伦理学 | 生命不仅是一种自然现象,也是一种道德现象,敬畏一切生命的人,才是一个有道德、真正意义上的人 |
| 亚里士多德 | 生物学 | 所谓生命,乃是指那种自身摄取营养、有生灭变化的能力 |
| 邱仁宗 | 生命伦理学 | 动物生命、植物生命、生态和人的生命都是生命伦理学范围内的生命 |
| 冯建军 | 生命的系统论 | 生命包括自然生命、社会生命和精神生命 |
| 苏格拉底 | 精神生命 | 将灵魂看成与物质有本质不同的精神实体 |

表2.2 不同宗教和文化对生命的认识

| 分类 | 观点 | 主要内容 |
|---|---|---|
| 中国的价值观 | 儒家思想的生命观 | 儒家思想遵循"以义为上"的人生价值观,认为人是万物之灵,生命最为宝贵。生有涯,死有期,为了让个体有限的生命达到永恒不朽的境界,我们必须在有生之年不断进取,在儒家的生命价值观中,最为突出的就是其"立言""立德""立功"的"三不朽"思想,通过超越生死的不朽观,使人有限的生命拥有无限的价值 |
| | 佛教的生命观 | 因果报应,生死轮回 |
| | 道教的生命观 | 道家重视人的生命的本然价值,认为人的个体生命价值是各种关系中最高的,尊重世间一切的生命,并且认为人通过个人修炼在现世成仙 |
| 西方基督教价值观 | 基督教的生命观 | 西方基督教认为人是由上帝创造的,与上帝的沟通是人生的价值,体现了神性。认为生命是上帝给人的礼物,人要保证身体的完整和自己的生命。基督教强调人只有通过信仰上帝,才可以在死后进入天堂得到永生。现实人生中的一切都是暂时的,只有在来世、在天堂里才能得到不朽 |
| 亚非伊斯兰教价值观 | 伊斯兰教的价值观 | 生命是真主安拉赐予的,因此伊斯兰教反对并禁止伤害自己的身体,更不允许自杀,教徒都非常珍惜自己与他人的生命,只有真主安拉可以收回世人的生命 |

## 二、生命意义教育对大学生的作用

生命教育是学校教育、家庭教育不可缺少的一部分。中国大学生生命教育应该结合当今时代的特点,遵循当代大学生的思想特点和心理规律,注重挫折与感恩教育。提高大学生对压力的承受能力和对挫折的耐受能力。开展感恩教育,心怀善意,对待生活中不愉快的人和事,能够"以直抱怨,以德报德"。通过树立正确的人生观、价值观,构建大学生健康的生命观,达到生命教育的目的。

**课堂互动**

### 游戏:生命有多长

给每人发一张印有如下数字和格子的纸条,假如这张纸条的长度是我们每个人的生命从0~100岁,我们来玩个游戏:

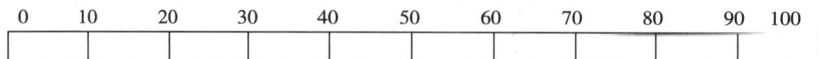

```
0   10   20   30   40   50   60   70   80   90  100
```

A. 请问你现在多少岁?(前面的撕掉)

B. 请问你想活到多少岁?(后面的撕掉)

C. 请问一天24小时你会如何分配?(请将所剩下的折成三份分别为睡觉休息时间、工作学习时间和其他时间)

D. 想一想,请问你有什么感想?

E. 过去对你的意义是什么? 现在对你的意义是什么? 未来对你的意义是什么?

**教师指导语**:人生留给你真正奋斗的时间已经不多了,目标的选择是人的精神食粮,是人在航海中的方向。

1. 开展生命教育,引导建立合理死亡观

中国传统文化中对"死"是避讳的,往往注重对生的研究。高校的教育也偏向于帮助大学生建立积极的生活状态,在引导学生建立合理的死亡观方面相对欠缺。开展生命教育,使大学生了解死亡是生命的一部分,打破对死亡的惧怕感,是高等教育重要的内容,介绍死亡的知识,使学生以一种坦然的态度面对死亡,透过死亡了解生命的有限性和宝贵性,从而珍惜生命、尊重生命。

2. 开展生命教育,形成良好的大学生心理健康状态

生命意义教育和心理健康教育是相互作用的,心理健康取决于大学生对生命的认识,同时对生命意义的认识也受心理健康水平的影响。心理学理论流派中对生命意义的解释不一。如马斯洛需求层次理论启发了对生命意义的研究思路,存在主义心理学则涉及地狱生命意义的积极思考。如弗兰克提出的理论认为,在生活压力下,人们之所以会产生各种心理问题,是因为他们没有找到生命的意义。

## 案例分析

### 学生借校园贷自杀 莫被一时的享乐冲昏头脑

2017 年 9 月 7 日华商报消息,陕西大二学生朱毓迪多次让同学帮忙贷款借钱,共计 20 多万元。9 月 1 日,学校老师通知其父亲,称孩子给同学发了一段自残视频后,就关机消失了。4 日,公安汉台分局民警在汉江中找到其遗体,而贷款均用在了聚餐及偿还欠款上。

闽南网 2017 年 4 月 14 日消息,想起女儿,泪水打湿熊先生的双眸,一旁的妻子更是伤心过度,无法独自行走,需要亲人搀扶着。昨日,他们在承受失去爱女沉痛之际,拨打海都热线通 95060,哭诉悲剧,呼吁学生、家长和社会各界关注校园贷的危害,希望不要再让悲剧上演。悲剧发生在 4 月 11 日下午 2 时许,在泉州城东一高校旁的学生街某宾馆,熊先生的女儿、厦门华厦学院大二在校女学生如梦(化名),因卷入校园贷,不堪还债压力和催债电话骚扰,选择自杀。

2017 年澎湃新闻消息,疑因深陷校园贷,河南大学民生学院大四男生隋某 11 月 28 日从郑州某公寓 26 楼出租屋跳楼身亡。郑州警方工作人员 12 月 1 日向澎湃新闻表示,警方初步认定隋某系自杀,事发原因等细节不便透露。

**讨论:**

以上案例中提到的大学生因为校园贷而自杀,你怎么看待这个问题?

### 三、自杀危机的概念与识别

自杀是指个体在复杂心理活动作用下,蓄意或自愿采取各种手段结束自己生命的行为。自杀作为一种复杂的社会现象,学者们对其分类有不同的看法。Kaplan 等在《精神病学概要》中认为:"自杀是有意的自我伤害导致的死亡。"这个定义强调个体行为的动机的控制能力。根据这些定义,意识障碍,其行为为失去控制力,不应该作为自杀。

19 世纪末,法国社会学家涂尔干因其对自杀原因的解释和分类而受学者的重视。涂尔干认为,自杀并不是一种简单的个人行为,而是对正在解体的社会的反应。由于社会的动乱和衰退造成了社会、文化的不稳定状态,破坏了对个体非常重要的社会支持和交往。因而就削弱了生存的能力、信心和意志,导致自杀率明显增高。1897 年法国社会学家迪尔凯姆出版了自杀研究专著《自杀论》,第一次系统地探讨了自杀的现象和理论问题,他认为:"自杀是由死者本人完成的某种积极或消极的行动,且本人清楚地认识到这种行动的后果,由此直接或间接导致的死亡。"其认为自杀意念是导致自杀行为的精神要素,同时也阐明了自杀现象是与特定时期的社会状况和社会心理意识紧密相关的。

自杀不是突然发生的,它有一个发展的过程。日本学者长冈利贞指出,自杀过程一般经历:产生自杀意念→下决心自杀→行为出现变化+思考自杀的方式→选择自杀的地点与时间→采取自杀行为。对于不同年龄、不同个性、不同情境下的人,自杀过程有长有短。

我国学者一般把自杀过程分为三个阶段:

1. 自杀动机或自杀意念形成阶段

表现为遇到难以解决的问题,想逃避现实,为解脱自己而准备把自杀当作解决问题的手段。

2. 矛盾冲突阶段

产生了自杀意念后,求生的本能会使打算自杀的人陷入生与死的矛盾冲突之中,从而表现出谈论自杀,暗示自杀等直接或间接表现自杀企图的信号。

3. 自杀行为选择阶段

从矛盾冲突中解脱出来,决死意志坚定,情绪逐渐恢复,表现出异常平静,考虑自杀方式,做自杀准备。如买绳子,搜集安眠药等。等待时机一到,即采取结束生命的行为。

(一)自杀的分类

**自杀意念**:有寻死的愿望,但没采取任何实际行动(自杀意念)。
**自杀未遂**:采取了毁灭自我的行动,但未导致死亡。
**自杀死亡**:采取毁灭自我的行为,导致死亡。

关于自杀的方法,研究发现高校学生采用跳楼、溺水、服毒(药)和自缢的方法所占的比例有所增加。

(二)自杀相关因素

自杀者常有某些共同的心理特征,对自杀未遂者的研究发现,在认知功能方面,自杀者一般采用非此即彼和以偏概全的思维模式来分析处理问题,易走极端;易于将遇到的问题归因于命运的安排;应付应急机制单调生硬,缺乏耐心,渴望即时成功,即时满足,行为具有冲动性和盲目性,不计后果;对人、对事、对己、对社会均倾向于从阴暗面看待问题,心存偏见和敌意。在情绪方面,自杀通常有各种慢性的痛苦、焦虑、抑郁、愤怒、厌倦和内疚的情绪特征。在人际关系方面,常缺乏持久而广泛的人际交往。回避社交,难以获得较多的社会支持资源,对新环境适应困难。

但单一因素不足以引起自杀,Mann 等提出了一个应激——素质自杀行为模型,应激因素包括急性精神疾病,物质滥用,负性生活事件或家庭危机等,素质涉及遗传,人格特征等,应激因素与素质因素共同作用才导致个体发生自杀或攻击行为。

此外,社会文化因素、遗传学因素、精神疾病、精神生物学因素、躯体疾病等因素也可能会导致自杀。重大的负性应激事件可能成为自杀的直接原因或诱因。尤其当个体处于某种慢性痛苦期,这些应激事件常可引起触发作用。

## 四、大学生自杀的原因分析

### (一)心理承受能力较弱

如今社会竞争激烈,为了找到一份工作,许多学生拼命学习,却越来越没勇气面对未知的将来,出点小问题就留遗书寻短见。只抓学习的同时,社会各方面却忽略了对学生进行良好的心理教育,许多学生表现出社会经验不足、依赖性强、心理承受能力差的特点,稍遇挫折就容易走上极端之路。

### (二)厌世,自杀的诱惑

大学生是最容易接受新生事物的群体。但同时,当他们面对种种压力,对未来感到茫然,又会无所适从。深圳大学中文系大一女生小许刚选择了以跳楼的方式结束生命,过了六天深圳大学建筑系即将毕业的学生小张也跳楼自杀了,理由都是患抑郁症,有强烈的厌世情绪。心理障碍、生理疾患、学习和就业压力、情感挫折、经济压力、家庭变故以及周边生活环境等诸多因素,都易让学生因为厌世而自杀。

### (三)受抑郁症等神经症影响

大学生自杀事例中,相当大的一部分是受抑郁症、强迫症、焦虑症等心理疾病的困扰,这些疾病是在年少时期形成的,但是因为我国对入学的体检更多的是偏向于身体健康,对心理疾病的检测则没有。学生进入大学学习后,被严重的心理冲突困扰,但是很多没有寻求正规渠道的帮助甚至避开心理教师的帮助。尤其这其中的抑郁症患者对什么都没有兴趣,心情压抑,有明显的自杀倾向。有些神经症伴随失眠、身体疲劳乏力、学习注意力不集中、情绪焦躁、人际交往困难等,久而久之就可能产生活下去没有什么意思的念头而选择自杀。

### (四)社会文化氛围影响

现在的文化氛围对大学生的影响有待提升。一个是"贵族文化"氛围,对于真正反映青春生活的电视、电影,有多少是反映奋斗、拼搏、朴素、进取的?很容易让学生把它拿来和现实对比,自然会产生悲观心理。第二是冷漠生命的文化氛围,暴力影视就是证明,难道人的生命就随便被暴力侵犯?很容易让人产生对生命的淡化。第三个是奢侈文化氛围,讲究吃穿成为人们的时尚,这种时尚的结果是导致人心灵的空虚。悲观、漠视生命、心灵空虚是产生自杀情绪的催化剂。

### (五)压力导致精神抑郁

科院上海有机化学研究所 26 岁的衡阳籍在读博士生孟懿从研究所教学楼 7 楼纵身跳下,打乱了研究所工作人员在一楼会议室的学习,也夺走了他自己年轻的生命。他在遗书中称自己的自杀原因是"厌世,想偷懒,精神抑郁"。他还在遗书最后说:"虽然上天想挽留我,但我已经是箭在弦上了。"他选择不归路的原因是研究所科研压力过大。

### (六)经济压力等因素

广东一个英语系的女学生,家里很穷,穷到冬天需要把单衣一件一件地往身上套。最后她自杀了。其他有什么原因先不谈,贫穷绝对是原因之一。高校中部分学生仍然要面对经济压力,有的大学生靠家里卖房子卖家当读书,但贫困地区那点钱,对高昂的大学学费、杂费来说无疑是杯水车薪。坐在课堂里,担心的是下周的生活费,下学期的学费,这样读书谁都会感到绝望。经济窘迫把生命逼向尽头。

### (七)情感的纠葛问题

现在大学生喜欢速食爱情,却不知道留下的后遗症有多么严重。在校时恋爱,毕业就分手的情况很普遍,感情本来就是双方面的,不好预知结果。最后有的走得洒脱,有的却放不下,有些生活经历不够的大学生就钻了死胡同,发生了自杀的悲剧。一方面是现代人对感情问题的草率态度,把爱情当作游戏;一方面是自我保护意识的薄弱,身心受到了极大的欺骗。

### (八)其他方面原因

大学生就业压力、家庭关系紧张、亲子关系不和睦、家庭突然遭受变故等都易让大学生产生一些自杀的念头。如果大学生就业市场规范了,他们能够公平竞争,那么他们的心态就会处于一种平和的状态,就不会走向极端。学校和教师需加强学校、家长、社会三方的联系,这样有助于学生形成良好的心态,防止其产生自杀的念头。

## 五、大学生自杀预防

2003 年 9 月 10 日被世界卫生组织定为首个"世界预防自杀日",为了让公众对自杀引起关注,世界卫生组织和国际自杀预防协会呼吁各国政府、预防自杀协会和机构、当地社区、医务工作者以及志愿者们,加入当天的各项地方性行动,共同提高公众对自杀问题重要性以及降低自杀率的意识。首个"世界预防自杀日"的口号为"自杀一个都太多"。目前自杀者中大部分属于冲动型自杀者,现代社会的人文关怀要求我们积极制止这种非理性行为,善待第一人权——生命。如何敬畏生命,预防自杀是我们的一项必修课。预测自杀行为是很困难的,但是自杀是有征兆和规律可循的,所以抓住机会,及时提供心理帮助和支持,预防自杀是可能的。

#### (一)了解自杀的征兆

一般自杀者在自杀前处于死亡解脱和渴望救赎的矛盾心态中,从其行为与态度中是可以找到迹象的。大约2/3的自杀者都有可能观察到症状。日本心理学家长冈利贞认为一个人自杀前会有种种信号,可以从言语、身体、行为三方面进行观察。

**1.言语**

有自杀意念的人会间接地、委婉地说出来,或者谨慎地暗示周围。如"想逃学""想出走""活着没有意思"。

**2.身体**

有自杀意念的人会有一些身体反应,比如感到疲劳、体重减轻、食欲不好、头晕等。这往往是抑郁情绪所致,不能简单地认为是身体有病,应引起注意。

**3.行为**

当自杀意念增强时,在日常生活中会表现出不同于平常的行为。如无故缺课、频繁洗澡、看有关死亡的书籍,甚至出走、自伤手腕等。

#### (二)改变对自杀的模糊观念

目前社会上对自杀危险信号存在不同程度的误解,如:

**1."经常说想自杀的人通常不会自杀"**

事实上80%的自杀者在自杀前期会明确表明自杀企图,或会做出许多与自杀有关的暗示和警告。许多自杀者在行动前常常是矛盾重重的,他们只拿死亡下赌,看看有没有人来挽救他们,很少有人是在不让别人知道他们的想法的情况下自杀的。

**2."自杀危机过后,情况好转,自杀已不存在"**

而事实上,不少自杀者发生在所谓"情况好转"后的头3个月内,如果问题没有解决,当事人有足够的能力将自己病态的思想和情感付诸行动。

**3."不能与有自杀可能的人辩论自杀"**

事实上和可能自杀的人讨论自杀的问题,可以及时发现患者的自杀企图,对其自杀的危险性进行正确的评估,让他们对自杀的危险性进行正确的评估,使他们体会到关爱、同情、支持和理解。

**4."自杀的人都是精神病"**

事实上并非如此,给自杀未遂者贴上"精神病"的标签,会使他们觉得受到了侮辱和歧视,往往成为其再次自杀的原因。

**5."有自杀行为者不需要精神医学干预"**

事实上自杀者即使不能被诊断为精神疾病,至少其心理状态是极不稳定的。因此,在处理自杀者躯体问题的同时,应进行相应的心理干预和适当的精神药物治疗。

6."自杀未遂者并非真正想死"

事实上,部分自杀未遂者死亡愿望很强烈,只是自杀的方法不足以致死或抢救及时,这些人再次自杀的可能性最大。

7."自杀无规律可循"

事实上自杀事件表面上看具有突发性,一旦发生,周围的人常感到诧异,其实大部分自杀者都曾传达过明显的直接或间接的求助信息。他们在决定自杀前会因为内心的痛苦和犹豫而发出种种信号。

（三）自杀的基本线索识别

在工作生活中,发现个体有以下情况时,应考虑到近期内有进行自杀的可能性,同时有多项表现者,危险性更大,要结合当事人具体情况综合判断。

（1）近期内有过自杀或自杀未遂行动,其再发自杀行为的可能性非常大,既往的行为是将来行为的最佳预测因子。在以求助为目的的自杀行为多次重复后,周围的人常会认为患者其实并不想死而放松警惕,另外,当患者采取自杀这一手段并没有真正解决其问题后,再次发生的概率将会大大增加。

（2）向亲友、老师、同学或在个人日记作品中流露出消极、悲观的情绪,表现过自杀的意思。

（3）近期遭受了难以弥补的重大负性事件,早期容易自杀,习惯以后,危险性反而减少。

（4）当事人对某人、某事、某团体、某社会有强烈的敌意或攻击性,而对方太强大时,可产生内向攻击,引起自杀。

（5）和朋友讨论自杀方法,或购买可用于自杀的药物,或常在江河、高楼徘徊,这些情况说明患者可能有自杀计划。

（6）慢性难治性躯体疾病的个体突然不愿意接受医疗干预,或突然表现情绪好转,与亲友交代今后的安排和打算时。

（7）精神病患者,特别是抑郁症、精神分裂症患者是公认的自杀高危人群。有抑郁情绪的患者,如出现情绪的突然"好转",应警惕自杀的可能,处于严重抑郁状态的患者常常在所谓的"平静期"自杀。

一旦发现具有以上一些表现,应当重点关注这些人群,及时地给予援助。

## 六、积极心理学

积极心理学是心理学领域的一场革命,也是人类社会发展史中的一个新里程碑,是一门从积极角度研究传统心理学研究的东西的新兴科学。积极心理学作为一个研究领域的形成,以 Seligman 和 Csikzentmihalyi 在 2000 年发表的论文《积极心理学导论》为标志。它采用科学的原则和方法来研究幸福,倡导心理学的积极取向,以研究人类的积极心理品质、关注人类的健康幸福与和谐发展。

（一）积极心理学的起源

"积极"一词来自拉丁语 positism,具有"实际"或"潜在"的意思,这既包括内心冲突,也包括潜在的内在能力。积极心理学的研究可以追溯到 20 世纪 30 年代 Terman 关于天才和婚姻幸福感的探讨,以及荣格关于生活意义的研究。20世纪60年代,人本主义心理学和由此产生的人类潜能研究奠定了积极心理学发展的基础。但是,由于第二次世界大战的影响,积极心理学的研究几乎中断,战争及战后心理学的主要任务变成了治愈战争创伤和治疗精神疾患,研究心理或行为紊乱以找到治疗和缓解的方法,心理学对人的积极性研究似乎被遗忘了。消极心理学模式在整个20世纪占据了心理学发展的主导地位。20世纪末西方心理学界兴起一股新的研究思潮——积极心理学的研究。这股思潮的创始人是美国当代著名的心理学家马丁·塞里格曼(Martin E. P. Seligman)、谢尔顿(Kennon M. Sheldon)和劳拉·金(Laura King),他们的定义道出了积极心理学的本质特点:"积极心理学是致力于研究普通人的活力与美德的科学。"积极心理学主张研究人类积极的品质,充分挖掘人固有的潜在的具有建设性的力量,促进个人和社会的发展,使人类走向幸福,其矛头直指过去传统的"消极心理学"。它是利用心理学目前已比较完善和有效的实验方法与测量手段,研究人类的力量和美德等积极方面的一个心理学思潮。

(二)积极心理学研究内容

1. 积极主观体验研究

积极情绪是积极心理学研究的一个主要方面,它主张研究个体对待过去、现在和将来的积极体验。在对待过去方面,主要研究满足、满意等积极体验;在对待当前方面,主要研究幸福、快乐等积极体验;在对待将来方面,主要研究乐观和希望等积极体验。

2. 积极人格特质的研究

积极人格特质是积极心理学得以建立的基础,因为积极心理学是以人类的自我管理、自我导向和有适应性的整体为前提理论假设的。积极心理学家认为,积极人格特质主要是通过对个体各种现实能力和潜在能力加以激发和强化,当激发和强化使某种现实能力或潜在能力变成一种习惯性的工作方式时,积极人格特质也就形成了。积极人格有助于个体采取更有效的应对策略,这方面具体研究了24种积极人格特质,包括自我决定性(self-determination)、乐观、成熟的防御机制、智慧等,其中引起关注较多的是自我决定论和乐观。积极心理学家认为培养这些特质的最佳方法之一就是增强个体的积极情绪体验。随着积极心理学的发展,人格特质的研究范围也会越来越广。自我决定性是指个体自己对自己的发展能做出某种合适的选择并加以坚持。

积极心理学从三个方面研究了自我决定性人格特质的形成,先天学习、创造和好奇的本性是其形成的基础;这些先天的本性还必须与一定的社会价值和外在的生活经历相结合并转化为自己的内在动机和价值。心理需要得到充分满足是其形成的前提,这里包括三种基本的心理需要:自主性、胜任和交往。

3. 积极社会环境的研究

马斯洛、罗杰斯等人指出,当孩子的周围环境和教师、同学和朋友提供最优的支持、同情和选择时,孩子就最有可能健康成长和自我实现。相反,当父母和权威者不考虑孩子的独特观点,或者只有在孩子符合一定的标准才给予被爱的信息的话,那么这些孩子就容易出现不健康的情感和行为模式。

不同文化对人的生活满意度的判断的感觉有很大的差别。在个人主义文化为主的国家中,当判断自己有多快乐时,会理所当然地参照他们的情感,经常感受到快乐是生活满意度的一个预测因子。相反,集体主义文化下的人们则倾向于参照一定的标准来判断他们是否快乐,并且在评估生活时,会考虑家庭和朋友的社会取向。因此,在不同文化中,人们认为与生活满意度相关的因素也是有差别的,这或许源于文化对人们的价值观和目标所带来的影响。

### (三)积极心理学研究方法

在研究方法上,积极心理学吸收了传统主流心理学的绝大多数研究方法和研究手段(如量表法、问卷法、访谈法和实验法等),并把这些研究方法和研究手段与人本主义的现象学方法、经验分析法等有机地结合起来。它甚至想模仿传统主流心理学的 DSM 而建立自己的 DSSWB(幸福的诊断和统计标准),这使得积极心理学从一开始就让心理学界看到了一张熟悉而又亲切的脸。

### (四)性格优势

从 21 世纪开始,以塞利格曼等人为代表的美国心理学家,首次将人的乐观、幸福感、好奇心、韧劲、智慧和创造的勇气等人的积极品质作为实证研究的课题。这是心理学发展史上首次对病态心理为主要内容的研究范式的矫正。这种关注人的优秀品质和美好心灵的积极心理学从关注人类的疾病和弱点转向关注人类的优秀品质。积极心理学关注个体的性格优势和美德,增加了人们对自身力量的认识和运用。当人们把这些能力更有效地运用到学习或者工作中,将获得更多的心灵交流体验,从而产生积极向上的精神和积极的情感。

近几年来,积极心理学和教育学领域受到了广泛的关注,学校心理健康教育已从过分关注学生的心理疾病和心理问题的模式转向于培养学生的积极心理品质,心理健康教育的对象也从少数学生扩展为全体学生。学校心理健康教育的一个重要内容就是帮助学生了解自身的优势,更加关注学生积极向上的自我力量、自身的性格优势;并且借助学生自身的这种积极向上的力量对抗其心理困扰,消除心理问题行为,建立抵御挫折、心理创伤和障碍的防御机制。

积极心理学"性格优势"概念的提出将让教师和学生都习惯去发现优势,而不是刻意寻找缺点。学校育人环境不再注重克服人的缺点,而是鼓励人人都精彩、人人都自信的人文精神。

积极心理学核心发起人彼德森和塞利格曼通过调查研究,将个人优势归结为 6 大类,24小类"人类个人优势标准",并开发出"性格优势"的测量工具,即优势的行为价值问卷来识别被测试者所具有的显著优势。

### (五)获得幸福的方法

千百年来,人类一直在追寻的一个亘古不变的主题就是,幸福是什么?幸福是个体知觉到、感觉到的一种主观体验,是一种人生感悟,是对生活中追求自我价值体现的认知的不断重构。每个人对于幸福的定义都不相同:粗茶淡饭为幸福,高官厚禄也为幸福;白首不相离为幸福,柏拉图式的爱情也为幸福。"幸福"是一个有着个体认知差异的概念。积极心理学则对幸福的获得给予了更加全面和科学的阐述。大学生对幸福的渴求和衡量有着自己独有的方式,塞利格曼和迪纳的研究发现,幸福的大学生和其他大学生最不同的地方在于,他们花更多的时间与朋友聚会、结识新朋友并善于维护友谊。这项研究也表明,人如果每天花一些时间和他人进行深入的交谈,能有效地提高幸福感。

积极心理学的理念让我们知晓,真实的幸福来源于优势和美德,并能在生活中充分发挥作用。构建起积极心理学理念的三大基石是:一是研究积极情绪;二是研究积极特质,即优势和美德;三是研究积极组织系统,即社会、家庭和信仰等。

积极心理学研究提出,获得幸福生活的方法如下:

(1)愉快的生活,即拥有积极的情感、快乐、感觉良好的生活。

(2)美好的生活,即深入地参与家庭、工作,有兴趣与爱好。

(3)有意义的生活,即充分发挥自身人格的长处和优势。

这种理念不仅让我们拥有积极的心态去面对生活和未来,同样不只让我们看到生存的社会中积极的一面、乐观的一面,更重要的是,我们每一个个体,无论在什么样的境遇下,都能积极发展自己的品格优势,去发挥个体的主观能动性,主动适应社会和环境交给我们的境遇(包括苦难、逆境)。

马丁·塞利格曼《持续的幸福》这本书中的幸福理念是在《真实的幸福》一书的基础上扩充而来的,在书中,塞利格曼具体阐释了构建幸福的具体方法。他提出,实现幸福人生应具有5个元素(PERMA),即要有积极的情绪(positive emotion)、要投入(engagement)、要有良好的人际关系(relationship)、做的事要有意义和目的(meaning and purpose)、要有成就感(accomplishment)。

(1)P-Positive emotion——积极情绪,用积极快乐的心态面对人生。

(2)Engagement——投入,专注于当下。

(3)Relationship——人际关系,在每天活动的空间里与所遇到的每个人和谐相处。

(4)Meaning——意义,每天的活动行为能对自己或者他人有所帮助与收获。

(5)Accomplishment——成就,分享幸福成就的感觉有两种:一种是纯粹付出帮助他人,使其走出困境,迎来成功;另一种是在技术等竞争方面获胜,拥有美誉。

积极情绪是正心,全情投入是正行,明确前进的方向、建立统一的价值标准是正知,而与人友善合作、建立良好顺畅的沟通关系便可视为正念,有了这样一种积极的氛围,我们便可以获得一种有意义的人生。在这个过程中,如果个人价值得以彰显,我们便可以骄傲地说,我获得了我的美好时光,我的人生是有成就而无遗憾的,这便是人生的价值与意义的体现。

樊富珉教授也提出如何获得精彩需要:

(1)增进自我了解,即自我接纳、肯定自己、珍爱自己、发挥潜能。

(2)促进人际互动,即接纳肯定他人、欣赏尊重他人、有同情心、宽恕合作。

(3)学习社会技巧,即注重沟通、倾听、表达感受、有效反馈。

(4)提高解决问题的能力,即善于问题分析、冲突处理、解决问题策略和道德推理。

每天去发现身边的幸福,懂得去感恩、欣赏和赞美,放慢脚步会发现幸福并不遥远,幸福就在当下。生命是美好的,感受生命的奇妙和充实,学习幸福,发挥自己的优势,才能拥有美好、积极、幸福的人生。

## 【健康·行】

### 团队心理辅导:一生有你

| 活动名称 | "一生有你"——人际交往团队辅导 |
|---|---|
| 团体目标 | 1. 协助学生学习与人交往,学习爱与被爱,建立良好的社交体系<br>2. 知道与人交往和互相信任的重要性<br>3. 学会互相尊重和合作<br>4. 学习人际交往中注意原则<br>5. 学习与人交往的技能 |
| 理论基础 | 1. 强化理论<br>2. 需求层次论 |
| 活动内容、步骤或方法 | 一、热身活动<br>环节1:领导者自我介绍<br>环节2:采访星星<br>目的:认识彼此<br>1. 抽取带有不同图形的卡片,用肢体表示卡片上的图形。领取两个相同图形的同学成为一组。<br>2. 两人一组相互采访,相互认识,然后给全体成员介绍你的伙伴。内容写在一张五角星的纸上,内容随意,但生动具体,最好能让全体成员深刻地记住你的伙伴。<br>3. 在空白处写上如下几个问题:假如我的人生是_____的,我将非常满足。我希望我成为_____。我加入团体的目的是_____。我希望我们的团体_____。<br>环节3:团体契约——我的团队我做主<br>环节4:分享总结<br>二、主要活动内容<br>(一)激发潜能<br>目标:促进团体相互认识程度,增强彼此信任感;协助成员深入认识自己的能力、性格、人格特质等;引发成员自我探索,加强自我肯定。<br>环节1:心相印,找伙伴<br>请每位成员写出对自我认识的三句话,再由领导者念出。让伙伴猜主角是谁。<br>环节2:镜中的你我<br>1. 由成员在周哈里窗表里A、B格中写下自我特质,A、B格对折不让他人看。(引发自我探索,加深对自己的能力、特质、人格的了解)<br>2. 访问其他所有成员对自己的看法,填满C、D格。写下(访问)特质时尽量用条例形式。<br>3. 两相对照:在团队中分享自己的看法和疑惑。(引发成员人际互动的反馈)<br>4. 我鼓励队员互动反馈,争取每人都要发言。<br>环节3:自我肯定训练<br>1. 两人一组相互注视对方的眼睛,直到能很肯定地看着对方。<br>2. 继续(1)的步骤,并很肯定地相互做自我介绍。<br>3. 很肯定地说出三句话:我对"什么"有把握(兴趣、爱好等)。<br>4. 肯定地给对方好评价和赞美,对方也肯定地接受:我认为你还有_____能力,因为_____。<br>5. 队员一起大声喊出 I CAN DO IT! |

续表

| 活动名称 | "一生有你"——人际交往团队辅导 |
|---|---|
| 活动内容、步骤或方法 | 环节4：总结<br>(二)我和什么样的朋友相互适合<br>目标：使队员之间更加熟悉、信任，使团体气氛更加融洽；在了解自我的一些基本特征后，发掘自己有哪些特质可以能更加吸引朋友，思考自己喜欢和什么样的人成为朋友；维持、呵护友谊有什么妙招？<br>环节1：做一个简单分享<br>提一个有关友谊的话题，请每位成员做简短发言。<br>环节2：暖身活动(小厨师)(原理：抢凳子游戏)<br>游戏的目的是使团队成员彼此之间增加熟悉程度，团体氛围更加活跃。<br>环节3：我需要什么样的朋友<br>进一步引导学生思考如何经营友谊，然后共同领会交友艺术及学习朋友相处之道。<br>活动准备：1.《朋友》《友谊天长地久》等音乐。2.代币。3.卡片。<br>活动设计：<br>组织同学们一起唱《朋友》，尽量使每个同学都融入气氛。<br>A.领导者：从这首歌大家能感受到什么呢？请同学们自由发言。<br>B.讨论过后，大家一起分享。<br>C.领导者：如果你有益友是不是会感觉到更幸福呢？<br>D.同学发表意见。<br>E.领导者：请同学们思考一下益友应该具备什么特质。<br>F.请同学分享。<br>G.做角色扮演。<br>环节4：总结<br>(三)学会交往<br>环节一：暖身活动"风中劲草"<br>活动目标：创造轻松、安全的团体氛围；增进成员间相互信任感。<br>环节二：请你为我做件事<br>目标：1.施与受的感觉。2.人际关系的觉察。3.培养互助合作的态度。<br>内容：1.在二人组合中，分饰施方与受方，由受方请求施方为他做件事。2.讨论施与受的经验。如当你帮助别人时，感受如何？当你接受别人帮助时，感受如何？你如何向他人表达谢意？<br>环节三：针线情<br>目标：1.加强学生适应团体及有效处理人际关系之能力。2.培养学生合作精神及尊重他人的美德。<br>内容：1.二人一组，一人拿针，一人拿线，限时一分钟，将线穿入针眼就算完成，收起备用。2.准备心形卡片，剪成任意的两半，置于两个纸盒内。分两组，分置两盒，每人各抽出一张，写出姓名。3.持半张心形卡寻找另外半张心形卡配对，然后取针线将它们缝起来成为一颗完整的心。<br>环节四：分享与反馈<br>目的：1.体会活动中合作和交流的快乐。2.增进成员情感交流。<br>内容：1.在活动中，你有什么新发现。2.谈谈你对团体的感想。<br>总结与分享 |

续表

| 活动名称 | "一生有你"——人际交往团队辅导 |
|---|---|
| 活动内容、步骤或方法 | 三、活动结束,团队告别<br>环节一:写出他人的优点<br>准备卡片,请每位成员将除自己之外的所有队员的优点,以及你认为对方有什么值得你欣赏的特质写出来。<br>环节二:优点轰炸<br>请每位队员做主角站在团队中央,让周围的队员将刚才所写的有关这个成员的卡片贴在这个队员的身上,依次进行。<br>环节三:送祝福<br>请每位成员给其他成员送去祝福。领导者总结,希望我们能够从我们"一生有你"的团队做起,团队成员可以先做朋友,利用我们所分享的技术以及对自己和朋友的认识与团队外的朋友交往。 |

## 放松训练法

腹式呼吸法:就是一种叫作深呼吸的方法。动作要领:深呼吸,动作越慢越好。吸气,肚子慢慢胀起来,憋住5秒钟,再呼气。呼气时肚子慢慢地沉下去,如此重复几次。

肌肉放松法:减轻恐惧与焦虑的方法之一:运用肌肉松弛反应来抵制恐惧或焦虑的发生。这种方法有一定的技巧和方法,必须经过学习和训练才能学会。其步骤包括:

(一)准备动作

在一般情况下,放松训练程序要求患者先自行紧张身体的某一部位,如用力握紧手掌10秒钟,使之有紧张感,然后放松5~10秒,这样经过紧张和放松多次交互练习,我们在需要时,便能随心所欲地充分放松自己的身体。通常施行紧张松弛训练的身体部位是手、手臂、脸部、颈部、躯干以及腿部等。

(二)正式训练

步骤要领:放松的顺序:头部—颈部—臂部—肩部—背部。可以根据自己的爱好选择合适的放松顺序。

1.头部的放松

第一步:紧皱眉头,就像生气时的动作一样。保持10秒钟(可匀速默念到10),然后逐渐放松。放松时注意体验与肌肉紧张时不同的感觉,即稍微发热、麻木松软的感觉,好像"无生命似的"。

第二步:闭上双眼,做眼球转动动作。先使两只眼球向左边转,尽量向左,保持10秒钟后还原放松。再使两只眼球尽量向右转,保持10秒钟后还原放松。随后,使两只眼球按顺时针方向转动一周,然后放松。接着,再使眼球按逆时针方向转动一周后放松。

第三步:皱起鼻子和脸颊部肌肉(可咬紧牙关,使嘴角尽量向右边咧,鼓起两腮,似在极度痛苦状态下使劲一样),保持10秒钟,然后放松。

第四步:紧闭双唇,使唇部肌肉紧张,保持该姿势10秒钟,然后放松。

第五步:收紧下腭部肌肉,保持该姿势10秒钟,然后放松。

第六步:用舌头顶住上腭,使舌头前部紧张,10秒钟后放松。

第七步:做咽食动作以紧张舌头背部和喉部,但注意不要完全完成咽食这个动作,持续10秒钟,然后放松。

2.颈部的放松

将头用力下弯,使下巴抵住胸部,保持10秒钟,然后放松。体验放松时的感觉。

3.臂部的放松

双手平放于沙发扶手上,掌心向上,握紧拳头,使双手和双前臂肌肉紧张,保持10秒钟,然后放松。接下来,将双前臂用力向后臂处弯曲,使双臂的二头肌紧张,10秒钟后放松。接着,双臂向外伸直,用力收紧,以紧张上臂三头肌,持续10秒钟,然后放松。每次放松时,均应注意体验肌肉松弛后的感觉。

4.肩部的放松

将双臂外伸悬浮于沙发两侧扶手上方,尽力使双肩向耳朵方向上提,保持该动作10秒钟后放松。注意体验发热和沉重的感觉。20秒钟后做下一个动作。

5.背部的放松

向后用力弯曲背部,努力使胸部和腹部突出,使成桥状,坚持10秒钟,然后放松。20秒钟后,往背后扩双肩,使双肩尽量合拢以紧张背上肌肉群,保持10秒钟后放松。

当然,放松的程序很多,我们在这儿介绍的只是其中的一种。但各种形式的放松程序的基本精神是一样的,即放松和紧张交替进行,放松时运用深呼吸,紧张后休息一些时间,按照一定的部位和顺序进行训练等。

# 【健康·美文】

## 生活是美好的

### 契诃夫

生活是极不愉快的玩笑,不过要使它美好却也不是很难。为了做到这点,光是中头彩赢20万卢布,得个"白鹰"勋章,娶个漂亮女人,以好人出名,还是不够的——这些福分都是无常的,而且也很容易习惯。为了不断地感到幸福,那就需要:

(1)善于满足现状;

(2)很高兴地感到:"事情原本可能更糟呢。"这是不难的。

要是火柴在你的衣袋里燃起来了,那你应当高兴,而且感谢上苍:多亏你的衣袋不是火药库。

要是有穷亲戚上别墅来找你,那你不要脸色发白,而要喜洋洋地叫道:"挺好,幸亏来的不是警察!"

要是你的手指头扎了一根刺,那你应当高兴:"挺好,多亏这根刺不是扎在眼睛里!"

如果你的妻子或者小姨练钢琴,那你不要发脾气,而要感激这份福气:你是在听音乐,而不是在听狼嗥或者猫的音乐会。

你该高兴,因为你不是拉长途马车的马,不是寇克(19世纪德国的细菌学家)的"小点",不是旋毛虫,不是猪,不是驴,不是茨冈人牵的熊,不是臭虫……

你要高兴,因为眼下你没有坐在被告席上,也没有看到债主在你面前,更没有跟主笔土尔巴谈稿费问题。

如果你不是住在十分边远的地方,那你一想到命运总算没有把你送到边远地方去,岂不觉着幸福?

要是你有一颗牙痛起来,那你就该高兴:幸亏不是满口的牙痛。

你该高兴,因为你居然可以不必读《公民报》,不必坐在垃圾车上,不必一下子跟三个人结婚……

要是你给送到警察局去了,那就该乐得跳起来,因为多亏没有把你送到地狱的大火里去。

要是你挨了一顿桦木棍子的打,那就该蹦蹦跳跳,叫道:“我多运气,人家总算没有拿带刺的棒子打我!”

要是你妻子对你变了心,那就该高兴,多亏她背叛的是你,不是国家。

依此类推……朋友,照着我的劝告去做吧,你的生活就会欢乐无穷了。

——摘自:上海译文出版社《契诃夫选集·美人集》.

## 推荐书目

**1.《我们内心的冲突》,卡伦·霍妮编著,长江文艺出版社**

由于深受生活环境的影响,我们总是与我们想成为的人背道而驰,于是产生了这些足以主宰我们人生的内心冲突。作为新弗洛伊德主义的主要代表人物,卡伦·霍妮相信,人都有成长的愿望,会一直愿意成为一个更好的人。

**2.《塞利格曼幸福科学四部曲》,塞利格曼编著,万卷出版公司**

塞利格曼幸福科学四部曲,包括:《真实的幸福》《活出最乐观的自己》《认识自己,接纳自己》《教出乐观的孩子》这四本书。

## 【知识巩固】

### 测一测

1. 大学生心理健康的标准有_____、_____、_____、_____、_____、_____、_____、_____。

2. 大学生常见的心理问题有_____、_____、_____、_____、_____。(至少五种)

3. 大学生常见的心理障碍有_____、_____、_____、_____。(至少四种)

### 想一想

1. 你是如何理解“心理健康”这一概念的?

2. 大学生常见的自我意识问题有哪些?

3. 大学生面临的压力有哪些?如何正确地应对压力?

4. 大学生常见的自我情绪管理的方法有哪些?

5. 大学生心理危机的主要表现和干预途径是什么?

6. 生命有哪些特征?

## 谈一谈

1. 请结合自己的经历,谈谈人际关系的重要意义,谈谈如何获得好人缘。

2. 想一想你身边的同学或朋友有过心理障碍吗? 遇到过心理危机吗? 当时是怎么处理的? 如果你再经历这件事,你会做何处理?

3. 请结合自己的经历,谈谈学习生活有压力时如何进行自我调节。

# 第三篇

# 性与生殖健康

★ **本课导航**

食色,性也。性伴随每个人的一生。坦然科学地看待性,掌握性与生殖健康的知识与技能,培养爱的能力,树立预防性传播疾病和性伤害的自我保护意识,将会对我们的人生幸福与健康生活产生重要意义。

★ **关键问题**

如何科学地看待性和保护自己的性健康?

怎样经营美好的爱情,为婚姻作好准备?

艾滋病真的那么可怕吗?

## 学习目标

通过学习性与爱情、婚姻的基本知识,树立科学坦然的性观念。掌握常见的避孕方法、预防性侵害的方法、性道德的基本原则,并能够处理好性与爱情的关系,提高自身性道德修养,培养爱的能力,关爱艾滋病患者,重视并能够维护自身的性与生殖健康,为今后的幸福婚姻和优生优育等打下知识、技能、价值观等方面的基础。

## 学习重难点

大学生的爱情与性的抉择、性道德的基本原则、常见的避孕方法、预防性侵害的方法、艾滋病的传播与预防。

## 主要内容

①科学的性及其价值。

②爱情、择偶、婚姻。

③性与生殖的基本知识;适宜有效的避孕方法。

④性安全与性保护的基本知识。

⑤艾滋病的传播、流行与控制,易感染艾滋病的高危行为和预防措施,艾滋病自愿咨询检测和服务,不歧视艾滋病感染者和患者。

⑥当代性道德的原则及其历史演变。

# 【健康·思】

房中者,情性之极,至道之际,是以圣王制外乐以禁内情,而为之节文。传曰:"先王之乐,所以节百事也。"乐而有节,则和平寿考;及迷者弗顾,以生疾而殒性命。

——《汉书·艺文志》

## 诗经·关雎

关关雎鸠,在河之洲。窈窕淑女,君子好逑。参差荇菜,左右流之。窈窕淑女,寤寐求之。

求之不得,寤寐思服。悠哉悠哉,辗转反侧。参差荇菜,左右采之。窈窕淑女,琴瑟友之。

参差荇菜,左右芼之。窈窕淑女,钟鼓乐之。

——《诗经·关雎》

[古今导读]

1.性是人类无法回避的话题,大学生应当如何看待性呢?

2."诗三百"的开篇就是歌颂男女爱情的,那么在爱情中有哪些心理活动呢? 爱情中又要遵守哪些道德原则呢?

【健康·知】

# 第一章　科学的性

何为性,仁者见仁。有人认为是男女,有人认为是爱,有人认为是性欲望,还有人认为就是性行为……每个人都在从不同的角度界定性,虽然没有错,但却不准确。对性缺乏科学的认识,容易使人对性陷入偏见,形成错误的性观念,影响性的健康。只有科学地认识性、了解性,才能树立正确的性态度,抛弃性成见,消除性谬误,维护性健康。

## 第一节　科学的性概念

人们常常谈性色变,视性为洪水猛兽。身为大学生该如何正确科学地看待性呢?

### 一、性的概念

"性"这玩意儿,爱情是它,销魂是它,佳话是它,荒淫是它,阴谋是它,强奸是它,骚扰是它,卑污是它,谁也不好自认垄断真理。

——刘荒田

要对性作科学的界定,确实十分困难,但又非常重要。《辞海》中对"性"的解释是:从一般意义上解释为事物的性质或特性;从生物学的角度解释为有关生物的生殖或性欲,以及雌性、雄性个体差异以及它们的生殖活动。在《英汉辞典》中与"性"有关的解释有:①Sex:性别,男和女的总称。性活动,关于性行为的内容、两性的交媾;②Sexual:关于两性的一切;③Sexuality:性的特性等。

对于性,目前人们已经达成共识:性是生物的、心理的、社会经济的、文化上的、伦理上的、宗教上的和精神上的诸因素相互影响的结果。性的科学含义可以概括为:人类的性是指以健康的性生理机能为基础,以健全的性心理为引导,受特定社会关系影响的活动。

### 二、性的存在

根据性的科学概念我们可以看出性包括生物、心理、社会三个方面的存在,即性生理(Sex)指男女在生物学上的差别;性别(gender)指男女在心理学上的差别;性别角色(sex role)指男女在社会学上的差别。

（一）生物存在

生物存在是指男女在生物学上的自然差别存在，这些存在构成了性的生理基础。这些差别也是多层次的。第一，性染色体的不同。正常男性是 XY 型，女性是 XX 型。第二，性腺的差别。男性的性腺为睾丸，女性的性腺为卵巢。性腺决定了男女生殖器和第二性征的区别。第三，性激素量的不同。虽然男女都有雄性激素和雌性激素的存在，但在量上差异较大，这也是男女第二性征存在差异的原因。第四，男女生殖道和外生殖器不同。这被称为第一性征，这是人们从生理上初步判断一个人的性别的依据。第五，第二性征不同。由于前四种差异，导致了青春期后男女在第二性征上出现了较大的差异。

（二）心理存在

心理存在是指男女两性在性格、气质、情感等方面存在的差别，也称为心理性别。许多专家学者研究认为，男女心理性别差异较大。美国学者马可比和杰克林在评述历来认为男女存在的 50 种以上的心理特点差异的基础上，提出男女确实存在四项差异，如女性的语言表达能力较好；男性的视觉、平衡能力较强；男性的数学能力较高；男性更为好斗。

随着社会的发展，男女平等理念得到普及，现在男女心理差异远没有传统社会认为的那么多，甚至社会性别理论认为男女完全没有差异，这些差异完全是由于社会文化建构起来的。目前我们既要尊重男女在心理上的差异客观存在的现实，又要认识到差异只有不同之分，没有优劣之异。

（三）社会存在

社会存在是指男女两性在社会学上的差别，主要指性角色。性角色是指社会约定的表现男女差异的社会行为模式或规定，因民族、文化、时代、社会不同而不同。在社会分工中，有些活动只能由男性承担，而有些活动只能由女性承担。如中国传统社会就是男主外女主内。在社会生活中，男性表现出刚强、主动、支配的形象，女性往往要表现为温柔、被动、服从。

男女生理、心理确实客观存在差异，但是不能成为男女不平等的依据。随着社会的发展，男女性别角色应该按照更符合人的个性特点去发展和完善，建立一种平等的性别观。

## 三、性的本质

人类的性包括生理、心理、社会三个方面的存在，与此对应就有三种属性，即生理属性、心理属性和社会属性。其中社会属性是性的本质属性，其他两种属性都受社会属性的制约。

（一）生理属性

生理属性是生物遗传本能，是人类性活动的基础，受本能的驱使，是客观存在，不能被消除，只会受到心理属性和社会属性的影响与制约。

从人类的起源来看，人类和其他动物都拥有生殖本能，但在生殖行为上却有着本质的差异。动物的生殖、繁衍纯粹是一种本能的生理活动，它受发情期制约，但究竟繁殖多少，与动物本身的需求毫无关系,更不可能考虑这种繁殖的结果会给自身的生存带来的利弊,动物的繁殖与自然界所能提供的生存条件完全是被动的适应关系。而人类的生殖具有较强的社会性和目的性,人类不仅没有发情期的制约,更重要的是会根据自身的需要进行生殖调节:当人口较少时,社会会通过塑造多育的文化鼓励人们生育;而人口过多时,会通过相应的手段与文化限制人们生育。

从个体的生理发育来看,人类性生理发育成熟是性器官及人体其他系统(眼、耳、鼻、舌、身)有序的、协调的生理学过程,这种生理过程受到神经内分泌系统,特别是性激素的影响。但人类性的发育过程也受到社会文化的影响,社会性观念的开放和性信息的增多会促进青少年性成熟年龄提前。

从个体的性行为来看,动物的性行为完全依靠本能在发情期内完成。而人类性行为的完成需要在社会规定的风俗习惯内进行;在追求异性的时候,动物依靠本能求偶,而人类求偶更为复杂,不仅依靠生理层面的吸引,更受到文化背景的制约。

所以,我们不能离开人的社会性去单纯地理解人类性活动的自然属性。正如马克思所说:"吃、喝、性行为等,固然也是真正的人的机能。但是如果这些机能脱离了人的其他活动,并使它们成为最后的和唯一的终极目的,那么,在这种抽象中,它们就是动物的机能。"

### (二)心理属性

心理属性是人类性的重要特征,人类性活动的完成需要知、情、意等心理因素的调节。性活动的发起和完成不仅依靠性生理条件,更受到认知、情绪、意志的影响。同时,人类的性满足既包括生理的满足,更重要的体现在心理的满足,追求的是两情相悦,注重的是情感交流。

### (三)社会属性

人类性的社会属性是指在一定的历史条件和具体的社会关系中,人类性活动所表现出来的性别角色、性的社会化、性观念、性习俗、性文化等特性。社会属性是人类性的本质属性。

人类一生的性爱活动方式都是通过社会活动表现出来的。如两性间的社会交往、相互的吸引、性欲的发动、恋爱、婚姻、家庭以及生儿育女都与人类的社会生活实践有着密切的联系。即使是男女两性间直接的性交活动,虽然表现形式是个人活动,不管他自己是否意识到其活动的目的,也总是离不开社会。

性及两性关系活动从来就是人类社会生活最基本最重要的方面之一。历史事实表明,它曾成为威胁、破坏乃至毁灭社会的力量之一。从原始初民们刚刚从动物界剥离出来时的群居社会,到历经各朝各代的现代社会,都惊人相似地表现出性既有对人类社会的延续和推进作用,也有对人类社会的侵蚀与瓦解作用。尤其是在完全自然的、放任的、脱离社会控制的两性行为及繁殖后代时期,不管是早期的原始部落还是后期的各阶段的社会,都会使人类社会处于无休止的震荡之中。美国学者艾迪对此感叹道:"人世之间没有第二件事再比性的问题更能激动人心,更能影响人们的祸福;同时,再没有第二个问题,它的内容中间充满着愚昧、缄默和谬误有如性问题那样严重。"

当人类通过长期的生产和生活实践逐渐认识到性行为的方式和后代体质强弱有着密切的关系后,人类社会对自身性关系的干预和限制也越来越严格。人类在依赖两性性行为的生理和心理机能来使种族延续的同时,为了社会稳定和发展,又不得不对个人的性行为加以限制。为避免两性性行为在男女心理上所发生的吸引力破坏已形成的人际关系和社会结构,社会必须从思想、伦理、宗教、教育、科学等方面做出努力,内控人的心灵,外限人的行动,力求将人类的性活动乃至性观念控制在一定社会关系的理想范围之中。

人类对自身性活动的控制在不同的时代、不同的社会发展时期都要受到与之相适应的道德观念、制度和法律的制约。

人类的性是生理、心理、社会属性形成的一个整体。在这个整体的内部,生理属性是物质基础,心理属性是人类的性区别于动物的特性,性心理因素的健康发展又有赖于性社会因素的作用;而社会属性则使生理属性和心理属性既相互区别,又相互联系、相互作用、相互影响。

# 第二节　性的价值

随着社会的发展,性不再仅仅是生育的工具,而是更多地与爱情、个人愉悦和婚姻家庭的和谐联系在一起。性与生殖健康是个体健康的重要方面,是幸福人生的基石。

## 一、性的功能

人类的性有诸多功能,主要表现在五个方面。

### (一)生殖功能

在人类历史长河中,传宗接代的生殖功能是性的最主要功能。在传统社会,为了人丁兴旺,甚至在某些时候生殖被绝对化为性的唯一合法功能,"夫妻同房,为后非为色也",这对于保持人口增长、促进社会发展有较大的意义,但同时也为禁欲主义提供了借口。随着社会的发展、避孕技术的提高,性与生殖逐级分离,特别是"试管婴儿"和克隆技术的出现,使性与生育渐行渐远。但是目前来说,人类的生殖还是离不开性。

### (二)愉悦身心、维护健康功能

从生物医学的角度看,性行为不仅可以带来高潮的欢乐,欲望的宣泄,而且良好的性生活也是防病健身、延年益寿的重要途径。中国古代的房中术、四川彭祖的养生文化都非常注重房事养生。性和谐对于个体的健康意义重大。

### (三)情感交流功能

性是伴侣之间交流情感的重要手段,在维系夫妻关系上起到纽带的作用。俗话说,夫妻床头吵架床尾和,说的就是这个道理。婚姻治疗专家法尔吉也指出,夫妻的性生活可以培育配偶双方更好的沟通和情感交流,增加对对方的关怀和体贴,会更考虑对方的需要。

（四）满足欲望功能

"饮食男女,人之大欲存焉",性欲是人类的第二大本能。性欲具有强大的创造力,同时也具有强大的破坏力。性可以使个体的性欲望得到满足。

（五）其他功能

除了以上功能外,性还具有政治、经济、文化等功能。如中国古代的和亲制度就体现了性的政治功能;性也是权利的一种表现;卖淫嫖娼就是性的经济功能。

在不同的历史时期,性的功能表现也不一样。我们要认识到性的功能多样化,而不能将性的功能异化,也就是绝对化。

## 二、性的意义

性对社会、家庭和个人的意义都非同寻常。

（一）性决定着社会的繁荣与发展

第一,性决定着人类的繁衍。人口与社会经济、环境相协调,就能促进社会的繁荣;否则就会影响社会的发展,甚至会带来诸多社会问题。人口过少,就不能提供充足的劳动力,影响经济与社会发展;人口过多,会给环境带来巨大的压力,造成交通、能源等问题,影响社会的繁荣与发展。第二,性影响人们的性观念、性行为,更影响着人际关系,从而影响社会的发展。

（二）性决定着家庭的存在与和谐

家庭是社会的细胞,爱情、婚姻与家庭密切相关,性是爱情、婚姻关系中的核心问题。只有正确处理好性的问题,才能维持好爱情与婚姻关系,促进家庭和谐。

（三）性决定着个人的健康与幸福

美国旧金山高级性学研究院院长麦克依尔文纳博士领导了一项37 500人的调查。他们的研究结果显示:具有主动活跃的性生活的人更少焦虑,更少出现暴力和敌意,也更少抱怨,更少把不幸、不快的责任推到别人身上,因而也就更少和人们处在冲突和紧张的关系之中。

道格拉斯·希恩博士对65位男人、40位女人进行了长达25年之久的追踪研究,认为:持续不断的良好性生活使伴侣们学会如何更好地表达他们的需要,从而使他们变得更少抑制,更多主动自发,更能使需要得到满足,人的性格变得更快乐可心,更有决断,更自我信赖,更能做出良好的决定。

当然,如果性处理得不好,也会给社会带来危害,如家庭破裂、夫妻反目、个人痛苦。

性对个人和社会都非常重要。但具体而论,性在一个人生命中的重要性却因人而异。性作为一种人类的基本欲望,有的人看得非常重,而有的人却并不重视。性学家阮芳赋教授提出了"阮氏性尺"（见图3.1）来表现性在不同人身上重要性的差异。

$$-2 \quad -1 \quad \boxed{0 \quad 1 \quad 2 \quad 3 \quad 4 \quad 5 \quad 6 \quad 7 \quad 8 \quad 9 \quad 10} \quad +1 \quad +2$$

-2 性厌恶

 -1 性排拒

　　0 无性族

　　　1 重度性欲低下

　　　　2 轻度性欲低下

　　　　　3　4　5　生殖型人

　　　　　　6　7　中间型人

　　　　　　　8　9　10　性型人

　　　　　　　　+1　轻度高性欲强迫状态

　　　　　　　　+2　重度高性欲强迫状态

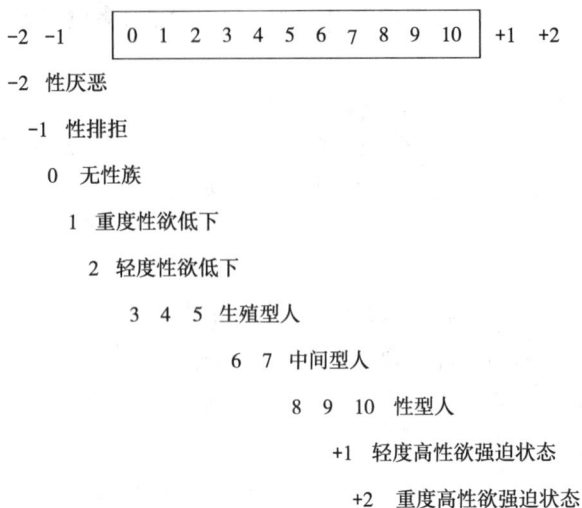

图 3.1　阮氏性尺

在该性尺中,0 到 10 是指正常人中认为性对于自己重要性的评估,从"不要性生活"到"性生活非常重要",这是两个极端。在两个极端中间,便是性的重要性从很轻到很重的不同的人。当然在两个极端之外,即 -2、-1、+1、+2 就是过度低或过度高的异常情况,属于性功能障碍状态,需要进行治疗。

所以对于性重要性的态度因人而异,只要处于 0 至 10 之间,都属于个人的选择。当然要组建为夫妻关系,就要考虑到双方性尺的一致性,否则就可能造成夫妻性不和谐和关系的矛盾。

## 三、性健康

世界卫生组织对健康的定义是:健康是一种在身体上、心理上和社会功能上的完满,而不仅仅是没有疾病和虚弱的状态。性是人类生活中不可或缺的重要部分,贯穿于生命始终,性健康是个体健康的重要组成部分。

性健康是指个体具有健康的性生理、良好的性心理及社会适应能力,包括性生理健康、性心理健康和性行为健康。

①性生理健康:有正常发育的性器官和第二性征;生殖系统功能正常;有良好的卫生习惯,保持生殖系统健康。

②性心理健康:积极正向的性观念;能积极面对性系统的生长发育;有正确的性别认同;用正常的心态对待各种性问题。

③性行为健康:性行为符合社会规范;遵守性行为的道德和法律要求;履行性行为的社会责任。

# 第二章　性与爱情

## 第一节　爱　情

### 一、爱的原动力

每个人的心灵深处都有着一个深深的渴望,渴望着与另一个人为伴,与另一颗心交汇。为什么会有如此深刻的爱的需求? 爱是怎么来的呢?

在人的一生中,对两性之爱的向往和追求从青春期开始。步入青春期以后,随着生理上的成熟,驱使个体对异性产生强烈的神秘感、好奇心乃至性冲动,任何顺眼的异性都有可能使个体"爱"心萌动。这种"爱"的情绪的体验无疑主要是性本能驱使的,更直白地说,是体内性激素发挥了作用。因此,在本能的层次上,性是爱的原动力。但人是社会的人,人是经过文明教化、有理智和意志力,并知晓道德法规等限制的人,这就使人类的两性之爱远远不是一个"性"字可以涵盖的。两性之爱还有太多的内容与性并无关系,爱要高于性、长于性、丰富于性。

### 二、爱情的含义

爱情本来就是一种极为复杂的情绪。关于爱,国内外许多哲学家、社会学家、心理学家、伦理学家和文学家都从不同的角度下过定义:马克思主义认为爱情是男女双方之间基于共同的生活理想,在各自内心形成的相互倾慕,并渴望对方成为自己终身伴侣的一种强烈的、纯真的、专一的感情。弗洛姆说:"爱是一种艺术,它需要知识和努力。"弗洛伊德认为"爱是性本能的升华"。

"爱"的意义实在太广泛又太深奥了。我们认为:爱情包含着丰富的内涵,其中既有本能的、不可抗拒的生理冲动,又有人类崇高的情感和理性;既有欲望,又有克制;既是抽象的,又是实际的。爱情是激情、精神及理智的结合,是以两个人之间的认知、理解、接纳、关爱和承诺为前提的灵与肉相互依恋的情感体验。

### 三、爱情三角理论

美国心理学家斯腾伯格认为爱情由三个基本成分组成:激情、亲密和承诺。激情是动机或驱力,而亲密是情感性的,承诺是认知性的。恋爱关系的"火热"来自激情,温情来自亲密,而承诺反映的则是完全与情感或性情无关的决策。

激情是爱情中的性欲成分,是由性吸引力所引起的情绪上的着迷,其主要特征为性的唤醒和欲望。激情是一种"强烈地渴望跟对方结合的状态"。通俗地说,就是见了对方,会有一种怦然心动的感觉,和对方相处,有一种兴奋的体验。其他自尊、照顾、归属、支配、服从也是唤醒激情体验的源泉。激情可以是积极的,也可以是消极的。积极的激情能激励人们克服艰险,攻克难关;消极的激情常常对正常活动具有抑制的作用或引起冲动行为。

亲密是指在爱情关系中能够引起的温暖体验,包括热情、理解、沟通、支持和分享等爱情关系中常见的特征。亲密是两个人心理上互相喜欢的感觉,包括对爱人的赞赏、照顾爱人的愿望、自我的展露和内心的沟通。亲密包含 10 个基本要素:渴望促进被爱者的幸福,跟被爱者在一起时感到幸福,美好时光的记忆能成为艰难时刻的慰藉和力量,尊重对方的整体,跟被爱方互相理解,与被爱方分享自我和自己的占有物,从被爱方接受感情上的支持,跟被爱方亲切沟通,珍重被爱方。

承诺指投身于爱情和努力维持爱情的决心或担保,短期方面就是要做出爱不爱一个人的决定,长期方面则是做出维护这一爱情关系的承诺,包括对爱情的忠诚、责任心。

爱情三角理论认为,这三个成分就是爱情三角形的三条边,由此组成了不同类型的爱(见图 3.2)。

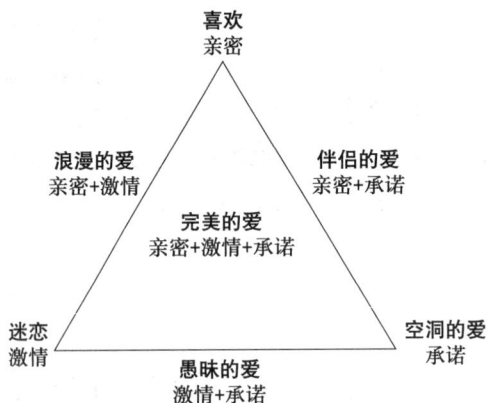

图 3.2 爱情三角理论

第一种是喜欢:当亲密程度高而激情和忠诚都非常低时,就是喜欢。喜欢多表现在友谊之中,彼此有着亲近和温情的感觉,却不会唤起激情或者与对方共度余生的期望。

第二种是迷恋:缺乏亲密或忠诚却有着强烈的激情即是迷恋。人们被几乎不认识的人激起欲望就会有这种体验,如一见钟情。

第三种是空洞之爱:缺乏亲密和激情的承诺就是空洞之爱。这种爱常见于激情燃尽的爱情关系中,既没有温情也没有激情,仅仅只在一起过日子。

第四种是浪漫之爱:浪漫的爱情有着强烈的亲密关系和激情体验,可以把它视为喜欢和迷恋的结合。人们常常会表现出对浪漫爱情的忠诚和承诺,但斯腾伯格认为忠诚并非浪漫爱情的典型特征,此时的爱情重感性而非理性。这种"爱情"经常是崇尚过程,不在乎结果。"与其说白头到老,不如现在就好",就是浪漫之爱的真实写照,也是很多校园恋情所崇尚的。

浪漫之爱是难以持久的。事实上,如果我们仔细考虑,就会发现浪漫的爱情之所以会随着时间而减弱有几个原因:首先,幻想促进了浪漫。激情在一定程度上是盲目的。洋溢着激情之爱的人们往往会将他们的伴侣理想化,缩小或忽略那些使他们止步不前的不利信息。想象、希望和异想天开的幻想会使本身差异很大的人看起来有吸引力,至少暂时是这样。当然,问题在于幻想会随着时间的流逝和经验的积累而逐渐变弱。当伴侣双方开始生活在一起、变得越来越现实时,浪漫就会消退,因为熟悉能使人更现实、毫无保留地审视对方。其次,新奇也能为新确立的爱情关系注入兴奋和能量。恋人之间的初吻比之后的成千上万个亲吻更令人激动,当人们为新的伴侣而精神抖擞、魂牵梦绕时,绝不会意识到在30年之后自己的爱人会变得多么熟悉和习以为常。当人们刚堕入爱河时,其自我在扩展。事物都是新鲜的,亲密感在不断增加,激情就可能非常高亢。而新奇总会过去,由新奇激发的激情也终将平淡。最后,随着时间的流逝,激情会逐渐消失。我们都清楚,身体的唤醒——如脉搏加快、呼吸急促无疑会增强激情,但人们不可能永远保持紧张的激动状态。就浪漫的爱情而言,当伴侣变得熟悉时,大脑可能根本无法产生足够多的多巴胺,所以即使你的伴侣能一如既往的完美,您也不能同样地被唤醒。

第五种是相伴之爱:亲密和承诺结合在一起所形成的爱就是相伴之爱。彼此会努力维持着这份情感,表现出亲近、沟通、分享等。相伴之爱的典型例子是长久而幸福的婚姻,虽然年轻时的激情已逐渐消失,但彼此温暖的情感和相互的承诺会共度一生。对大多数人而言,相伴之爱远比充满激情的浪漫之爱持续的时间更长。

第六种是愚蠢之爱:缺失亲密的激情和忠诚会产生愚蠢的爱情体验。这种爱情会发生在旋风般的求爱中,在压倒一切的激情基础上双方闪电般结婚,但彼此并不十分了解或喜欢。在某种意义上,这样的爱人在迷恋对方时投入太多,很可能又因为了解而分手。

第七种是完美之爱:只有当爱情的三个成分——激情、承诺和亲密都非常充足时,人们才能体验到"彻底的"或完美的爱情。激情、亲密和承诺共同构成了爱情,缺少其中任何一个要素都不能称其为爱情;正如三点确立一个平面,缺少任何一个点,这个唯一的平面就不存在。斯腾伯格之所以把具备三个基本要素的爱情称为完美式爱情,是因为建立一段稳定、持续的爱情需要恋爱双方耗尽毕生的精力去培育、呵护,那是一项贯穿人生的浩大工程。

## 四、恋爱"七部曲"

法国著名作家司汤达认为从恋爱到结合会经历"七部曲":

第一阶段是形成初步印象,即本来毫不相干的一男一女邂逅,彼此产生了好印象,鬼使神差地关心起对方的一切来。

第二阶段是接近对方的欲望,总希望寻找机会与对方在一起,并久久不愿分手。

第三阶段是希望中的矛盾与痛苦,即一种不确定感、担忧感。虽然双方在举手投足之间已传达出某种情意,但又怕向对方公开表白,猜不透对方是否与自己有同样的心思和感受。

第四阶段是恋爱的确信,即双方已捕捉到对方的反应,深深地坠入爱河,觉得对方完美无缺,样样如意。

第五阶段是崇拜、欣赏、赞美对方,而对自己更是备受鼓励,觉得自己是为对方而活着,为对方赴汤蹈火也在所不惜了。

第六阶段是发生疑惑,感情的冲动渐趋平静,开始省问:对方到底哪些东西值得我爱呢?怎样证明他(她)是真的爱我? 问号和烦恼与之俱来,是因为彼此发现了对方的某些缺欠。

第七阶段是爱情升华,即真正肯定了爱的价值,经过内心矛盾之后实实在在去爱,认为爱人是不可取代的了。此时,才从浪漫爱情到了真爱,爱情臻于成熟。

总而言之,爱情从浪漫到实际是一个丢弃幻想、走向理性成熟的过程。我们都希望拥有一份幸福浪漫的爱情,但是,幸福的爱情并不是想得到就能得到的。我们要了解爱的真相,习得爱的能力,才能获得真爱。

# 第二节 择 偶

## 一、择偶需考虑的因素

人的一生中,我们要做无数次的抉择。但在千万次的抉择中,择偶无疑是最重要的选择之一,因此,我们应该慎重对待。美国心理学家阿德礼曾描绘了伴侣选择流程(见图3.3),分析人如何从可能寻找的对象不断地发展而终于缘定终身。

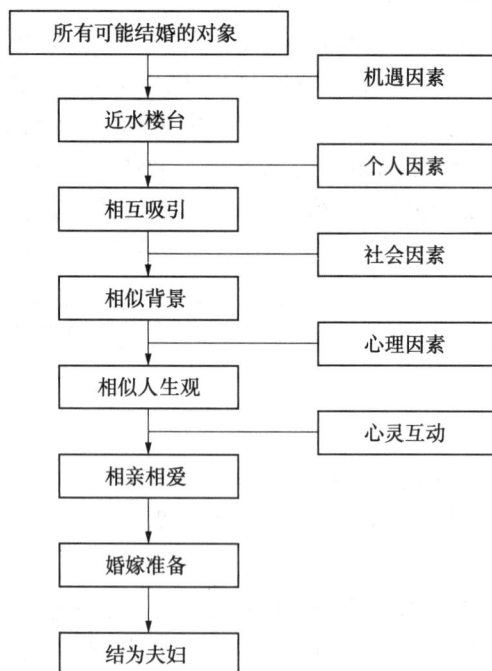

图3.3 伴侣选择流程

### 1.机遇因素

机遇因素是一个强有力的预测源。人不得不在自己所能接触到的人群中择偶。我们不一定会爱上所遇之人,但要爱上他们必须先遇到他们。因此处在同一学校、居住地、工作单位的人或文化圈、社会圈相近的人就多一些相互交往和结识的机会。所以扩大交际圈是我们择偶的重要一步。

**2. 相互吸引力**

人际吸引是个体与他人之间情感上相互亲密的状态,是人际关系中的一种肯定形式。人际吸引往往是情感的起点,也是两性互动过程中非常重要的部分。

(1)外表吸引力

在交往的初期,好的外貌容易给人一种良好的第一印象。格雷戈里·怀特认为:外表上的匹配将有利于良好关系的发展和维持。当然,所谓的外表并不只是五官、身材等外貌,也包括了言谈举止、衣着服饰和仪态气质等,因此,我们要提升自己的个人形象。假如你的第一印象就留给对方不佳的观感,很可能就会失去继续交往的机会。

(2)人格品质

随着彼此接近效率的增加,外表吸引力会有所降低,容颜会随着时光而逝,只有扎根于内心深处的美丽才能永恒。人格品质是影响吸引力的最稳定因素,也是个体吸引力最重要的因素之一。

(3)相似性

人际吸引最基本的原则之一就是相似性:同性相吸(相类似的人彼此吸引着对方)。兴趣、态度、价值观、聪明才智、生活经验和成长背景相似的人容易气味相投,成为好友或情侣,这就是相似性所产生的作用。

(4)需求互补性

人们需求的互补性是指双方在交往过程中获得互相满足的心理状态。当双方的需求或个性能互补时,就能形成强烈的吸引力。例如一个有支配性格的人容易和被动型的人相处。这是因为彼此之间可以取长补短,互相满足对方的需求。一般而言,人际吸引中的互补因素的作用多发生在交情较深的朋友、恋人、夫妻间。

**3. 社会文化因素**

婚姻原本就是两个完全不同生长环境中成长的个体的结合,各自带着自幼在自己成长的文化圈里业已形成的一些生活方式、价值观念和行为习性凑到一起。随着现代文明的发展,夫妻矛盾的产生更多地表现为双方文化的差异性。因此,"文化同源"或称文化上的"门当户对"是择偶时需要考虑的重要因素之一。

**4. 家庭背景**

由于个体在成长历程中的思想、意念与人格特征大多在家庭环境中塑造,尤其是对婚姻的态度,更明显地受父母婚姻是否美满、亲子关系是否融洽等因素的影响。

婚姻既为两人、两家之大事,在择偶与谈婚论嫁之前如果对对方的家庭多一分了解,当有助于婚后幸福生活的缔造。了解对方与其家人的关系,一方面可以更客观地判断其人格品性,另一方面可以预测自己今后的姻亲关系。此外,通过与双方父母的接触,适当听取长辈的意见和建议,对于建立满意的婚姻关系也是有益的。父母不能决定孩子的终身大事,但他们的教导和经验在一定程度上是值得学习和参考的。

### 二、树立正确的择偶观

不同的人有不同的恋爱观和择偶观,其中,常见的典型的择偶观有五种:

**1. 追求外表美的择偶观**

现在很多人,尤其是年轻人在找对象时总是先看相貌,希望对方漂亮点、英俊些。爱美之心人皆有之,但一味地追求外表美则会进入择偶误区。娶妻娶德虽为古训,却一定有它不变的道理。外表美只能取悦一时,心灵美才能地久天长。相对于漂亮的外表,一个人的品行、才干和经济基础应该是更重要的择偶条件。因此,一味追求外在美,并以此作为择偶的首要条件是不可取的。

**2. 物质至上的择偶观**

有人不是把婚姻建立在爱情的基础上,而是把婚姻当作一种交易,把自己的幸福和命运寄托在对方的金钱和地位上。对方的经济状况是他们择偶的首要考虑因素。在现代社会,拜金主义流行,这种择偶观自然比较普遍。但是,建立在物质、金钱基础上的爱情与婚姻,铜臭会淹没感情的温馨。当金钱难以为继的时候,这种关系将难以维系。所以,有这种择偶观的人一定要注意反思。

**3. 追求完美的择偶观**

择偶时要求对方完美无缺,既要外部形象优美,又要内在素质良好;既要本人条件优越,又要家庭情况满意。这种尽善尽美的择偶标准理论上讲是好的,但现实生活中实难找到如此完美的个体,故易产生动机挫折,造成婚恋困难。

**4. 追求精神满足的择偶观**

有人择偶时对对方的内在素质要求较高,注重对方的事业心、思想品德、学识才干、气质性格等。他们重才不重财,重德不重貌,追求彼此心灵上的沟通和感情上的融合。如此获得的爱情当然是靠得住的,因为高尚的人品、良好的素质是维系持久而真挚的爱情和婚姻的重要基础。但是,生活终究会回归到柴米油盐酱醋茶,如没有足够的心理准备面对平淡的物质生活,一味地追求精神满足而忽视物质基础,也将会使婚姻道路变得坎坷。

**5. 游戏择偶观**

有一部分年轻人朝三暮四、寻花问柳,以爱情为掩护去玩弄他人感情,以伤害别人为乐趣。所谓"玩物丧志,玩人丧德",这种人的人生观、恋爱观是无耻的,伤害了别人的同时也浪费了自己的青春,毁坏了自己的品德。

人们的择偶观多种多样,以上所述不过是几种基本的类型。无论持有什么样的择偶心理,都要牢记这样的格言:以利交者,利尽则散;以色交者,色衰则疏;以心交者,方能永恒。

当然,选择配偶就是选择幸福的原材料,幸福婚姻是婚内双方创造出来的艺术品。我们在理性择偶后,必须"择你所爱,爱你所择",才能无怨无悔地使爱情到婚姻,并同心携手白头偕老。

### 三、约会

约会是男女恋爱的基础,也是谈情说爱的一种浪漫方式。约会可以让情感不断升温,培养并巩固爱情;约会中彼此可以借相处交谈而更好地了解对方,从而找出配合度,用以考验及选择出一个人作为自己的人生伴侣。

（一）约会的功能

**1. 培养社交的能力**

约会是一种沟通方式,双方都扮演着传递讯息和接收讯息的角色。单方地听或说都非良好的沟通。约会的过程可教会我们如何来倾听别人的诉说,并且可以学习如何适当地穿着打扮、应对进退,如何邀约、拒绝与接受。

**2. 增加互相了解的机会**

约会最主要的目的就在于增加互相了解的机会,寻求共识与好感。多了解才能够得知两人是否真正契合或是有发展的可能性。所以,一定要好好运用这个机会将你对对方的好奇一一解开,也适度地展现真实的自己。

**3. 开启搜寻"共同点"的探测雷达**

不管是普通朋友或是人生中的伴侣,对彼此有认同感的两个人才有可能越走越近,因此在约会的时候可以经由玩乐、饮食、对事物的欣赏等来寻找两人之间的共同点。用自然的交往过程去认识对方,才能找到与自己情况比较接近的理想对象。

**4. 增进情感**

在对方心中留下好感,才能为感情增温打下基础,创造进一步发展的可能。所以,在约会当中要借由各种贴心的照顾使对方对你产生好感、信赖感。不管是哪种约会行程,一有恰当的机会就要展露你的长处和体贴。

（二）成功约会守则

约会是发展未来亲密关系的首要步骤,要拥有成功的约会应注意五点:

**1. 真诚的邀约**

邀约能否成功,与你提出的时机有着直接的关系。过早与过晚提出约会都是不好的。当感情达到一定程度时,就应大胆地约请对方;否则,时机本已成熟,却迟迟不和对方约会,可能会造成误会,错失良机。当然,如果时机尚未成熟,莽撞行事,碰钉子也是难免的。怎样才算时机成熟呢? 这需要细心体察两人的关系和意愿。经过一段时间的接触,双方都有好感,就可以主动向她(他)提出约会了。

**2. 约会的内容**

通常是在周末、假期及闲暇日进行双方均有兴趣的活动,例如逛街、看电影、唱歌、吃喝玩乐、郊游等,借相处及交谈了解对方。

但是有些大学生未了解清楚对方就开始有亲密行为,如接吻甚至性行为,身体亲密的步骤迈得太快会影响彼此对对方的判断。

**3. 约会要定好计划**

一般说来,邀请约会总有个预定的计划。如果计划不明,你也可以和她(他)临时讨论一下做些什么。最好是在你的经济许可的范围内,向对方提出几个不同的建议,让对方选择,决不能冒失地让对方决定到哪儿去玩。这是一个非常重要而现实的问题:约会时不能控制钱包的男孩子,常会导致和女友的不欢而散。

**4.留下良好的第一印象**

第一印象并非总是正确的,但却总是最鲜明、最牢固的,并且决定着以后双方交往的过程。如果对方对你"第一印象"良好,就会产生进一步与你交往的兴趣。良好的"第一印象"是相互间进一步交往的基础。研究发现,在第一次约会时,留给对方的第一印象有55%取决于外表和"肢体语言",38%取决于讲话的技巧,而只有7%取决于说话的内容。

**5.约会后的反思**

经过若干次增进彼此了解的约会后,就需要思考一个别人无法为你们解答的难题:爱他/她还是不爱? 你们是否合适?

由择偶而约会,进而准备步入婚姻礼堂,不是两个人部分的结合,也不仅仅是兴趣的结合,更不是性需要的结合,而应该是男女双方两个完整的人各方面的结合。因此,经过约会后,要衡量彼此思想、兴趣、信仰、价值观是否相近,是否适合在一起。

无论约会能否成功地发展为一段恋情,或者一方或双方感觉没趣而分道扬镳,约会都是一种宝贵的学习,是成长道路上人际交往的重要经验之一,彼此在真诚的互动中得以成长。

## 四、面对失恋

曾经相遇,曾经相爱,曾经在彼此的生命光照,就记取那份美好,那份甜蜜。虽然无缘,也是无憾。

——杏林子

不是每一桩爱情都能最终修成正果。有的因为了解而分手,有的因为父母或社会关系的影响而分手,有的移情别恋或被迫分手等。不管分手的原因来自外在的因素或者来自两人内在的实质问题,失恋为相爱者的分离,失恋的滋味都是不好受的。特别是那些将自己的身心毫无保留地投入的青年,恋人的离去会让他们产生强烈的被欺骗和被抛弃的绝望感与孤独感,甚至是对生活和生命的虚无感。因此,我们要正确地对待和处理失恋。

首先,去面对失恋带来的痛苦。因为曾经真挚而热烈的付出和投入,我们与另一个生命相遇、了解、相爱,当其中一个人抽身而出时,痛苦是必然的。去和这种痛苦相伴,体验它,感受它,去尊重身体对这种痛苦的反应。任凭时间流逝,一定能迎来另一片安宁。

其次,失恋不能失去自己的自信。外貌、能力可能会促使吸引,但相爱是心与心的相遇,是一种懂得与珍惜。不论是相遇还是离去,你依然是你,甚至是更好的你,你所失去的不过是一种不了解,却得到了重新生活、重新去爱的机会。人生中所遇到的每一个人都有其意义,他们让你看到更深刻更全面的自己,也让你有机会能够去激发潜能、成就更完善的自己。

最后,失恋不失态,不失德,不失志。失恋请不要失态,虽然一段感情已结束,也有必要给对方留一个美丽的背影,毕竟曾经拥有就是缘。当她(他)不爱你的时候,也一定要祝福她(他)。有了爱,便不该有恨。爱是美好的。不能因此而向对方进行任何形式的报复,不能做出"恋不成,仇相见"的违反道德和法律的事。报复的最终结果为害人害己,何必让生命中最美好的东西化作丑恶呢? 与其让自己因憎恨而变得面目狰狞,不如让自己更优秀! 古人云:与其临渊羡鱼,不如退而结网。失恋后,要善于从痛苦中振作起来,把情感转移到更广泛的领域,倾注到对学业的追求和生活的热爱之中。存优去劣,查漏补缺,扬长避短,静下心来,化伤感为力量,变压力为动力,不断进取,努力充实提高自己,而使自己日渐一日地完善、成熟起来,增强自己的吸引力和向心力。当你让自己的思想感情进入一个高远的境界后,再回过头看,你会发现过去的一切苦难是那么渺小和微不足道。

---

**案例分析**

### 浪漫恋情的未来

可馨和文昊相识前,两人都没有谈过恋爱,所以当他们从相互吸引、约会逐渐发展成更亲密的恋爱关系时,他们都很兴奋。彼此都是对方的初恋情人,此后的几周,他们沉浸在从未体验过的浪漫情感的兴奋中,于是他们决定结婚。但文昊很快就被可馨惹恼,因为她想知道文昊每天所有的活动。没在一起的时候,可馨每天上午和下午都会打来电话,仅仅是为了"保持联系"。如果文昊和同学一起聚餐或者外出,可馨就会变得烦躁。从可馨的角度看,她为文昊明显不愿意向她倾诉心中的想法而感到困扰。而文昊则认为没有必要告诉可馨所有的事情,可馨持续不断的探查让他开始觉得不胜其烦。

你认为可馨和文昊的未来会怎样?为什么?

---

# 第三节 婚 姻

婚姻是人生大事之一,男女两性的结合在生理及心理上同时具有重大的意义。婚姻不仅是两个人搬到一起共同生活那么简单,还需要处理两个人的情感共享、亲子关系、姻亲关系等问题。婚姻幸福不仅是要找一个合适的对象,更应该学习做一个合适的人,认识婚姻的真相、做好婚前准备,通过共同的成长才能共同创造满意的婚姻。

## 一、婚姻的真谛

婚姻有六大真谛。

①婚姻本身是一种正向的生活方式,是两个平等个体的结合,在尊重对方的情况下确保有个人的自由,让彼此双方都能在心灵上、知识上、社会行为上、事业上有更开阔的空间。

②婚姻是彼此扶持与照顾,关照彼此的需要,并共同面对生活中的成功与挫折,同心灌溉家园。

③婚姻是彼此的信赖,要以相互的信任取代对对方绝对的控制。

④婚姻需要沟通和技巧,要智慧地面对彼此的差异和冲突。

⑤婚姻是平实、稳定、细水长流的生活。

⑥婚姻不是爱情的坟墓,而是彼此以最成熟的爱谱写出的人生最美好的婚姻恋曲。

## 二、婚前准备

首先需要考虑双方是否适合进入婚姻的殿堂。主要包括以下几方面的思考:结婚必须合法,婚前检查确保健康;确保婚姻以真正的爱情基础为动机,了解双方对于婚姻的期待和需要是否匹配;能否接纳彼此的差异,双方人格上是否成熟健全;接触双方的家庭和社会交往圈,确保双方的价值观念比较一致。

## 三、婚姻的经营

新婚之夜是浪漫婚姻的起步。巴尔扎克曾经意味深长地告诫人们:"不要让婚姻从暴力起步,因为在这次合法的暴力以后,妻子很长时间都会对丈夫反感。"因此,新婚夫妻要注意克服新婚焦虑,营造良好的新婚氛围,共同创设出和谐的洞房花烛夜,给双方留下水乳交融的情与爱的深刻记忆。

婚姻关系包括夫妻关系、亲子关系、姻亲关系,其中夫妻关系是核心。新婚后的夫妻双方要积极主动学习不同角色的要求,扮演好每种角色,主动孝顺和尊重对方父母,处理好姻亲关系。

随着时间的推移,冲突在婚姻关系中会不可避免地客观存在。有人说,世界上永远找不到一对没有矛盾冲突的夫妻。冲突的原因可能包括男女性别的差异、恋爱和婚姻的差异、生活背景的差异、个性差异等各个方面。通过冲突的良好解决,可以使双方的关系更进一步发展,问题得到解决,情感得到提升。对于冲突,我们要用积极主动的心态去面对与处理。美满婚姻的第一原则就是要"悦纳异己",坦然地接受另一半的特质,不要试图改变对方,要彼此适应。只看对方的优点,不看对方的缺点,正如有的专家所说:"婚前睁大双眼,婚后睁一只眼闭一只眼。"这是幸福婚姻的重要原则。

妥善沟通是经营婚姻的重要方面。要善于用对方需要的方式去表达爱情,如甜言蜜语、赠送礼物、陪伴支持、帮助、身体接触等方面。然后就是要理性表达愤怒:一要用"我"字开头,叙述重点在于我的体验而非描述对方的错误,否则容易变成数落对方的不是。二是用恰当的情绪语言来描述自己心中的感受,如可以说"我很不高兴你晚回来也不打一个电话",而不能说"回来晚了,你也不打个电话,到底心里还有没有这个家",后者的表达很容易引起对方的强烈不满。三是简短。简短有力地表达愤怒,让对方知道你真的生气了,也才能有效地提醒对方去反省自己,而长篇大论的话很容易让对方反感而不会去反省自己,更不会自我调整。

夫妻之间还要学会信任与大度,切忌猜忌,更要给对方保留适度的空间。亲密关系距离的把握就像我们手捧沙子,捏得越紧沙子越容易掉。

## 四、保持和谐的夫妻性爱

树立正确的性观念,保持良好的性沟通,培养良好的情感关系等技巧。适当采用增加性和谐的方法,可以帮助夫妻保持和谐的性爱关系。另外,在氛围的营造、性行为姿势、性行为发生时间、场合等方面偶尔可以创新,有助于性的激情与满足。

# 第三章 性安全与性保护

遵守性道德和法律的相关规定,性是美好愉悦的传达,反之则会出现性传播疾病的感染和性伤害。大学生们应该注意增强性安全意识,做好自身的性保护,避免无保护的性行为和性传播疾病的感染。

无保护的性行为指在不知道对方有无性病的情况下,未采取有效的防护措施(如戴安全套)发生的性行为。无保护的性行为增加了意外怀孕和感染性病的风险。因此,大学生应建立良好的性道德和性观念,增强性行为的自我调控能力,采取安全的性行为,避免吸毒、嫖娼、多性伴等高危行为。

## 第一节 避 孕

避孕应该是男女双方的责任。由于男女生殖器官的差异,性的享受是双方的,但非意愿怀孕的后果却往往由女方承担。人工流产虽然可以让女性避免未婚妈妈的尴尬,但会带来生殖系统疾病及不孕症等不良后果,并且可能引发女性心理问题,给女性留下伴随终身的精神创伤,为婚姻家庭生活笼罩一层阴影。因此,男女双方都必须提高避孕意识,学习掌握切实可行的避孕措施,不要心存侥幸,要为自己的健康负责。

### 一、受孕的条件

受孕必须具备以下条件:
①有成熟而正常的精子和卵子。
②精子在适当时期(排卵期)与卵子相遇而受精。
③精子和卵子相遇的途径(男性输精管、尿道,女性阴道、子宫颈、子宫腔、输卵管)通畅。
④提供孕卵适宜的环境(子宫内膜)。
通过采取简便有效的方法,在不影响健康、不妨碍正常性生活的前提下,暂时地而不是永久地破坏上述条件之一,就能达到避孕的目的。目前主要通过四种途径避孕:
①干扰受精卵着床,使子宫内环境不适宜孕卵生长,如使用宫内节育器。
②阻止卵子和精子相遇,如使用避孕套、阴道隔膜或进行输卵管结扎等。
③防止卵巢排卵,如使用避孕药、避孕贴片、阴道环、皮下埋植剂和避孕针剂。
④改变阴道的环境,不利于精子生存或获能,如使用外用杀精子剂。
对暂时无生育要求的青年群体而言,选择适合自身情况的可靠避孕方法,并坚持使用该方法避孕,是避免非意愿怀孕的最好办法。

## 二、常见避孕方法

常见避孕方法有五种。

**1. 使用安全套**

安全套避孕机制:通过机械屏障作用,阻止精子进入阴道、阻断精卵相遇而达到避孕的目的。安全套适合于任何年龄的对乳胶制品不过敏的性伴侣,避孕套避孕几乎无副作用,是一种值得提倡和推广的方法,对避孕和预防性病有双重效果。

安全套存在诸多优点:①使用方法简便,安全,容易掌握,避孕效果可靠,对身体没有副作用;②防止包皮垢与宫颈的接触,可减少女性阴道炎、宫颈炎、盆腔炎及宫颈癌的发生;③能预防精液过敏症;④不会干扰体内激素水平;⑤对早泄患者有一定治疗作用;⑥可预防和减少艾滋病及其他性传播疾病等。

正确使用安全套,避孕失败率仅为 1% ~ 3%,但实际使用中的失败率却高达 10% ~ 15%。为了保证避孕和防病效果,安全套使用一定要注意以下事项:

①选择大小合适的避孕套,使用前检查避孕套是否过期、有无霉变、有无破损等。

②需要在每次进行性活动时全程使用,切忌在快要射精前才使用或中途取下,也不可仅在排卵期使用。男性在射精前就会流出少量副性腺的分泌物,其中很有可能含有精子,一旦进入阴道通过子宫到达输卵管,就可能与卵子结合,导致受孕。女性的排卵期可受情绪、环境变化、气候、性生活等多种因素的影响而提前或延后。

③抽出安全套时要防止滑脱和精子外溢,射精后在阴茎尚未软缩前,就应捏住套口边缘和阴茎一起抽出,还要检查是否有破裂的情况,如有破裂应立即采取补救措施。

近年女用避孕套的应用有逐渐增多的趋势,女用避孕套是用透明的聚氨酯塑料制成,柔软且坚韧,两端各有一塑料环,内环更小,为封闭端,放入阴道顶端,开口环较大,置于外阴。用拇指和中指捏住内环,将食指抵住套底,将套送入阴道内,直至感觉已到阴道最深处。放置时应确保避孕套主体未被扭曲,而且开口环始终置于阴道口外端。为避免精液倒流,请在起身前取出避孕套,捏紧并旋转开口环的同时缓缓地将套拉出。

**2. 宫内放置节育器**

宫内节育器一次性放入宫腔,可避孕多年,是一种相对安全、有效、简便、经济、可逆的节育方法,目前已成为我国育龄女性的主要避孕措施。其避孕机制是:通过影响精子活力和受精卵的植入,改变子宫内环境而达到避孕的目的。

这种避孕方法适用于已婚育龄女性或有规律的性生活、打算数年之内不生育孩子的女性,生殖系统正常、月经规律、月经量不过多、无全身严重疾病者均可放置。但放环后有少数人会发生一定的副反应或并发症,如脱落、移位、出血、感染、经量增多、腹痛及腰骶部疼痛等,也有可能带环怀孕。

**3. 药物避孕法**

药物避孕是全世界公认的一种有效的避孕方法,健康的生育年龄女性均可服用。经过多年的改进,新一代口服避孕药的副作用已经很小,其中的激素含量大幅度降低。避孕药主要通过抑制排卵、改变宫颈黏液性状而阻碍受精,改变子宫内膜形态与功能来阻碍着床等原理进行避孕。

4. 紧急避孕

紧急避孕是指在无防护性性生活后或者避孕失败后几小时或几日内,妇女为防止非意愿怀孕的发生而采用服药或放置宫内节育器避孕的方法。副反应可能出现恶心、呕吐、不规则阴道流血,但非激素类副反应少而轻,一般不需特殊处理。

紧急避孕对大多数妇女是安全的。在过去20年中,尚未有服用紧急避孕药引起死亡或严重并发症的报道。使用紧急避孕药物需要注意五点:

①紧急避孕只是一种应急方式,并非一种常规避孕措施,不可过度使用。

②紧急避孕要在医生指导下进行,在性生活后72小时内服用。

③紧急避孕的有效率明显低于常规避孕方法,而且由于用药剂量高,副作用也明显高于常规避孕药。

④药物紧急避孕只能对本次无保护的性生活起作用,本周期服药后性生活仍应采取其他可靠的避孕措施。如果不注意,用药的当月就可能怀孕。

⑤紧急避孕失败而怀孕者,新生儿畸形发生率高,必须终止怀孕。

5. 安全期避孕法

卵子自卵巢排出后可存活1~2日,而受精能力最强的时间是排卵后24小时内;精子进入女性生殖道可存活2~3日。因此,排卵前后4~5日内为易孕期,其余的时间不易受孕,视为安全期。使用安全期避孕需事先确定排卵日期,通常根据基础体温测定、宫颈黏液检查或通过月经周期的规律来推算。多数妇女月经周期为28~30日,预计在下次月经前14日排卵,排卵日及其前后4~5日以外的时间即为安全期。安全期避孕方法简便易行,但由于妇女排卵过程可受生活、情绪、性活动、健康状况或外界环境等因素影响而推迟或提前,还可能发生额外排卵,因此,安全期避孕法并不十分可靠,失败率达20%。

---

## 延伸阅读

### 青年中常见的避孕误区

青年中的避孕误区较多,较常见的误区有:

①紧急避孕药物的滥用。将服用紧急避孕药物作为主要的避孕方法,在每次事后服用。笔者调查发现,有些女大学生一个月服用数次紧急避孕药物,最多者一月达9次。紧急避孕药物的滥用引发女性月经紊乱、卵巢过度抑制的情况较为常见。

②乱用安全期避孕。计算安全期错误或延长安全期的时间。

③体外排精法。性交时男性将精液排于体外,使精子不进入阴道,以达到避孕目的。此法的避孕失败率高,男性的精神压力过大,紧张的心理状态很可能会影响到性功能,长期如此,容易造成男性精神性的阳痿、早泄等一些疾病。

④压迫尿道法。会导致尿道憋胀、灼热等不适症状,可能引发尿道炎症和导致逆行性射精。

⑤忍精不射。可能对人的射精功能产生损伤,导致射精延迟、射精不力甚至出现不射精症状,还可能引发前列腺炎等。

以上方法不但有害,而且容易导致避孕失败,一般不宜采用。

——摘自:《谈性说爱——大学生性健康教育》(王进鑫,程静).

### 三、非意愿怀孕和应对措施

美国医学会(IOM)专家委员会将非意愿怀孕定义为"不管是否采用避孕措施,妇女在不想怀孕时却发生了怀孕"。非意愿怀孕主要源于不安全的性行为,包括未采取避孕措施或避孕方法不恰当,或避孕失败,或者非意愿性行为。要避免非意愿怀孕,青年朋友应该注意三道防火墙:第一,慎重对待性行为的决定;第二,选择适合自己的安全的避孕行为,包括正确使用安全套等;第三,发现避孕可能失败时,应采取紧急避孕措施。若非意愿怀孕已成事实,其后果只能是人工流产或非意愿生育。

人工流产是避孕失败的补救措施,其次数越多,引发女性身心伤害就越多,主要有:①近期并发症,如子宫穿孔、人流综合征、漏吸、吸宫不全、术中出血、术后感染等;②远期并发症,如慢性盆腔炎、月经异常、继发不孕、子宫内膜异位症,再次怀孕时可能出现流产、早产、异位怀孕、胎盘粘连、前置胎盘、胎盘植入等,为孕育健康的下一代埋下诸多隐患。因此,人工流产一定要告知可信的师友和亲人,在他们的陪同下到具备资质的正规医院进行,切不可听信小广告或因为担心被别人知道而选择小诊所,为健康埋下更大的隐患。

非意愿生育对大学生来说不太现实。一是时间不允许,大学生的主要精力和任务是学习,为进入社会和自我发展做好充分的准备,不具备养育小孩的时间条件。二是心理准备不充分,大学只是成年生活的前奏,未来还有很多变数,目前的恋人不一定就是最终的婚姻伴侣;且大学生自身也还没有达到心理足够成熟的阶段。三是物质条件不允许,大学生尚未自力更生,生活经济来源都还依赖于父母,独立抚养小孩的能力不足。

# 第二节　常见性传播疾病和预防措施

性传播疾病是危及人类的健康,祸害社会、家庭,严重影响社会治安的问题。处于性待业期的大学生应该加强对它的了解,避免感染性病,让大学生涯在健康活力中度过。

1975年后世界卫生组织对性病的概念和范围进行了扩展,把通过性行为和类似性行为及间接接触而传播的一组传染性疾病统称为性传播疾病(Sexually Transmitted Disease, STD),简称性病,常见的有五类:①细菌性疾病:淋病、软下疳等;②病毒性疾病:艾滋病、生殖器疱疹、尖锐湿疣等;③真菌性疾病:生殖器念珠菌病;④衣原性疾病:非淋球菌性尿道炎、性病性淋巴肉芽肿;⑤其他病原微生物感染:梅毒、滴虫病、疥疮、阴虱病等。

性病的高危人群包括性交易者、吸毒人群、非法采血站的献血者和输血者、STD患者的性伴及配偶、收容审查、看守或劳教劳改人员。

首先,性行为的直接接触是STD的主要传播途径。其次,STD的传播还包括直接接触病人的病变部位或其含有病原体的分泌物,如血液、精液或生殖道分泌液等。第三,经静脉输注感染的血液、血液成分或血液制品及静脉注射毒品等途径是传播AIDS、乙型肝炎或梅毒的主要途径。第四,许多STD如梅毒、淋病、AIDS、乙型肝炎、衣原体感染等可经胎盘、产道等途径由母亲传给胎儿或新生儿。第五,医源性传播,如防护不严格,如在为病人检查、手术、换药、注射及护理病人、查体温、导尿时防护不严、不穿工作服、不戴帽子、不戴橡皮手套等；消毒不严格，如病人用过的器械、注射器、针头等不经过充分清洗和严格消毒或及时销毁。第六，日常生活接触传播。因接触病人的衣物、被褥、物品、毛巾、用具、便器等可能传染 STD。所以淋病、滴虫病、某些真菌感染等 STD 均可通过毛巾、浴盆、衣物等用品传播。

性传播疾病的预防别无他法，唯一的就是洁身自爱。性传播疾病的预防原则包括：早发现、早诊断、早治疗；剂量足够，疗程规范；治疗后严格定期随访，追踪观察；对所有性伴同时进行检查和治疗。

# 第三节　预防性侵害

性侵害会给受害者及其家庭带来一系列的负面影响，会在生理上、心理上形成难以消除的阴影，可能是终身难以修复的。不论男女，均可能遭遇性侵害的风险。

## 一、性侵害的种类

性侵害是行为人为了满足性欲或性心理的需求而实施的包括一系列违反他人意愿的性接触、性骚扰、性暴力，并给他人带来身心不良后果的行为的总称。性接触主要包括令人感到不舒服的身体碰触，如性调戏、亲吻、爱抚身体、抚摸生殖器、口交等；非身体接触，如言词挑逗、举动淫荡、裸露、向受害者散发或贩卖色情物品，强迫受害者观看淫秽或色情图片，利用受害者从事色情活动，如拍裸照、拍色情电影、观看色情表演、卖淫等。

第二类就是性骚扰，分言语性和非言语性两大类。衡量是否属于性骚扰，取决于这种行为对方是否乐于接受。

第三类是强奸，即一种性暴力行为，指其中一方的性行为是通过暴力、胁迫或者其他手段，违背另一方的意志，强行与其发生性交的行为。它具有如下特征：侵犯的客体是另一方不可侵犯的性权利；客观上行为必须具有以暴力、胁迫或者其他使另一方不能抗拒、不敢抗拒的手段违背另一方的意志，强行与另一方发生性交的行为；主观上是直接故意，并且具有强行奸淫的目的。

## 二、性侵害的影响

生理上常见的伤害包括外生殖器创伤如撕裂伤、擦伤、黏膜破损、红肿等，以及非生殖器创伤如打伤、挫伤、印记损伤等，还可能会导致意外怀孕、传染性病等。心理上可能会让受害人产生紧张、恐惧、悲观、沮丧甚至绝望等情绪上的不良体验，自尊心、自信心贬损，变得自卑、自闭，导致人际关系紧张和社会交往障碍，适应社会困难。性侵害还可能会对受害人的学习、工作带来一系列的消极影响。

### 三、性侵害的预防

预防性侵害一般有以下措施：

①树立防范意识。不论出门前多么匆忙，都应该告诉家人、室友或其他可靠的人：自己的目的地、与谁有约、预定归来的时间等。

②注意行走路线和环境。不宜在偏僻、阴暗、狭窄的道路或巷子行走。夜晚行走时要选择行人较多、路灯比较明亮的道路，并且尽可能在道路中间行走，不宜在马路边或路灯昏暗的地方行走；经过茂密的树木、建筑工地、废弃房屋、桥梁涵洞时要特别小心。同时注意避免在车站、码头、商业区、娱乐中心、建筑工地、破旧市区等犯罪多发地长时间停留。

③注意环境防范。单独在家或在家中睡觉休息时，应当注意关闭窗户，锁好房门，避免虚掩房门的做法。尤其是在夏天一定挂上窗帘，避免外人直接看到屋内情况。

④注意辨别他人言语。听到别人的恭维话时，要注意辨别对方的言外之意和进一步的企图；遇到别人说挑逗性的话时，应当恰如其分地引开话题或者离开对方。

⑤谨慎结交朋友。研究表明，在强奸犯罪中，大量的犯罪是发生在熟识的人之间，属于"熟人强奸"；发生在熟人之间的其他性侵害行为也占有相当大的比例。因此，要注意谨慎地结交朋友，尤其注意不要轻易地单独与太熟悉的人约会。

### 四、性侵害的应对

遇到性伤害时，首先要保持清醒的头脑，镇静，临危不惧，显示出自信心、稳重感和强有力，可以对罪犯起到不可欺负的震慑作用。第二，应注意随机应变，软磨硬泡，拖延时间，寻求适当机会和方式逃脱。例如可先假装同意，使犯罪分子放松警惕，然后趁他脱衣时使尽全力将他推倒，及时逃跑，并在逃跑时持续呼救。第三，利用身边的器物或日常生活用品采取积极的防卫措施，观察周围的环境有没有可以利用的器物。当受到侵害时，用其击打犯罪分子要害部位如头、眼睛等部位，使其丧失进行侵害行为的能力，趁机逃跑。第四，遭遇陌生人侵害时，要努力记住犯罪分子的体貌特征，保护好现场及证据，及时报案。切记，如果在实在不能摆脱的情况下，生命是第一的。万一被强暴，最重要的是立即寻求协助，及时报警，包括去医院检查内伤与外伤，查明是否感染性病或艾滋病，并服用紧急避孕药，接受心理康复治疗等。被强暴不是你的错，不要把所有的过失都交给自己承担。被性侵后，在报案之前不要清洗身体，以保证能有效提取到案犯遗留在身体上的精液（斑）、唾液（斑）等。被侵害时所穿的衣物如裤、裙、内裤及所用卫生巾、卫生护垫、擦拭用纸巾、毛巾以及案发时垫在身下的床单、被褥等都要保存好，不要清洗，以防痕迹物证被破坏。

需强调一点，案犯在受害人体内遗留的斑迹在办案人员或法医主持下由医务人员合法提取，若受害人自行提取将影响证据的证明力和有效性。在受害人报案后，法医会尽早收集痕迹物证。

# 第四章　艾滋病的防治

从 1981 年美国正式记载艾滋病、1985 年我国发现首例艾滋病病人以来，艾滋病已成为严重威胁个人和社会的重大传染疾病。虽然其总体是低流行水平，但是流行面非常广，我国98.2% 的县区、少数民族地区都有艾滋病例的报告。它的传播途径以性传播为主，占总数的94.2% 。这为健康中国带来严峻挑战。

## 第一节　艾滋病概述

### 一、艾滋病及艾滋病病毒

艾滋病的医学名称为"获得性免疫缺陷综合征"，英文全称是 Acquired Immune Deficiency Syndrome，缩写为"AIDS"，音译为"艾滋"。艾滋病病毒叫"人类免疫缺陷病毒"，英文全称是 Human Immunodeficiency Virus，缩写为"HIV"。

从这个命名中可以了解艾滋病的完整概念，其包含了三个明确的内涵：第一，获得性，表示在病因方面是后天获得而不是先天具有的，是由艾滋病病毒引起的传染病。第二，免疫缺陷，表示在发病机理方面主要是造成人体免疫系统的损伤而导致免疫系统的防护功能减低、丧失。第三，综合征，表示在临床症状方面由于免疫缺陷导致的各种系统的机会性感染、肿瘤而出现的复杂症状群。

### 二、艾滋病病毒的感染途径

艾滋病存在于人的体液中，而不能在动物包括昆虫身上存活。只有同时满足数量、质量和传播途径（体液交换）三个条件才能传染。

**数量**：艾滋病病毒要达到一定的数量才能传播。由于艾滋病病毒主要存在于人的血液、精液、阴道分泌物、伤口渗出液和乳汁中，所以只有当这些体液中含有足够多的艾滋病病毒才能够传播。其他体液如尿液、泪液、汗液、唾液中也有艾滋病病毒，但浓度极低，很难引起传播。当数量达不到一定规模时，人体的免疫力能发挥作用将其杀死。

**质量**：艾滋病病毒虽然在人体内肆虐横行，但一旦离开人体是很脆弱的，很难生存。在高温 56 ℃环境下 30 min 以上、干燥或使用家用普通的消毒剂（如碘酒、酒精、漂白粉、84 消毒液等）均能杀死艾滋病病毒。在干涸的血液和凝固了的体液中也会失去活性，没有传染能力。

**体液交换**:艾滋病病毒不能穿过完整的皮肤和黏膜。在正常情况下,皮肤和黏膜是一种天然屏障。但是当屏障破损,且含艾滋病病毒的体液恰好由此进入人体时,发生了体液的交换,则很容易发生感染。

以上三个条件同时具备才能感染艾滋病病毒,不是同时具备,就不会传播。艾滋病病毒的感染途径包括血液传播、性传播和母婴传播三条途径。大量的日常接触,如握手、共用水杯、使用公共厕所、礼节性亲吻(面碰面、嘴碰面的亲吻)、在公共浴室洗澡、共同学习或工作等是不可能同时具备艾滋病病毒传播的三个条件的,因此不会传播艾滋病。

### 三、艾滋病病毒感染者与艾滋病患者

从感染艾滋病病毒到发病有一个完整的自然过程,临床上将这个过程分为四期:急性感染期、潜伏期、艾滋病前期、典型艾滋病期。其中,艾滋病病毒进入人体,但感染者的免疫功能还没有受到严重破坏,因而没有明显的症状,这样的人被称为艾滋病病毒感染者,又称艾滋病病毒携带者。一旦感染者的免疫功能被破坏到一定程度,其他病菌乘虚而入引发多种疾病,如严重的腹泻、肺炎或某些癌症等,这时就称为艾滋病患者。

从艾滋病病毒进入人体起,直至血液中产生足够量的、能用检测方法查出艾滋病病毒抗体有一个过程。其间人体已经感染艾滋病病毒,且具有传染性,但血液检测正常,检测不出艾滋病抗体,这段时期称为"窗口期"。艾滋病的"窗口期"因人而异,一般为 2 周到 3 个月,少数人可以到 4 个月或 5 个月,很少超过 6 个月。由于不知道自己感染了艾滋病病毒,窗口期的感染者可能在无意间将 HIV 传播给其他人。据估计,艾滋病病毒的初期感染者将病毒传给性伙伴的可能性比长期感染者要大 100 倍。

人体感染艾滋病病毒后需经过数月至数年才能发展为艾滋病人,这段时间称为"潜伏期"。潜伏期平均 7 ~ 10 年,最长可达 19 年。处于潜伏期的艾滋病病毒感染者的血液、精液、阴道分泌物、乳汁、脏器中含有艾滋病病毒,具有传染性。"潜伏期"是一个长短不等、相对健康、无症状的时期,他们的特征是"两只眼睛,一个鼻子,一张嘴",即外表上看似很健康,和一般人一样没有任何区别,因而艾滋病传播的危险性更大。

潜伏期后进入"艾滋病期",即感染艾滋病病毒的最终阶段。根据美国疾病控制中心1993 年的艾滋病监测定义,当 CD4+T 细胞在血液中的数量降至每微升 200 个以下(正常的数量应为每微升血液中含 800 ~ 1 200 个 CD4+T 细胞)及出现 26 种艾滋病指征疾病中的一种,便可界定艾滋病病毒感染者为艾滋病患者。艾滋病患者发病后,由于病毒大量复制,感染者的免疫力受到严重破坏,发生各种致命性机会性感染,一般会在半年至两年内因不同的感染或肿瘤而死亡。

### 四、艾滋病的危害

艾滋病是一个健康问题,同时也是一个社会问题,社会中的每一个成员都有可能成为艾滋病流行的直接或间接受害者。艾滋病对个人、家庭和社会等都可造成不可忽视的危害。

1. 艾滋病对个人的危害

从生理上讲,艾滋病病毒感染者一旦发展成艾滋患者,健康状况就会迅速恶化,患者身

体上要承受巨大的痛苦,最后被夺去生命。

艾滋病的临床症状多种多样,一般初期症状极像伤风、流感:患者感觉全身疲劳无力、食欲减退、发热、体重减轻,随着病情的加重,症状日见增多,如皮肤、黏膜出现白色念珠菌感染,有单纯疱疹、带状疱疹、紫斑、血肿、血疱、滞血斑,皮肤容易损伤,伤后出血不止等;之后渐渐侵犯内脏器官,不断出现原因不明的持续性发热,可长达 3～4 个月;还可出现咳嗽、气短、持续性腹泻便血、肝脾肿大,并发恶性肿瘤、呼吸困难等。由于症状复杂多变,患者并非上述所有症状全都出现,一般常见一二种以上的症状。按受损器官来说,侵犯肺部时常出现呼吸困难、胸痛、咳嗽等;如侵犯胃肠可引起持续性腹泻、腹痛、消瘦无力等;如侵犯血管可引起血管性血栓性心内膜炎、血小板减少性脑出血等。

### 2. 艾滋病对家庭的危害

社会上对艾滋病患者及感染者的种种歧视态度往往会殃及其家庭。他们的家庭成员和他们一样,也要背负沉重的心理负担,由此容易产生家庭不和,甚至导致家庭破裂。

因为多数艾滋病患者及感染者处于养家糊口的年龄,往往是家庭经济的主要来源。当他们本身不能再工作,又需要支付高额的医药费时,其家庭经济状况就会很快恶化。有艾滋病患者的家庭,其结局一般都是留下孤儿无人抚养,或留下父母无人养老送终。

### 3. 艾滋病对社会的危害

艾滋病主要侵害那些年富力强的 20～45 岁的成年人,而这些成年人是社会的生产者、家庭的抚养者、国家的保卫者。艾滋病削弱了社会生产力,减缓了经济增长,使人均期望寿命降低,民族素质下降,国力减弱。社会的歧视和不公正待遇将许多艾滋病患者及感染者推向社会,造成社会的不安定因素,使犯罪率升高,社会秩序和社会稳定遭到破坏。

### 4. 艾滋病对儿童的影响

艾滋病使无数儿童沦为孤儿,使无数无辜儿童被迫承受失去亲人的痛苦,还要经常忍受人们的歧视,承受失学、营养不良以及过重的劳动负担。

艾滋病是我们人类共同的敌人,消灭艾滋病需要全社会的共同努力,需要培养预防艾滋病的社会责任感,需要从“我”做起。

## 五、艾滋病的流行趋势

艾滋病依然是当今严重危害人类生命健康与社会经济发展的重大传染病,我国艾滋病防治任务依然艰巨。据 2017 年艾滋病学术大会上公布的数据,截至 2017 年 6 月 30 日,全国报告现存艾滋病毒感染者和艾滋病患者 718 270 例,报告死亡 221 628 例。其中现存艾滋病毒感染者 419 101 例,艾滋病患者 299 169 例。根据中国疾病预防控制中心性病艾滋病预防控制中心的数据,在 2017 年 1—6 月新报告的病例中,经性传播者占 94.2%(异性性传播占 68.6%,同性性传播占 25.6%),传播方式存在明显的性别和年龄差别——男性 15～29 岁,以同性性传播为主;女性 15 岁以上,以异性性传播为主。2016 年哨点监测显示,男性同性性行为人群艾滋病病毒抗体阳性率为 7.7%,15～24 岁男性青年学生报告病例中,同性性传播占 82.3%。经输血途径传播已基本阻断,接近零报告水平。

# 第二节 艾滋病的预防与控制

艾滋病的流行对于感染者个人的生理、心理、家庭以及社会都会造成一系列的伤害性影响。虽然目前并没有根治艾滋病的特效药物和疫苗,但是由于其感染途径明确,只要从源头上进行控制,采取以切断传播途径为主导的综合预防途径,配合健康教育和行为干预,是可以进行防治的。

## 一、健康教育和宣传

具有正确的艾滋病相关知识是预防艾滋病的先决条件。因此,可以有计划、有组织、有系统地进行艾滋病知识宣传,对不同类型的人群采取针对性较强的宣传教育方式,使人们了解并掌握艾滋病相关知识,减少对艾滋病的恐惧,减少发生艾滋病高危行为,采取有益于身心健康的行为和生活方式,远离艾滋病。健康教育的形式有发放宣传材料、举办展览、观看教育片、开展知识讲座和培训、集中授课、面对面宣教、参与式教学和同伴教育等。

刘祝明等研究发现对吸毒人群进行健康教育干预后,吸毒人群传播途径知晓率和行为改变率都有了明显改变,分别提高了20%和18%,有效地提高了吸毒人群的自我保护意识,在一定程度上减少了艾滋病在吸毒人群中的传播。詹素云对大学生预防性病艾滋病健康教育后,大学生对性病、艾滋病知识的知晓率普遍得到了提高,有99.43%的大学生明确了正确使用安全套可避免和降低感染性病艾滋病病毒的危险性。切合目标人群知识结构和社会需求的宣传,能够有效提高其对艾滋病性病风险的认识,增强自律意识。

## 二、切断三种传播途径

切断传播途径须做到三点。

### 1. 安全的性行为

艾滋病病毒存在于感染者的精液及阴道分泌物中,其精液、射精前的男性分泌物及宫颈分泌液含有大量的 HIV。正常性交时,由于摩擦容易使生殖器黏膜细微破损,肛门性交也容易造成肛门和直肠黏膜创伤,HIV 病毒就会通过破损的黏膜进入未感染者的血液中,从而通过性交的方式传播。目前,性传播已经成为艾滋病病毒最主要的传播途径,而这种生理的需要是人类的自然欲望,从而极易造成大范围的传播。因此,艾滋病的预防重在安全性行为的宣传与推广。

安全套可以隔丌精液和阴道分泌物,具有预防艾滋病病毒通过性途径传播的作用,所以正确使用安全套能够减少艾滋病的传播。蓝光华等研究发现,未持续使用或从未使用过安全套的,HIV 感染的危险性是每次均使用安全套者的 618 倍。其他多项研究也表明,安全套的使用能够大大降低感染艾滋病的风险。因此,我们提倡每次性行为都全程使用安全套。每次使用前都要检查有效期、是否破损等,千万不要性行为中途才使用安全套。同时,大学生应慎重对待婚前性行为,严格避免多性伴侣、卖淫嫖娼、吸毒等行为,洁身自好,为自己的健康和生命负责。同时应该避免酗酒或滥用药物,因为酒精和药物会使人失去理智和判断力,以致影响性行为。

### 2. 预防母婴感染

绝大部分儿童艾滋病感染者源于母婴传播。患有艾滋病的孕妇可以通过胎盘将艾滋病病毒传播给胎儿;或是在分娩过程中,当胎儿经过产道时感染 HIV;或是在出生后,通过患病母亲哺乳而感染 HIV。因此,阻断母婴传播应首先预防育龄妇女感染,婚前体检、准备怀孕前和围产期应做 HIV 抗体检测,尤其是在 HIV 流行率较高的地区和重点人群中。如发现一方感染 HIV,应建议他们避免怀孕。婚后夫妻双方应采取安全性行为,不吸毒。其次还应防止已感染妇女非意愿的怀孕;通过药物阻断孕期、分娩期和产后阶段的母婴垂直传播。目前,母婴阻断成功率已经超过90%以上,甚至有医疗机构已经达到100%的成功率。

### 3. 避免血液传播

血液传播是我国艾滋病流行初期的首要途径,目前主要包括以下方式:

①输入污染了 HIV 的血液或血液制品。

②静脉药瘾者共用受 HIV 污染的、未消毒的针头及注射器。

③共用其他医疗器械或生活用具(如与感染者共用牙刷、剃须刀)也可能经皮肤、黏膜破损处传染,但罕见。

④注射器和针头消毒不彻底或不消毒,特别是儿童预防注射,如未做到一人一个针管,危险更大。

⑤口腔科器械、接生器械、外科手术器械、针刺治疗用针消毒不严密或不消毒。

⑥理发、美容(如文眉、穿耳)、文身等的刀具、针具、浴室的修脚刀不消毒。

⑦和他人共用刮脸刀、剃须刀或共用牙刷。

⑧输用未经艾滋病病毒抗体检查的供血者的血或血液制品,以及类似情况下的输骨髓和器官移植。

⑨救护流血的伤员时,救护者本身破损的皮肤接触伤员的血液。

注意,杜绝以上高风险行为是阻断血液传播途径的有效方法。

---

**课堂互动**

### 风 险 行 为 判 断

请大家判断以下哪些行为属于高风险行为。

| | | |
|---|---|---|
| A. 使用公共厕所 | B. 性自慰 | C. 礼节性亲吻 |
| D. 共用水杯 | E. 被蚊虫叮咬 | F. 不使用安全套的性行为 |
| G. 握手 | H. 护理艾滋病患者 | I. 共同进餐 |
| J. 摔跤运动 | K. 共用剃须刀 | L. 使用公用电话 |
| M. 使用未消毒的器械文身 | N. 被猫抓伤 | O. 输用艾滋病病毒感染者血液 |
| P. 无保护地帮助别人清洁和包扎伤口 | | Q. 到正规医院做手术 |
| R. 和感染艾滋病病毒的人一起学习或工作 | | S. 共用注射针头吸毒 |

T. 共用牙具　　　　　　U. 在电影院看电影　　V. 在公共浴室洗澡

W. 乘坐公共汽车　　　　X. 感染艾滋病病毒的母亲给婴儿哺乳

——摘自：中国计划生育协会，《青春健康人生技能培训指南：成长之道》.

### 三、"四免一关怀"政策

"四免一关怀"是当前和今后一个时期我国艾滋病防治最有力的政策措施。"四免一关怀"中的"四免"分别是：

①农村居民和城镇未参加基本医疗保险等医疗保障制度的经济困难人员中的艾滋病患者可到当地卫生部门指定的传染病医院或设有传染病区（科）的综合医院服用免费的抗病毒药物，接受抗病毒治疗。

②所有自愿接受艾滋病咨询和病毒检测的人员都可在各级疾病预防控制中心和各级卫生行政部门指定的医疗等机构得到免费咨询和艾滋病病毒抗体初筛检测。

③对已感染艾滋病病毒的孕妇，由当地承担艾滋病抗病毒治疗任务的医院提供健康咨询、产前指导和分娩服务，及时免费提供母婴阻断药物和婴儿检测试剂。

④地方各级人民政府要通过多种途径筹集经费，开展艾滋病患者遗孤的心理康复，为其提供免费义务教育。

"一关怀"指的是国家对艾滋病病毒感染者和患者提供救治关怀，各级政府将经济困难的艾滋病患者及其家属纳入政府补助范围，按有关社会救济政策的规定给予生活补助；扶助有生产能力的艾滋病病毒感染者和患者从事力所能及的生产活动，增加其收入。

### 四、健全监测体系，加强高危人群筛查和行为干预

健全完善监测体系、加强高危人群筛查是提高艾滋病发现率的必要手段，也是控制艾滋病发病和流行的最有效措施。各级疾控机构以及县以上医院或专业医疗机构、血站均应建立和完善艾滋病初筛实验室设施，定期对重点行业（监狱、发廊、练歌房、洗脚房、夜总会等）、重点人群（暗娼、吸毒、同性恋、商业性性服务人群、性病患者、供受血和孕妇人群）进行 HIV 监测和筛查，及时、准确、全面掌握艾滋病疫情和流行趋势。同时为取得预防本病的最佳效益，各地应在血清学和临床报告基础上增加行为学监测内容，以便做出定量估计，以发现人群中可能导致艾滋病感染的高危行为存在的比例。

对于重点人群，应对他们进行预防性病和艾滋病的知识宣传和安全套推广、艾滋病自愿咨询检测、性病诊疗等措施，为他们提供就业机会帮助及心理支持等，尽量减少或阻断该人群中的 HIV 传播，从而遏制艾滋病向大众人群传播。

### 五、艾滋病的自愿咨询检测

艾滋病自愿咨询检测是指人们通过咨询，在充分知情和完全保密的情况下自愿选择是否接受 HIV 抗体检测、改变危险行为及获得相关服务的过程。2004 年卫生部发布了《艾滋病免费自愿咨询检测管理办法（试行）》（卫疾控发〔2004〕107 号），办法中规定：自愿接受艾

滋病咨询检测的人员均可以接受艾滋病免费自愿咨询检测,以最大限度地发现艾滋病病毒感染者和艾滋病患者,控制艾滋病流行和传播。

在发生危险(如共用注射器的静脉注射吸毒者、曾有非婚异性性行为者、男男同性性行为者、艾滋病病例的配偶或伴侣、曾有不明锐器伤史者等)情况下,应及早进行 HIV 自愿咨询与检测。由于现有的艾滋病检测技术存在窗口期,所以,高危情况 15 天后可前往当地(县区一级)疾控中心/医院/妇幼保健院、部分综合医院皮肤性病科进行 HIV 咨询与检测,并在 3 个月后复查一次。

## 六、反对歧视,关爱艾滋病人

由于传统观念根深蒂固,加之对艾滋病毒感染者缺乏正确认识,社会上仍有相当多的人谈"艾"色变,习惯把艾滋病与不洁性行为联系在一起,错误地认为艾滋病是"肮脏的病""下流的病",与艾滋病毒感染者在一起肯定不安全。因此,艾滋病毒感染者在就业、升学、医疗及日常生活中常常遭受歧视。

---

**案例分析**

### 国内首例艾滋病就业歧视案胜诉的启示

李成(化名)今年 33 岁,是黔东南苗族侗族自治州人。2010 年 9 月,他考入黔东南州黎平县某中学成为特岗教师。按照县人社局相关政策,如果李成接下来的 3 年工作考核合格,便可以申请继续留在学校任教。

李成说,他喜欢教师这个职业,总是对这份工作充满激情。他回忆,自己 3 年教学中的 6 个学期,他有 5 个学期都是超负荷带班。一般老师带两个班,而他一直都是带 3 个班,超过一般老师一半的工作量。正因为如此,在同一个教学环境中,李成的考核都保持在前列。

2013 年 10 月,李成满怀期待和学校签订留任合同。但是却被县人社局告知,李成的体检不合格,不能和人社局续签合同。李成后来得知,所谓的体检不合格是自己被查出了 HIV 呈阳性。李成成了一名艾滋病病毒感染者。

经过劳动仲裁、县级人民法院民事诉讼、中级人民法院上诉等一波三折的维权之路,2016 年 4 月 25 日,贵州省黎平县人民法院对李成艾滋病就业歧视案做出判决:黎平县教育和科技局被判支付李成 9 800 元经济补偿。多位法律人士证实,这是国内艾滋病就业歧视案的首次胜诉。

对于判决结果,李成表示自己非常不满:虽然名义上自己胜诉了,但是工作还是丢了,实质上是败诉了。

——摘自:新华网,2016-5-13,有改动.

---

卫生部颁布的《关于对艾滋病病毒感染者和艾滋病病人的管理意见》第 2 条第 1 款规定:"艾滋病病毒感染者和艾滋病病人及其家属不受歧视,他们享有公民依法享有的权利和社会福利。不能剥夺艾滋病病毒感染者工作、学习、享受医疗保健和参加社会活动的权利,

也不能剥夺其子女入托、入学、就业等权利。"

尽管法律有明文规定反对艾滋病歧视,保障其合法权益,但现实生活中依然存在着对艾滋病及艾滋病患者的偏见和刻板印象。2009 年,艾滋病病毒感染者组织在北京发布了《中国艾滋病感染者歧视状况调查报告》。该报告对我国 25 个省区市的 2 000 余名艾滋病病毒感染者进行了调查,其中 41.7% 的受访者称曾经受到过艾滋病相关歧视,超过 2/3 的人表示家庭成员曾因自己的感染状况受到过歧视。

---

延伸阅读

### 美国开发新方法为癌症和艾滋病治疗带来福音

从某种海洋害虫体内分离出的苔藓抑素已为治疗癌症、阿尔兹海默症及艾滋病等人类最为棘手的疾病提供了希望。然而该成分提取困难,14 吨生物仅能提取 18 g 苔藓抑素,目前其供应量仅为 90 年代的一半,使得许多临床试验无法进行。

美国斯坦福大学近期开发出一简单有效的方法,在实验室中生产苔藓抑素,并使生产率达到 4.8%,比天然提取法效率高出数万倍,也比以前的合成方法更简单高效。目前该团队已生产超过 2 g 苔藓抑素。一旦规模扩大,每年产量可达 20 g,足以治疗 2 万名癌症患者或 4 万名阿尔兹海默症患者。此外,苔藓抑素的类似物可以帮助唤醒潜伏的艾滋病病毒感染细胞,使其更容易受到艾滋病病毒药物或免疫系统的攻击,为艾滋病研究带来福音。

该研究由美国国立卫生研究院、国家科学基金会、美国癌症协会和国家癌症研究所资助,其成果发表在 10 月 6 日的《科学》期刊上。

——摘自:科技部网站,2017-11-15.

---

对于艾滋病的歧视,主要源于两个方面,一是对于艾滋病所带来的高死亡风险的恐惧,第二则是对于艾滋病感染者和艾滋病患者的刻板印象。要反对艾滋病歧视,可以从认知上进行调节,通过宣传和学习引导,将艾滋病的正确知识让大众知晓,打破艾滋病等于不洁性行为/乱性等偏见认知,明确艾滋病包括母婴、血液、性传播三种途径以及非意愿怀孕等现象。另外艾滋病的检测存在"窗口期"更是增加了无意传播的可能性,感染情况非常复杂。因此,不能仅凭艾滋病病毒的感染就推断感染者的道德水准。其次,艾滋病病毒虽然会致使免疫系统受到破坏并造成严重后果,但只要避免高危行为,或者高危行为后及早检测、干预,确诊后严格遵医嘱进行治疗,是可以对艾滋病病情起到很好的控制作用的。第三,通过促进医学发展提高意识普及和社会多元,减少 HIV 携带者公共参与、获取社会资源的阻碍,尽可能减少恐惧、仇恨和对立以及减少歧视带来的伤害。

# 第五章 性道德

性作为人类发展延续的重要手段,在漫长的人类进化史中已经不仅是一种自然现象,更是人类历史和社会发展的重要内容。它关乎个人的健康幸福,更影响到社会的和谐发展。作为大学生,我们有必要对人类的性道德进行回顾与梳理,重新认识形成性道德的历史原因,认真思考如何正确对待历史形成的性道德,并对中西方不同文化背景下的性道德进行考量,在抛弃其糟粕部分的同时继承其合理成分,建立科学的性道德观,成为一个有价值判断、有行为选择、有意志自制能力的真正自由的人。

## 第一节 性道德概述

弗兰克纳认为,人有道德的必要性在于:道德可以使人类摆脱混乱、糟糕的"自然状态",为人们的社会生活提供一种良好的秩序和"令人满意的人类生存条件"。任何有利于人类生存发展的道德实际上都是对有害于人类社会生活的无节制本能行为的约束,性道德也不例外。在人类产生之初,性关系是杂乱的,没有规范,不受限制,性被认为是自然和神灵赋予的神秘力量。随着生产力的发展,人类实行群体的社会生活,紊乱的性关系开始威胁着人类社会的繁衍和发展。为了减少和消除性活动对个人和社会的有害影响,必然要求每个个体的行为都符合一定的社会规范,以维护群体的稳定和繁荣,性道德就是由此产生并发展的。

### 一、性道德的含义及结构

（一）性道德的含义

性道德作为道德的重要组成部分,是以善恶为评价标准,依靠社会舆论、传统习俗和内心信念用以调整人类性行为规范的总和。性道德是人类发展进程中逐步形成的有效处理个体性本能欲求与他人及社会矛盾冲突的规则。

（二）性道德的结构

性道德作为一种道德现象,不仅表现为一定的观念、情感、思想,而且体现在具体行为和各种活动之中。性道德现象主要由性道德意识现象、性道德规范现象、性道德活动现象等内部要素构成。

性道德意识现象是指人们在社会生活中形成的反映性道德关系的心理感受、理性认识,是人们在长期的性道德实践中所形成的具有善恶价值取向的心理过程、思想观念和道德理论体系。它包括性道德观念、情感、意志、信念以及性道德理论。

性道德规范现象是指导人们性意识、评价人们性行为的善恶标准和具体尺度。它是对两性关系之道德规律的概括和总结,包括性道德原则、性道德规范两部分。

性道德活动现象是指人们在一定的性道德意识和性道德规范指导下从事的性实践活动,包括性道德评价、性道德选择、性道德教育以及性道德自我修养等。

## 二、性道德的特征和功能

### (一)性道德的特征

性道德和其他社会意识形态一样,是人们社会生活的反映。它既有一般社会意识形态的特征,也有自身独具的特征。具体表现在四个方面:

①多样性。不同社会制度、不同民族、不同宗教信仰、不同文化对相同的性行为有不同的道德评价。不仅如此,在同一社会制度、同一文化背景、同一民族、同一宗教信仰下,不同的阶级或阶层由于社会地位的不同,人们的性道德观念也有差异。

②稳定性。整个上层建筑对经济基础来说都具有稳定性特点,即使经济基础改变以后,原来的上层建筑还将稳定地保留一定时期。性道德规范比其他上层建筑变化的速度更慢,有着更大的稳定性。因为改变旧的道德观念需要人们的思想文化、社会风尚和心理结构有一个变化的过程,这个过程是比较缓慢的。

③阶级性。性道德作为一定社会经济关系和两性关系的产物被打上阶级的烙印。性道德也是维护政治统治的一种手段,是其阶级地位和阶级利益在两性关系中的反映。它可以从性与婚姻家庭的特定角度规范人们的思想和行为,把人们的性意识、性行为纳入统治阶级利益的轨道,从而协调两性关系,稳定社会秩序,巩固统治阶级的政治统治。

④社会性。人是社会的动物,人的一切行为都必须符合社会规范,性行为也不例外。从纵向来看,性道德贯穿人类社会的始终,是与社会共存的;从横向来看,性道德涉及社会的每一个成员,其性观念和性行为都要受到性道德的约束,对个人、家庭和社会的影响很大。性道德有其社会性在于,性道德不能离开人们所在的社会抽象笼统地谈性道德的内容。不过,性道德又总是适应着社会的需要和社会的习俗(包括某些民族的特有习俗),并且是有利于社会的文明与进步的。否则,必然会被修改或废弃,使之进一步完善,以推进社会文明的发展。

### (二)性道德的功能

性道德的功能又称"性道德的职能",是指性道德本身在调整两性关系的过程中历史地形成的各种功效和作用,其中认识功能、调节功能和教育功能是最基本的三大功能。

1.认识功能

性道德的认识功能是指性道德能反映两性之间的利益和情感关系,认识自己在两性关系中应负的责任和义务,并且借助性道德观念、性道德准则等意识形态表达自己认识成果的能力。人们借助性道德观念、准则、规范等特殊形式来区分善恶、应当和不应当,从而了解个人在性关系中对对方、家庭、社会应承担的义务,完成自己的性社会角色。

2.调节功能

性道德的调节功能是性道德具有通过善恶价值评价来指导和纠正人们的性意识、性行为、性活动以协调两性关系的能力。性道德的调节功能通过社会调节和自我调节两种方式得以实现。其中,社会调节主要是国家、集体、社会组织以一定社会或阶级所提倡的性道德原则规范为标准,通过大众传媒和职能部门对性关系性行为扬善抑恶的道德评价活动并形成一定的社会舆论而实现。自我调节是行为个体依照社会肯定的同时也是自己认可的性道德原则和规范为标准来评价自己的性意识、性行为,通过个体自己的良心发现和思想斗争克服自己的偏私邪念,端正规范自己的思想行为而实现。由于性道德发生在个人隐秘的私生活中,性道德的自我调节功能在个体性道德实践中显得更为突出。

3.教育功能

性道德的教育功能是指性道德能够通过宣传、灌输、评价、激励、示范、引导等方式造成社会舆论,形成社会风尚,树立典型榜样来激发人们的性道德情感,培养人们的性道德品质,实现对人们进行道德教化的目的。性道德的教育功能通过三种教育活动来实现,即性道德传授、性道德评价和性道德激励。

### 三、性道德的发生机制

整个人类伦理思想史表明,性道德从来不是"自然存在物",而是一种"人为的"和"为人的"存在。性道德的发生有其复杂的社会机制和个体机制。

#### (一)性道德发生的社会机制

人类性道德是在漫长的历史发展过程中,在人类的不断进化中,在物质资料生产和人口生产的长期实践中,在上层建筑诸因素的影响下发生和发展的。

1.劳动是性道德发生的社会历史前提

性道德是人类特有的一种道德意识和行为,而劳动则是使猿变成人的关键所在。劳动完成了动物的性向人类的性的进化。在人类性进化的过程中,第一个具有伟大意义的进步就是直立行走和手的解放。直立行走和手的解放使人的性交体位发生了变化,从而使人类的性行为方式脱离了动物界,产生了人类所特有的面对面的性行为方式。面对面的性行为方式促使人类的性刺激从动物的以嗅觉气味为主的方式转变为人类的以触觉和视觉为主的方式。这些性行为方式可以促进两性间的双向交流,有利于两性的共同体验,使性欲对象脱离"群"和"类"而产生具体化、对象化的人。

在人类性进化的过程中,第二个具有伟大意义的进步就是女性发情期的消失。这是因为原始人女性在长期的劳动和性进化过程中适应外部环境的生存能力越来越强,直到发情期消失,产生周期性的排卵和月经。这一进步使女性的性交行为摆脱了外部自然环境和条件的制约,使女性怀孕和生育机会大大增多,为人类的生存和繁衍提供了生理前提和基础;使人类有可能根据自己的情感和意愿、根据社会生产的需要调控自己的性行为,使人类的性意识和性行为具有了主体意识和某些禁忌,从而为性道德的发生奠定了基础。

总之,劳动创造了人类,促进了人的进化,成为人类性道德发生的首要社会历史前提,成为人类性道德发生的原初动力。

2. 物质资料的生产方式是性道德发生的社会物质基础

恩格斯指出："人们自觉不自觉地，归根到底总是从他们阶级地位所依据的实际关系中——从他们进行生产和交换的经济关系中获得他们的伦理观念。"这告诉我们，性道德作为社会意识的一种表现形式，是一定社会物质生产活动的产物，是由一定社会的经济关系所决定的。

原始社会的性道德是人类性道德的发端。原始社会人类刚刚从猿变为人，生产力水平极其低下，个人无法生存，人们只能集体劳动群居而生，便产生了以氏族整体利益为核心的原始社会的性道德。如原始人早期生产活动以采集和原始农业为主，而妇女则是采集业和原始农业的主要承担者，因此，尊重妇女便成为原始社会重要的性道德观念。随着私有制的产生，人类社会进入奴隶制和封建制社会。奴隶制和封建制经济关系维护奴隶主贵族和封建地主阶级以专制主义和家族本位为核心的家世利益，产生了以性禁锢、性愚昧、男尊女卑、歧视妇女、父母之命、媒妁之言为特征的性道德。资本主义经济关系的出现以及资产阶级思想文化的传播冲破了封建性道德对人性的禁锢，产生了以个性解放和享乐主义为特征的资产阶级性道德。公有制经济关系的产生带来了男女平等的社会变革，产生了以男女平等、爱情与义务统一为特征的社会主义性道德。

从人类性道德的发生、发展和演变的历史可以看出，物质资料生产方式、一定社会的经济关系是性道德发生的深刻物质根源，是性道德赖以存在的客观物质基础。

3. 社会意识形态也在影响和制约着性道德的发生

任何一个时代的性道德都不是孤立发生和发展的，都要受到当时社会的政治法律制度、宗教道德文化、思想价值观念乃至文学艺术思潮的影响，都要从两性关系的角度反映出当时社会意识形态的性质和特点。原始社会人们对自然的恐惧、对神灵的敬畏以及思维能力的低下，导致了性道德的蒙昧迷信和不开化。欧洲中世纪宗教神学世界观的统治带来了禁欲主义性道德的广为流传。中国封建性道德的愚昧、保守、落后以及对人性的禁锢，则是封建哲学思想以及专制主义政治法律统治的结果。资产阶级性道德产生于 14 世纪文艺复兴运动，反对宗教禁欲主义和专制主义，凸显了资产阶级性道德独立、民主、自由等特征；但随着拜金主义、个人主义、享乐主义等资产阶级社会意识和价值观的渗透，带来了资产阶级性道德的腐朽和堕落。在唯物史观的科学指导下，在以集体主义为原则的社会主义道德滋养下，社会主义性道德得以产生和发展。

总之，性道德的产生和发展必然要受到上层建筑诸因素的影响和制约。

(二)性道德发生的个体机制

马克思主义认为，道德不是外在于人、强加于人的东西；相反，道德是内在于人的，它是人们自我肯定、自我发展、自我实现的一种社会形式。外在的道德规范必须通过人们内在的道德意识而对人的行为起作用。因此，性道德的发生除了社会机制外，还有其独特的个体发生机制。

1. 内在的道德需要决定了性道德的必然发生

个体正是基于对社会承认与接纳的渴望和对偏离社会的焦虑与恐惧，而促使自己自觉、主动地选择与践行一定社会的道德要求，并形成相应的个体道德。当一个人的行为受社会主导价值控制时,只有符合社会规范和导向的性才能同时满足个人的生理和获得群体认同、他人尊重的心理需求,才能实现性的价值,给人带来真正的快乐和幸福。

**2. 性的生理存在是个体性道德发生的自然基础**

性道德作为人类对性意识、性行为进行调控的自觉意识,首先产生于对性欲本能的伦理判识中。这种伦理判识包含两方面道德内涵:一是性欲的正当合理性。正当健康的性欲及其满足不仅是人类自然延续的必然途径,而且是人格健全、身心健康的自然基础。二是性欲的自发冲动性。对性欲的生物本能必须从人化和理性的角度加以限定和改造,必须以特定的性道德观念抑制性欲的冲动性,约束性欲的盲目性,规范性欲的放纵性,改造性欲的野蛮性,使人类性本能脱离动物的性吸引、性诱惑,升华为属于人的性意识、性行为。

**3. 认知的发展是个体性道德发生的主观前提**

柯尔伯格认为儿童的道德成熟过程就是道德认知的发展过程。青少年随着性生理的成熟,对性知识渴求、性意识的萌动是性发育过程中普遍存在的正常性心理活动,能否正确看待和处理性的问题,直接影响青少年性道德的发生。如果青少年无法从正规的途径去获得科学的性知识,而是通过黄色刊物、色情网站等获得性知识,其结果就影响他们性心理的健康发展,甚至严重影响他们性道德的健康发生,使其误入歧途,走上邪路。我们必须采取科学、自然的方式对青少年进行性知识教育,并同时辅之以性道德规范教育,才能促使其性道德的健康发生。

**4. 环境教育是个体性道德发生的重要因素**

个体性道德的产生并不是自发产生的,而是后天环境影响和教育的产物。"近朱者赤,近墨者黑"这句话从一个侧面反映了生活环境对个体性道德的生成具有潜移默化的影响。个体性道德的发生主要受社会性道德环境、家庭性道德环境、同伴小群体性道德氛围的影响。社会性道德坏境是指整个社会的婚姻制度、性道德状况以及所形成的性道德舆论、氛围和价值导向。家庭是个体社会化第一个也是最重要的场所,家庭的道德规范、父母的道德言行是孩子接收到的第一个群体规范榜样,并在以后很长的时间里成为其道德规范的参照点。同伴小群体是指由于生理年龄、思想观念、志趣爱好、行为习惯、人生理想、生活态度等方面的一致或趋同,自然而然地形成的以居住地和职业行业为依托的非正式小团体。同伴小群体中的性道德舆论是一种强化和放大了的舆论,对其成员性道德的影响力和控制力常常超过家庭、学校和社会。

# 第二节　性道德发展的历史演变

性道德是一种社会意识,是人类社会生活的产物,它由一定社会经济关系所决定,并随着人类历史的发展而发展。人们对两性之间伦理道德关系的认识也有一个渐进的发展历程。不同历史阶段有不同性质和内容的性道德体系,形成了不同的性道德历史类型。迄今为止,人类社会先后出现了原始社会的性道德、奴隶社会的性道德、封建社会的性道德、资本主义社会的性道德和社会主义社会性道德五种历史类型。

### 一、原始社会的性道德

性道德产生于原始社会,当时的主要表现或者说社会干预的重要形式就是性禁忌。这种性道德的萌芽不是一开始就有的,而是经历了一个过渡时期。

在原始社会的早期,由于生产力水平的低下,人们只有聚集成群才能生存。人类曾有过一个漫长的群婚与杂交阶段,作为人类生物性本能的性行为是无拘无束的,没有任何禁忌和规范。性道德产生于对群婚制的限制,即性禁忌,包括血缘禁忌、月经禁忌、场景禁忌等方面。这是人类性道德发展中的巨大进步,它使性行为从无序状态发展到有所约束和控制,为以后性道德的形成奠定了基础。

### 二、奴隶社会的性道德

随着私有制的产生,男性在经济生活中占有越来越重要的地位,母权制逐渐转变为父权制,两性关系从对偶家庭转变为一夫一妻家庭。这是人类婚姻和性道德的伟大进步,它具有排群、排类、排他性,产生了"整个过去的世界所不知道的现代的个人性爱"。它使两性关系揖别了群婚制下的野蛮愚昧状态,进入了个体婚制下的文明发展阶段。但由于财富集中于男人手中,这时的一夫一妻制具有男尊女卑的特点。因此奴隶社会的性道德既是人类婚姻与性道德的伟大进步,同时也是女性受奴役、男性中心论性道德的发端。

### 三、封建社会的性道德

封建社会性道德总体上是一种禁欲主义的性道德,它宣扬性愚昧、性禁锢;维护家族利益和家长制度;歧视妇女,违反人性,给广大民众特别是妇女带来了精神压抑和痛苦,造成了社会生活的保守与窒息。因此,对于封建社会性道德中的糟粕内容,我们应该坚决批判与抛弃;但对于其中优秀的思想成果,如对婚姻和两性关系严肃慎重的态度、对美好爱情的追求,我们则该批判性继承。

### 四、资本主义社会的性道德

资本主义社会性道德的特点首先表现为反对宗教禁欲主义,肯定人类性欲的正当性,肯定性行为本身的价值,肯定性爱是一种高尚的情感。其次是提倡自由平等、人格独立的性道德,表现为对情感、个性的尊重和对两性平等的追求。最后是渗透着拜金主义、享乐主义的性道德。在人类性文明史上,相对于封建社会禁欲、灭欲的性道德而言,资本主义的性道德具有积极意义。但是它对性自由的过分渲染也导致了性的放纵、堕落。因此,新的社会主义性道德的产生成为性文明发展的必然。

### 五、社会主义社会的性道德

社会主义社会的性道德是人类性道德发展中高级阶段的崭新形态。它提倡男女平等的原则,强调爱情与义务相统一,规定了一夫一妻、婚姻自由等内容,为社会主义社会婚姻家庭的美满和谐以及性别人格的自由全面发展开辟了道路,提供了道德保障。这就从根本上改变了历史上形成的以男尊女卑、婚姻不自由、一夫多妻以及漠视妇女利益为特征的旧制度的经济基础,确立了以马克思主义为核心的社会主义思想文化和意识形态的主导地位,使社会主义精神文明建设得到了发展。

# 第三节　当代性道德核心价值观的科学内涵和原则

当代性道德核心价值观有其独特的科学内涵和原则。

## 一、当代性道德核心价值观的科学内涵

当前,我国性道德价值观呈多元化趋势,各种不同价值观及思潮相互对立,不利于人们正确性道德价值观的树立。我们必须要以马克思主义为指导,赋予社会主义核心性道德价值观新的时代内涵,使其承担起当今青少年性道德核心价值观的重任。其科学内涵具体包含六个方面,即肯定性欲望、重视性权利、尊重性自由、社会为核、责任为限、自由有度。

（一）肯定性欲望

尊重个体性需求是科学性道德核心价值观建构的逻辑起点。正如奥古斯特·倍倍尔在《妇女和社会主义》一书中谈道:"在人的所有自然需要中,继饮食需要之后,最强烈的就是性的需要了。延续种属的需要是生命意志的最高表现,这种需要深深地埋藏在每一个发育正常的人身上。到成年时,满足这种需要是保证人的身体和精神健康的重要条件。"

（二）重视性权利

重视性权利主要体现在两方面:第一,平等表达与实现自己的性权利。不管男女老少,有性欲望的表达都是正常与道德的。第二,尊重他人性意愿。"己所不欲,勿施于人",无论在何种状况下,性行为的发生和性关系的建立都只有在充分尊重对方的性权利、不降低彼此人格尊严、双方完全自愿的前提下才是正当的,简而言之就是要求我们必须做到"人格上平等,行为上自愿"。

（三）尊重性自由

尊重性自由包括尊重个体性选择和婚姻自主两个方面。首先是尊重个体在性别、种族、民族等方面差异的性选择,尊重个体性取向选择自由和追求性目的自由。第二,婚姻自主。性自由体现在婚姻上应尊重婚姻当事人的自主意愿,以感情为基础而选择结婚或以感情破裂为前提的离婚自由都应给予尊重。

（四）社会为核

人类的性是生理、心理、社会属性的统一,本质在于其社会属性。我们在尊重个人性需

求的同时不能脱离社会而谈性,要坚持性的三者统一,特别是以社会属性为其核心,充分考虑社会利益,在性活动的道德价值选择上不能伤害他人和社会的利益。人的性爱不是纯粹的生理本能,而是人化的自然,也就是社会化的性。我们要认识到性道德不是对我们自由的束缚,而是保证自由的真正实现,它对社会发展及个人幸福有着重大的意义。

（五）自由有度

马克思、恩格斯始终关注人的发展,把人的全面发展看作未来社会的最高价值,自由又是其核心价值追求。性的自由和解放是人的自由解放的重要组成部分。但青少年往往将性自由理解为不受任何控制的满足。其实,真正的性自由不是性放纵,不是为所欲为,而是在对人类性的理性认识基础上的自觉自主状态。这种自觉自主状态是指人类不断摆脱生物本能的限制,服从于一定社会规则而对自己的性欲望有着合理的控制。

（六）责任为限

责任是人类性活动中的天然道德准则,任何抛弃性责任的价值取向都无异于使人回归到动物野蛮状态,更可能使人类社会关系中最基本的男女关系遭到破坏,呈现无序化状态,影响社会的和谐稳定。性责任主要表现为承担对自己、对对方、对社会的道德责任。

## 二、性道德的基本原则

性道德有六大基本原则。

（一）禁忌原则

性禁忌是性道德的前提和基础,是人类社会中最早、最有生命力的性道德原则,是对性关系进行自我控制和自我约束的禁止性规定。

当代社会人们公认的禁忌原则主要包括禁止结婚性交的血亲关系和禁止结婚性交的疾病两个方面。为避免后代出现遗传学上的家庭和社会问题,当事人应自觉地不与有血亲关系者发生性行为。我国婚姻法规定禁止直系血亲和三代以内的旁系血亲结婚。有精神方面的疾病,如精神病、智力障碍等;或是身体方面的疾病,如遗传病、性病等的患者应自觉地避免与他人发生性行为。

性道德中的禁忌原则对人类自身的繁衍和发展具有十分重要的意义,因此大多都用法律的形式加以强制。法律和性道德的禁忌共同发挥着调节两性关系的作用。

（二）自愿原则

性道德要求性行为应建立在双方自愿的基础上,违背任何一方意愿发生的性行为都是不道德的。即便是在恋爱、婚姻关系中的双方,在性行为中如果违反了自愿原则,也是不道德的行为,甚至在法律上构成了强奸行为。

（三）无伤原则

无伤原则是指在两性关系中必须遵守尊重对方、爱护对方、不伤害对方的道德原则。广义的无伤原则是指在两性的日常生活和交往中,对对方的政治信仰、思想感情、人格尊严、工作学习、兴趣爱好、经济收支等各方面都要尊重和不伤害;狭义的无伤原则特指性生活中互相尊重和不伤害。这种无伤体现在两个方面:其一是对身体器官无伤害,即性交行为应给对方带来生理上的满足而不是对身体健康的伤害。凡违背本人意愿的强迫性、粗暴性、虐待性的性行为,或不顾对方身体健康状况、不适时宜、过度频繁的性行为,或本人患有传染病尤其是性病、艾滋病却隐瞒病情而发生的性行为,都会直接损害对方的身体健康,或造成对方性器官的损伤,都是不道德的。其二是对精神和心理无伤害,即性生活必须出于双方自愿,给双方带来精神、感情和心理上的愉悦,不能给对方带来伤害。强迫性、粗暴性、虐待性的性行为和以性交为侮辱、欺压、征服对方的手段,或以拒绝性交为报复、泄愤、惩罚的手段,都会给对方造成精神和心理上的伤害,都是不道德的。

（四）私密原则

私密原则是关于性道德关系私人性和隐私性准则,主要包括自由自主性、非公开性和自律性。两性关系的自由自主性是指人类两性的结合是仅仅和当事人有关的私事,他人和社会无权干涉和指责,男女均有选择配偶、结婚、离婚的自由性和自主性。两性关系的非公开性是指性爱是一对男女之间最亲密的肉体与精神的结合,是两个人互相给予、互相享受的特殊领域,只可两人共有,不能与他人分享,只能在两人独处的空间内进行,不能公开展示。对他人的性生活不应窥看,更不能拍照、录像加以传播(医学教学和科学研究除外)。两性关系的自律性是指两性关系虽然具有自由自主性,但并不是性本能驱使下的放纵,而应是在自尊、自重、自负责任等道德意识支配下对性本能的合理节制。在易被人发现的地方发生性行为,或者在公共场所表现性感极强的动作,都是不道德的。

（五）相爱原则

相爱原则是指只有具有爱情的性行为才符合性道德原则。人类区别于动物的性活动就在于人类具有超乎动物界的思想与情感。爱情是人类性行为的基础,在性活动中具有对特定的"某一个"异性的爱情是人类性道德的重要原则。单纯的"自愿"可能是没有爱情的自愿,如卖淫与嫖妓,双方均出于自愿,但这是不符合人类性道德原则的性行为;出于某种原因,如抵偿债务、报恩,或为了达到某种不正当的目的而发生的性行为也是在"自愿"基础上进行的,但也谈不上爱情,因而是不道德的。单纯的"无伤"尽管没有造成明显伤害,却由于缺乏爱情作为基础,只是一种低级的、冲动型的、类似动物的性行为而已。性爱并不单指性交,它以两性之间的相互倾慕、相互依恋为前提,是在性欲基础上产生的一种蕴含着真挚热烈的情感和精神的追求,它使得躯体感受与心理感觉、灵与肉达到有机的融合。为求单纯肉体上的发泄而性交很难说存在着什么性爱,更谈不上符合性道德的原则。

（六）合法原则

合法原则是指男女之间发生性行为必须建立在依法缔结的婚约基础上,把性关系限制在婚姻关系之内,即只有夫妻之间的自愿性交才是道德的。根据《婚姻法》的规定,履行结婚登记手续的才是合法婚姻。我国《婚姻法》规定实行一夫一妻制,而且要求夫妻间应当相互忠实,以约束"支配自己身体的权力"为义务去获得拥有对方身体的权利。如果男女两人未经合法登记结婚而发生婚前或婚外性关系,其行为不受法律保护,也会受到社会舆论和道德规范的谴责。

## 【健康·行】

表3.1　活动一

| 活动名称 | 性行为的抉择 |
|---|---|
| 活动目的 | 引导同学理性思考,做出符合自己意愿的选择 |
| 活动内容、步骤 | ①教师提问:大学生是否应该发生性行为? 然后根据座位将同学对分成左右两半(或根据学生自己的选择分成赞同和不赞同两个组)<br>②采取自由辩论的形式,请两个组分别说明应该或不应该的理由,并相互进行辩论<br>③教师引导总结:性行为的选择是每个人自己的选择,应该根据自身情况做出理性抉择。一般可以从发生的原因和结果两个角度进行思考 |

表3.2　活动二

| 活动名称 | 安全套的正确使用 |
|---|---|
| 活动目的 | 让同学能够正确使用安全套 |
| 活动内容、步骤 | 活动准备:安全套、马克笔或香蕉(以模拟男性生殖器)<br>活动步骤:<br>①主持人给每组发两个男性安全套和马克笔,让学员用模型轮流练习安全套使用方法<br>②各小组总结自己小组安全套的使用步骤和方法,并进行小组分享<br>③教师补充及小结:安全套是一种简易方便且高效的避孕工具,在正确使用的情况下能够预防多数性传播疾病。因此,无论哪种性别,能够掌握安全套的正确使用方法,无疑是为自己的健康增加了一道可靠的防线 |

表3.3　活动三

| 活动名称 | 野火游戏 |
|---|---|
| 活动目的 | 让参与者了解艾滋病的传播速度、传播途径等基本知识,感同身受地理解艾滋病病毒感染者的内心感受,增强对艾滋病病毒感染者的关爱,并积极投入艾滋病预防和关怀的工作 |
| 活动内容、步骤 | ①参与者围绕活动主持人站成一圈<br>②主持人从成员背后轻轻走过,并轻拍其中两人的肩,被拍者即"感染"了艾滋病病毒,但被感染者不能告诉其他人<br>③成员间相互走动并握手。感染者在与人握手时需要隐秘地轻扣对方的手心,以示一次高风险行为。被扣手心者在与其他人握手时也需要隐秘地轻扣对方手心,依此类推<br>④每个成员与两个不同的人握手后,退回原位<br>⑤主持人邀请被拍肩者和被扣手心者出列,分别分享感受 |

# 【健康·美文】

## 摸鱼儿·雁丘词

### 元好问

序:泰和五年乙丑岁,赴试并州,道逢捕雁者云:"今旦获一雁,杀之矣。其脱网者悲鸣不能去,竟自投于地而死。"予因买得之,葬之汾水之上,累石为识,号曰雁丘。时同行者多为赋诗,予亦有《雁丘词》。旧所作无宫商,今改定之。

问世间,情是何物,直教生死相许?天南地北双飞客,老翅几回寒暑。欢乐趣,别离苦,就中更有痴儿女。君应有语,渺万里层云,千山暮雪,只影向谁去?

横汾路,寂寞当年箫鼓,荒烟依旧平楚。招魂楚些何嗟及,山鬼暗啼风雨。天也妒,未信与,莺儿燕子俱黄土。千秋万古,为留待骚人,狂歌痛饮,来访雁丘处。

## 推荐书目

**1. 珍妮特·S.海德,约翰·D.德拉马特《人类的性存在》,上海社会科学院出版社**

推荐理由:本书是人类性行为研究方面的经典著作,从心理学、生物学及社会学等学科的交叉视角来审视人类的性存在,依据国际最前沿研究、整理各种理论方法,以引人入胜的笔触提供了日常生活所需的广泛的实用信息。

**2. 马晓年《性健康蓝皮书:我们的性,我们的"性"福》,重庆出版社**

推荐理由:该书集合了大陆及港台众多知名专家教授在性健康领域多年的重要研究成果、心得体会和收获,内容包括介绍性历史与性文化、性器官解剖及功能、性与生育、人类的性反应和性行为、性心理发展与性别角色、同性恋、恋爱与婚姻、性心理障碍、性功能障碍、性传播疾病、艾滋病、药物与性功能、家庭性教育、学校性教育、社会性教育、青少年的同伴教育、性伦理学、性的社会问题、性与法律、性审美、青少年常见的性问题咨询实录等。

# 【知识巩固】

## 测一测

1.性健康是指个体具有健康的_____、良好的_____及_____。

2._____是妊娠最早和最重要的症状。

3.爱情三角理论认为爱情由三个基本成分组成:_____、_____和_____。

4.判断正误:

①艾滋病感染者在潜伏期不具备传染性。　　　　　　　　　　　　(　　)

②性解放意味着可以随意发生性行为。　　　　　　　　　　　　　(　　)

③体外射精是经济简便且可靠的避孕方法。　　　　　　　　　　　(　　)

④紧急避孕药可以作为常规避孕方法。　　　　　　　　　　　　　(　　)

⑤艾滋病窗口期血液检测正常,检测不出艾滋病抗体,因此此时不具备传染性。(　　)

## 想一想

1. 性道德要遵守的基本原则有哪些？

2. 艾滋病的传播条件和途径有哪些？

3. 身为大学生，该如何处理好爱与性的关系？

第四篇

# 疾病防治

★本篇导航

通过对传染病、慢性非传染性疾病、抗生素、健康体检等基本知识的学习,使学生增强防病意识,掌握常见疾病的预防原则和常规措施,提高防控传染病和慢性非传染性疾病的能力。

★关键问题

常见的传染病及其预防。

抗生素的使用原则。

健康体检的项目及其指标正常范围。

### 学习目标

增强防病意识,掌握常见疾病的预防原则和常规预防措施,提高防控传染病和慢性非传染性疾病的能力。

### 学习重难点

①传染病(如流感、结核病、病毒性肝炎等)的预防。

②慢性非传染性疾病的预防原则和常规预防措施。

③抗生素的作用及正确使用。

④健康体检的项目选择及项目指标的正常范围。

### 主要内容

①常见传染病(如流感、结核病、病毒性肝炎等)的预防。

②慢性非传染性疾病(如高血压、糖尿病、肿瘤等)的基本知识、预防原则和常规预防措施。

③抗生素滥用对健康的危害,在医生指导下使用抗生素。

④定期进行健康体检的意义和项目选择;常用的健康指标、正常范围,正确选择必要、有效的保健与保险服务。

## 【健康·思】

### 我国古代的治未病理念

"上医治未病,中医治欲病,下医治已病",这是《黄帝内经》提出的中医治未病的基本理论和实践框架。

《素问·四气调神大论》中的表述是"是故圣人不治已病治未病,不治已乱治未乱"。

《素问·阴阳应象大论》中提出了治未病相应的养生保健基本原则,"圣人为无为之事,乐恬淡之能,从欲快志于虚无之守,故寿命无穷,与天地终……肝热病者,左颊先赤;心热病者,颜先赤;脾热病者,鼻先赤;肺热病者,右颊先赤;肾热病者,颐先赤;病虽未发,见赤色者刺之,名曰治未病"。

《难经》中说"见肝之病,则知肝当传之于脾,故先实其脾气,无令其受肝之邪,故曰治未病焉",未病早防为上策,已病早治为中策,以病为戒为下策。

[古今导读]

传统治未病理论起源于战国时期,其内涵包括"未病先防"和"既病防变"两个方面。未病先防是指在未患病之前采取方法避免疾病的发生,既病防变是指当机体出现疾病状态时,要及时治疗,避免疾病转变殃及其他组织。现代医学技术飞速发展的今天,从疾病防治和健康保健的角度,我们又如何理解"上医治未病,中医治欲病,下医治已病"的内涵?

【健康·知】

# 第一章　常见传染病及其预防

近年来,因为人口的增长、环境的恶化以及抗生素的滥用,破坏了微生物世界的平衡,出现了各种新发传染病暴发和老病"复燃"的情况。2003 年全国性流行的 SARS,2009 年世界范围内流行的甲型流感和 2019 年底爆发的新型冠状病毒都对社会造成了极大的影响。大学校园人群聚集,同学之间接触频繁,一旦出现传染病,极易引起暴发流行。而且,大学生是现代化建设的强大生力军,其健康素质直接影响着我国经济和社会的发展,也是接受和传播传染病防控知识的重要力量。因此,积极在大学生中开展传染病防控教育,对提高大学生防控传染性疾病的能力、改善和提高大学生健康素养水平具有重要意义。

**案例分析**

2020 年 4 月 30 日,有西南大学的学生反映,称返校生中出现了一例新冠肺炎感染病例。当日下午,西南大学党委宣传部宣传科的负责人表示相关情况属实,具体信息由重庆市北碚区疫情防控指挥部发布。同日,记者从重庆市北碚区卫健委应急值班室确认,经过核酸检测和专家会诊,西南大学的一名返校学生被诊断为新冠肺炎无症状感染者。值班室的工作人员介绍,该生籍贯为湖北省武汉市,乘坐西南大学武汉专列返校。目前同车、同行密切接触者已统一转运至北碚区集中隔离点进行医学观察。

学校是人群聚集的场所,复学以后要特别关注防范可能发生的输入疫情给学校带来的风险,学校做好疫情防控主要包括几个方面:一是要建立学校、卫生、教育和医疗机构、疾控机构,点对点、人对人的协作机制;二是落实防控措施的要求,强化学校环境卫生消毒,保障学生就餐食堂等各项防控措施落实到位;三是要加强健康监测,让师生养成良好的卫生习惯。

——摘自:新浪新闻,央视新闻.

# 第一节　传染病概述

传染病是由各种病原体引起的能在人与人、动物与动物或人与动物之间相互传播的一类疾病。病原体中大部分是微生物,小部分为寄生虫,寄生虫引起的又称寄生虫病。传染病之所以可怕就在于它的传播性,传染病的流行过程就是其在人群中发生、传播、终止的过程。传染病病原体在不断更换宿主,所以有人又把传染病的流行过程理解为"传染病病原体不断转移和更换宿主的过程"。这样,传染病就从一个人传播到另一个人,从一个地点传播到另一个地点,像幽灵一样四处游荡,损害人的健康和生命。目前全球死于传染病的人数占总死亡人数的30%左右,发展中国家比例更高。

## 一、传染病的流行过程

要实现传染病的流行过程,必须具备传染源、传播途径和易感人群这三个基本条件,其流行过程就是这三个环节相互作用、不断循环的过程。传染病在人群中的流行过程必须具备"三个环节两个因素"。两个因素包括自然环境因素和社会环境因素,它们很复杂且因病种不同而具体内容也不相同。现将传染病流行的三个基本环节简单介绍如下(见图4.1)。

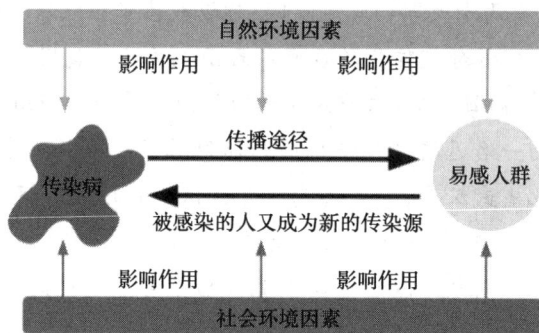

图4.1　传染病的传播途径

传染源是指体内带有病原体寄生繁殖,并能排出病原体的人或动物。传染源分为三类:传染病患者、病原体携带者和受病原体感染的动物。

传播途径是指病原体从传染源体内排出后,在外界环境中停留于接近宿主所经历的途径,也称传播方式。传播途径一般可分三类:水平传播(传染病在人群之间或个体之间以水平方式进行的传播)、垂直传播(病原体由患者母亲经卵或胎盘传给子代造成先天感染者)、"Z"形传播(水平与垂直传播两者交叉出现)。其中,水平传播可分为直接接触(如狂犬病、艾滋病等)传播和间接传播(通过水、飞沫、食物、节肢动物等)。

易感人群是指对某些传染病的免疫力低、容易被感染的人群。其中存在一个衡量人群中对某种传染病易感程度的概念叫人群易感性。它取决于人群中对传染病易感者个体占总人群的比例,是群体免疫力的另一个侧面。人群易感性高就意味着群体免疫力低。

## 二、传染病的控制

由于传染病传播必须具备三个条件，那么只要从这三个条件入手，切断或者控制住它们就能在一定程度上限制传染病的传播。人类在与传染病的斗争过程中总结了一套完善的控制传染病的经验，即通过"控制传染源、切断传播途径、保护易感人群"有效地控制传染病的肆虐。

### （一）控制传染源

发现传染病患者或疑似患者时，要及时向附近医院或卫生防疫部门报告。早发现、早报告、早隔离、早治疗，是控制和消除传染病的重要环节。

对病原体携带者要及时发现，妥善管理。对从事饮食、水源、服务及托幼等行业的人群，要依法定期体检，预防传播危险。

对受感染的动物，要采取措施进行控制。

为早期防控可能出现的传染源，要对密切接触者采取医学观察或留验等必要管理措施。

### （二）切断传播途径

在公共场所和家中注意保持空气流通，必要时进行空气消毒，天冷时注意防寒等，可以预防流行性感冒等呼吸道传染病；饭前便后洗手，注意饮食卫生，保护水源，除"四害"等，可以预防痢疾等消化道传染病；采用药物驱杀蚊虫，大力开展爱国卫生运动等，可以预防虫媒传播的传染病等。

### （三）保护易感人群

保护易感人群最有效的方法是接种疫苗。在某些传染病流行季节之前或流行时，可以对特定地区、特定人群进行预防接种。某些传染病有特效治疗药物，在疫情发生时可用于临时紧急预防服药。

虽然目前仍有不少传染病缺乏有效的预防疫苗和特效的治疗药物，但是随着科学技术的发展，人们在预防传染病方面也将会有更多、更有效的手段可供选择和使用。

# 第二节　常见传染病特点及其预防措施

我国法定传染病有 39 种，分为甲类、乙类和丙类。其中，鼠疫、霍乱属于甲类传染病；传染性非典型肺炎、艾滋病、病毒性肝炎等 26 种传染病属于乙类传染病；流行性感冒、流行性腮腺炎、手足口病等 11 种传染病属于丙类传染病。据统计，高校最常见的传染病有流行性感冒、肺结核、甲型病毒性肝炎和乙型病毒性肝炎。下面我们具体介绍这四种常见传染病的特点及其预防措施。

## 一、流行性感冒

流行性感冒(简称流感)是由流感病毒引起的急性呼吸道传染病,具有很强的传染性。

本病的传染源是流感患者、隐性感染者及病毒携带者。流行性感冒患者的口、鼻分泌物中均含有病毒,主要是咳嗽、打喷嚏、说话时随飞沫经空气传播,也可通过被病毒污染的物品间接传播。流行性感冒的特点是潜伏期短(多数 18～72 小时,有的甚至仅几小时),传播速度快,发病率高。主要症状有中高热(体温在 38 ℃以上,可达 39～40 ℃),同时还常伴有寒战、头痛、头晕、全身酸痛、极度乏力和食欲减退等症状。严重时可出现肺炎、呼吸困难、休克等多种并发症。人群对流感病毒普遍易感,尤其对年老体弱多病者、婴幼儿、孕妇以及肥胖者[体重指数(BMI)>30,BMI=体重(kg)/身高$^2$(m$^2$)]的威胁最大。

**预防措施:**

①接种流感疫苗是预防流感的主要措施,婴幼儿、老年人和体弱多病者每年应在流行性感冒高发期到来之前适时接种。

②流行性感冒流行期间,应尽量避免去人群密集的地方活动,出门戴口罩。

③要勤开窗户,多通风。

④注意洗手,避免用不洁手接触口、眼、鼻。

⑤不要共用餐具、毛巾、玩具等日常用品,以免接触传播;出现不适及时就医。

⑥在流感高发期,定期做消毒。含有效氯、醇类等的消毒剂(如 84 消毒液、酒精等)都可以轻松杀灭病毒。

⑦平时要合理膳食,多喝水,多吃蔬菜水果,加强锻炼,增强机体免疫能力;充足休息,保证睡眠,避免过度劳累,养成良好的卫生习惯。

---

**延伸阅读**

### 关于流感的辨别方法

与普通感冒相比,流感症状中比较显著的表现为中高热(体温在 38 ℃以上,可达 39～40 ℃)。因此对于成年人来说,如果一来就有发烧的话,多半是流感;如果只是流鼻涕、咳嗽,没发烧,那基本上就是普通感冒。

### 关于流感的传言

①"10 min 不喝水喉咙干燥,病毒就要入侵体内,要得流感。"

答:多喝水确实是好习惯,但是,哪怕你把整个太平洋都喝进肚子也没有办法预防流感。

②"多喝点板蓝根、抗病毒冲剂可以预防和治疗流感!"

答:这些东西对治疗和预防流感没有效果,大家死心吧!

目前对于流感,国际上公认和推荐的一种药物是奥司他韦,它通过把流感病毒黏在细胞表面来防止病毒进入细胞完成复制和释放,从而减少体内病毒的量,病毒量少了就会缩短病程和减少并发症。

③今年流感那么凶,他们说是流感病毒群变异升级了啊?

答:并没有,医生对大家的想象力还是佩服的!其实流感每年都有流行,并且历史上每隔几十年会有流感大流行,并不是今年就特别凶。

明确地告诉大家:目前中国疾病控制中心通过全国哨点医院流感病例的监测,并没有发现变异的流感病毒毒株。

④今年得过流感了,就不得再遭第二次了。

答:流感和麻疹不同,得过一次不会从此免疫。如果不小心,你可能11月份才得了次年1月份又会得一次。

——摘自:四川大学华西医院微信公众号,2018-01-15.

## 二、肺结核

肺结核是由结核杆菌引起的慢性呼吸道传染病。开放性(活动期)肺结核患者是结核的主要传染源,患者在咳嗽、打喷嚏、大声说话、吐痰时排出结核杆菌,易感人群经呼吸道吸入后感染。肺结核发病缓慢,发热是肺结核病变活动的标志之一,长期在午后或傍晚有低热,伴疲倦、乏力、盗汗、食欲匮乏、体重减轻,病情严重者可有胸痛、呼吸困难等。肺结核患者往往伴有咳嗽、咳痰,痰中可带血丝。人群对结核杆菌普遍易感。但结核病的感染率并不代表患病率,结核杆菌进入机体后是否发病,主要取决于结核杆菌的毒力、数量及宿主的抵抗力。这些因素还影响疾病的发展,人体抵抗力弱时结核病容易发展,反之即使感染后也不易发病或者发病较轻,容易痊愈。

**预防措施:**

①结核病重在预防。平时要加强锻炼,保证充足的营养,提高自身免疫力;注意开窗通风换气,湿式清扫,改掉随地吐痰的陋习。经常洗手,避免用不洁手接触口、鼻。戒烟,限酒,牛奶要严格管理,有良好的饮食习惯。

②新生儿和婴幼儿按国家规定接种卡介苗。结核菌素(PPD)试验阴性者要及时补种卡介苗。

③患者所用生活用品应经常消毒和清洗。国家对结核病实行免费治疗,发现不适应及时检查;新诊断为传染性肺结核患者的密切接触者应到医院进行相关检查,必要时进行药物预防。

## 三、甲型病毒性肝炎

甲型病毒性肝炎(简称甲肝)是甲型肝炎病毒(HAV)引起的急性传染病。传染源是患者和亚临床型感染者。急性甲型肝炎很少转为慢性,无合并症的甲型肝炎患者恢复快,病程一般在2~4周,大多在2~3个月内恢复。如原为慢性乙型肝炎,患甲型肝炎后会加重病情,可出现腹水和肝功能衰竭,病程延长。甲肝的传播途径:一是通过日常生活接触传播;二是通过被甲型肝炎病毒污染的水和食物传播,尤其是食用被甲肝病毒污染的贝类水生动物易造成暴发流行。甲肝是病原体经口进入人体的急性传染病,临床表现为典型的甲型肝炎,

· 163 ·

表现为突然发热、全身乏力、食欲缺乏、恶心、呕吐、肝区痛,尿色逐渐加深渐呈浓茶色。病程短则1~2周,长则持续数月,但呈自限性,无慢性化;同时感染或重叠感染其他嗜肝病毒时,病情可加重甚至可以发生重型肝炎,病死率高。人群对甲肝病毒普遍易感。成人多因早年隐性感染而获得免疫力,初接触的儿童易感性强。我国甲型肝炎以学龄前儿童发病率最高,青年次之,人在感染甲型肝炎后可获得巩固的免疫力。

**预防措施:**

①接种甲肝疫苗是预防甲型肝炎的主要措施,易感人群都应接种。

②注意个人卫生,饭前、便后要洗手,生吃瓜果要洗净。做好餐具消毒,做好食品、水生产的监督管理,防止病从口入。

### 四、乙型病毒性肝炎

乙型病毒性肝炎(简称乙肝)是由乙型肝炎病毒(HBV)通过母婴、血液和性接触传播引起的传染病。传染源为急性、慢性患者和携带乙肝病毒者。成人患乙型肝炎后大部分可以痊愈,只有10%左右转为慢性肝炎,病后可产生一定程度的免疫力。乙型肝炎的传播途径有母婴、血液和性接触传播,也可能经由注射、刺伤、外科器械等损伤性接触传播。临床表现为乏力、纳差、恶心、呕吐、厌油、腹泻、腹胀、肝区疼痛、肝脏肿大及肝功能异常等。25%左右的乙肝患者会发展为慢性活动性肝炎和肝硬化,少数人可能转化为肝癌。乙肝患病率、发病率及HBsAg携带率均以男性为多,抗HBs阴性率则以女性为高。总感染率无性别差异,传播途径中与传染源密切接触者容易感染。

**预防措施:**

①接种乙肝疫苗是预防乙型肝炎的主要措施,也是预防肝癌的主要措施。重点是学龄前儿童、青少年和传染源的密切接触者。其中,新生儿在出生后12小时内注射乙型肝炎免疫球蛋白(HBIG)和乙肝疫苗后,可接受HBsAg阳性母亲的哺乳。

②一般情况不要轻易接受输血,如确实需要应使用从正规血站提供的血液制品。不能共用注射器、穿耳针、牙刷等密切接触物品,以减少传播乙型肝炎的可能性。

③洁身自好,使用安全套,防止通过性接触传播乙型肝炎。

---

**延伸阅读**

### 乙型肝炎病毒的流行现状

乙型肝炎病毒(HBV)感染是一种严重危害人体健康的常见疾病,呈世界流行趋势,是一个全球关注的健康问题。据估算,全球目前有超过20亿人口受到过感染。其中,约3.6亿为慢性感染,并有因肝硬化和肝癌而发生严重疾病和死亡的危险。据估计,全球范围内肝硬化和肝癌每年导致500 000~700 000人死亡。

我国是乙肝病毒感染的高发区,患者中携带乙型肝炎病毒表面抗原(HbsAg)者约有1.1亿,占全世界慢性乙型肝炎病毒携带者的1/3,其中以河南、湖北、湖南、广东、广西最高,达12%以上。乙肝病毒感染与肝炎、肝硬化和肝癌的发生有密切关系。慢性乙肝给患者、家庭带来了巨大的精神压力,给国家带来了沉重的经济负担。我国每年因慢性乙肝直接经济损失约 9 000 亿人民币。

2014 年全国 1～29 岁人群乙型肝炎血清流行病学调查结果显示:1～4 岁、5～14 岁、15～29 岁人群 HBsAg 携带率分别为 0.32%、0.94%、4.38%。与以往相比,我国一般人群 HBsAg 携带率呈逐步下降趋势。

——摘自:《转基因表达乙型肝炎病毒抗原特异性细胞毒性 T 淋巴细胞受体的研究》.

# 第二章　慢性非传染性疾病及其防治

近年来,随着经济的高速发展和医疗科技水平的不断提高,疾病谱和医学模式也在发生着相应改变,多种危害人类健康的传染性疾病得到了有效控制,但慢性非传染性疾病却日益成了人类死亡的主要病因,严重威胁着公众的健康。有诸多研究表明,慢性非传染性疾病与个人的生活习惯密切相关。而良好的健康生活方式依赖于早年生活习惯的养成。大学阶段正是养成良好生活习惯的关键时期,因此,对大学生开展防治慢性非传染性疾病的健康教育,使同学们养成良好的生活习惯具有重要意义。

## 第一节　慢性非传染性疾病概述

慢性非传染性疾病(简称慢性病,NCD)是指长期的、不能自愈的、也几乎不能被治愈的疾病,主要指那些发病率、致残率、死亡率较高和医疗费用昂贵,并有明确预防措施的疾病。

从病因上看,慢性病是多种危险因素联合作用的结果。按照 Dever 分类法,危险因素分为个人行为因素、环境因素、人类生物学因素和卫生保健因素四大类。

当前,我们认识到慢性病的危险因素多因个人的生活方式和行为引起,这些因素是可以通过个人的努力而避免或减弱的。因此慢性病是可以预防和控制的,具体方法为:一是通过健康教育培养大家的健康意识和健康知识,使人们养成有益于健康的生活方式和行为,预防慢性病的发生;二是通过早期发现危险因素,在症状、体征出现前减弱或消除危险因素,控制慢性病的发生和发展。

### 一、慢性非传染性疾病流行现状和健康危害

(一)慢性病的流行现状

慢性病发病率和死亡率居高不下,比如心血管疾病已成为我国城市居民的第一死因,疾

病让人不堪重负;人口老龄化、改善的物质条件引起的不健康生活方式、环境污染问题等当前社会问题也使得危险因素不断上升。

(二)慢性病的健康危害

在全球范围内,每年因慢性病致死者高达3 600万,约占全球总死亡人口的63%。据统计,我国目前患有非传染性疾病人数超过2.2亿,占我国总人口数的14%~16%,其中心脑血管疾病、恶性肿瘤及营养代谢疾病这三类慢性疾病患者死亡率占我国患者人口死亡率的65%。

近年来,农村慢性病发病率呈明显上升趋势,疾病谱发生了重大变化,有些地区已接近城市。但无论农村还是城市,我国慢性病的危害都呈持续上升的趋势。

## 二、慢性非传染性疾病预防策略

疾病的自然史可粗略地分为发病初期、发病期和发病后期三个阶段。在疾病自然史的每个阶段都可以采取措施防止其发生或恶化,因而预防工作也可以根据疾病的自然史相应地分为三级:第一级预防为病因预防;第二级预防为"三早"预防,即早发现、早诊断、早治疗;第三级预防为对症治疗、防止伤残和加强康复工作。这种三级预防机制也同样适用于慢性病的预防工作。

第一级预防主要是针对致病因子(或危险因素)采取的措施,是预防疾病的发生和消灭疾病的根本措施,其中包括自我保健、健康教育、保护和改善环境。人们可以经常锻炼身体,提高免疫力;改变不良的生活方式和行为,如吸烟、酗酒、不合理的膳食、钠摄入过多、精神长期紧张焦虑、久坐等。

第二级预防又称"三早"预防,它是发病期所进行的防止或减缓疾病发展的主要措施。为保证其落实,可采用普查、筛检、定期健康检查、高危人群重点项目检查以及设立专科门诊等措施。

第三级预防主要为对症治疗,防止病情恶化,减少疾病的不良作用,防止复发转移,预防并发症和伤残。

# 第二节　常见慢性非传染性疾病及其预防措施

近年来,随着社会压力的增加,中青年患有慢性疾病的人群在逐渐增加,慢性疾病的发生呈年轻化发展,大学生中罹患慢性疾病的人数也日益增多。大学生中常见的慢性疾病为高血压、糖尿病、恶性肿瘤。下面我们具体介绍这三种慢性疾病的特点及其预防措施。

## 一、高血压

(一)什么是高血压

血压是血液在血管中流动时作用于血管壁的压力。心脏收缩后血液从心室流入动脉,动脉内血量增多而扩张,压力最高称收缩压,俗称高压。心脏舒张,射血阀门关闭,动脉血液不再增加,动脉回缩,血压下降至最低称舒张压,俗称低压。

高血压分为原发性高血压和继发性高血压。在未用降压药的情况下,三次非同日测得收缩压大于等于 140 mmHg 和(或)舒张压大于等于 90 mmHg,可诊断为高血压。原发性高血压指病因并不明确,以血压升高为主要临床表现,伴或不伴多种心血管危险因素的综合征,简称为高血压病。原发性高血压占所有高血压的95%。而我们生活中常指的"高血压"是继发性高血压,是由于某些确定的病因引起的血压升高,只约占所有高血压的5%。本书主要介绍原发性高血压。

高血压是一种遗传因素和环境因素相互作用所致的疾病。目前我国 18 岁以上的成年人高血压患病率已达到18.8%,意味着 5 个人中就有 1 个人患有高血压。而我国高血压的知晓率仅为30.2%,治疗率为24.7%,控制率只有6.1%。

### (二)高血压的危害

血压高并不可怕,但高血压引起的并发症才是最大的危险。大部分高血压患者是没有症状的,除了血压升高,大部分人可能觉得没有任何不适或只感觉有轻微头痛,让大家误认为没有关系。但它却在一点点地伤害人体全身的血管,比如心脏、脑、肾脏、眼部的血管,可能引起相应的并发症。

动脉像弹性橡皮管,随动脉内血液量多少而扩张和收缩。血管在长期高压的冲击下,就像老化的橡皮管,一旦压力过大就会破裂,沉积在血管上的血脂斑块一旦脱落,就随着血液流走堵塞在血管里。这些损害在患高血压之后几年即可悄悄发生,难以恢复。当血管损伤达到一定程度时,脑卒中、心肌梗死、心脏衰竭、肾脏损害、视力下降等即随之而来,常致人残疾甚至伤害生命。所以,早知晓、早干预、早控制是控制高血压病的关键。

### (三)怎样防、治高血压

高血压是一种遗传因素和环境因素相互作用所致的疾病。其中,不能改变的因素包括遗传、年龄等;可以改变的因素包括吃盐过多、肥胖、吸烟、酗酒、久坐等,而这些都可以通过自身克服从而使高血压病情得到改善。改变不良的生活方式,就可以降低高血压病的患病率,达到预防的目的。

具体方式如下:减少钠盐和油脂摄入,多食用富含钾盐食物和蔬菜水果;控制体重;戒烟;限制饮酒;增加体力活动,进行规律中等强度的有氧运动;减轻精神压力,保持心理平衡。在积极改善生活方式的同时,可以在平时注意监测血压,定期健康检查,做到早知晓、早干预、早控制。发现血压升高情况后,尽快就医检查,以确定是否开始药物治疗;确实需要药物治疗时,应选择合理的诊疗方案,长期规律地服药。

---

**延伸阅读**

**高血压的"科学食疗"**

根据科学数据,预防血压升高或者降低高血压的食谱是这样的:植物性食物为主,强调蔬菜、水果和低脂奶制品;食谱中的总脂肪、饱和脂肪以及胆固醇应较低。这样,蔬菜、水果、全谷、坚果、禽类、鱼类就是应该被鼓励的,而红肉(猪牛羊肉)、全脂奶制品、蛋黄、糖以及含糖饮料等,就应该是减少或者避免的。

有大量的数据表明,高盐会导致血压升高。对于普通人来说,推荐的食盐摄入量是每天不超过6 g,而对于高血压人群来说,最好是限制到4 g以下。应该注意的是,这些盐不仅仅是做菜时用的盐,还包括食物中本来的钠元素。比如酱油、味精、咸菜、腌肉等,其中已经含有比较多的钠,也是要记入总的盐摄入量的。

除此以外,生活方式的其他方面也会影响到血压的控制。比如说,虽然吸烟不直接升高血压,但是吸烟对血管的生理状况有相当大的影响,会导致心脏和血管疾病。饮酒,如果大量的话会导致血压升高,同时酒也含有高热量,不利于保持合理的体重。而体重与血压是正相关的——越胖的人,高血压的风险就越高。所以,对高血压人群的"合理食谱"来说,应该不喝酒——如果实在要喝,也尽量控制喝的量。

生活方式的改变可以作为预防或者"保守治疗"的一种尝试,但是它永远无法代替药物。实际上,药物也不是那么可怕。对于大多数合法生产的降压药而言,副作用都非常微弱甚至没有。只是我们需要什么样的药物,以及如何使用药物,需要医生的指导,并不是看看养生节目或者广告就能够给自己开处方的。

——摘自:科学松鼠网站.

## 二、糖尿病

### (一)什么是糖尿病

糖尿病是由多种病因引起的以慢性高血糖为主要标志的代谢紊乱综合征。由于胰岛素分泌不足或作用缺陷,引起机体碳水化合物、脂肪、蛋白质代谢异常,久病造成多系统损害,导致眼睛、肾脏、心脏、血管等器官慢性进行性功能损伤及衰竭,严重时可发生酮症酸中毒、高渗性昏迷等急性代谢紊乱。糖尿病的诊断标准见表4.1。

表4.1 糖尿病诊断标准

| 诊断标准 | 静脉血浆葡萄糖水平(mmol/L) |
|---|---|
| 糖尿病症状加随机血糖 | ≥11.1 |
| 空腹血糖 | ≥7.0 |
| 餐后2小时血糖 | ≥11.1 |

注:无糖尿病症状(如多饮、多食、多尿及不明原因的体重下降)者,需改天重复检查才能确诊;空腹状态是指至少8小时内没有进食。

我国目前采用世界卫生组织的糖尿病病因学分型,分为1型糖尿病、2型糖尿病、妊娠糖尿病和特殊类型糖尿病。一般认为95%的糖尿病为2型糖尿病。2型糖尿病又被称为非胰岛素依赖型糖尿病,通常发生在40岁以上的成年人中间,但目前呈现低龄化趋势。

2型糖尿病患者早期以胰岛素抵抗为主,胰腺 β 细胞能正常制造胰岛素,但发展至一定

程度后使胰腺 β 细胞受损,最终导致胰岛素分泌不足且伴有胰岛素抵抗。

(二)糖尿病的危害

1.慢性症状

患者会出现典型症状:"三多一少",即多食、多饮、多尿和体重下降。身体乏力,儿童可见生长发育受阻。

2.急性症状

患者可因着凉感冒、情绪激动、劳累、暴饮暴食等应激原因出现酮症酸中毒或非酮性高渗综合征,严重时可危及生命。

3.感染性并发症

糖尿病患者常发生化脓性感染、皮肤真菌感染,呼吸道感染、胃肠道感染、肺结核发生率较正常人高。

4.大血管病变

糖尿病患者易患动脉粥样硬化,引起冠心病、脑卒中、肾动脉硬化、肢体动脉硬化等。

5.微血管病变

微血管病变主要表现在视网膜、肾脏、神经和心肌组织,引起糖尿病肾病、糖尿病视网膜病、糖尿病心肌病等。

6.神经系统并发症

可累及神经系统的任何一部分,可出现神志改变、四肢感觉异常、排汗异常、腹泻、便秘等。

7.糖尿病足

轻者表现为足部畸形、皮肤干燥发凉;严重者可出现足部溃烂、坏疽。糖尿病足是截肢、致残的主要病因。

(三)怎样防治糖尿病

2 型糖尿病是由遗传因素和环境因素综合引起的疾病。环境因素包括老龄、不良生活方式、营养过剩、体力活动不足、子宫内环境以及应激、化学毒物等。

作为一级防治,应该改善或消除危险因素,如远离可能致病的化学毒物,改变不良的生活方式。需要做到以下几点:减重,尤其是"瘦肚子"极其关键;合理科学的饮食;适量的有氧运动;戒烟限酒;保持心理上的健康。另外,各种糖尿病的治疗均应强调早期治疗、长期治疗、综合治疗、治疗措施个体化的原则。通过健康教育提高健康常识,定期体检,学会病情监测,及早采取措施。当确诊病症后,需主动与医务人员配合,按医嘱用药,合理膳食和运动,及时复诊,定期复查。

## 三、恶性肿瘤

(一)什么是恶性肿瘤

恶性肿瘤就是俗称的"癌症",是百余种相关疾病的统称。人类机体正常细胞的分裂、生长、凋亡都是按照一套严格的程序有条不紊地执行的。某些情况下,有一个或者一批细胞失控了,不按程序自顾自地疯狂分裂、生长,而且凋亡减少,很短的时间内这些细胞的数量就会按几何级数迅猛增长,形成病灶,这就是"恶性肿瘤"。

(二)恶性肿瘤的危害

恶性肿瘤对机体的影响主要有三个方面:直接影响、异位内分泌综合征和副肿瘤综合征。①直接影响:恶性肿瘤迅速生长需要大量的营养,因此许多恶性肿瘤患者会出现不明原因的消瘦。晚期肿瘤会导致严重消瘦、免疫力低下。恶性肿瘤的生长会导致局部压迫、阻塞,破坏器官的结构和功能。由于恶性肿瘤生长迅速,供应肿瘤营养的血管未形成,因此肿瘤会出现坏死,引起人体出血、发热等症状。无限制生长的肿瘤不会待在原地,还会向远处转移。②异位内分泌综合征:有些肿瘤细胞能分泌激素或者类似激素的物质,造成机体内分泌紊乱。③副肿瘤综合征:有些肿瘤能产生特殊物质,导致机体内异常的免疫反应,发生一些特殊病变和临床表现,称为"副肿瘤综合征",目前的研究还不能完全揭示它的真相。

(三)怎样防治恶性肿瘤

国际抗癌联盟认为,1/3 的癌症是可以预防的,1/3 的癌症如能早期诊断是可以治愈的,1/3 的癌症可以减轻痛苦,延长生命。据此,提出了恶性肿瘤的三级预防概念:

一级预防是消除或减少可能致癌的因素,防止癌症的发生。约 80% 的癌症与环境和生活习惯有关,改善生活习惯(如戒烟),注意环境保护较为重要。近年来的免疫预防和化学预防均属于一级预防,如乙型肝炎疫苗的大规模接种,选择性环氧化酶 2(COX-2)抑制剂对结直肠腺瘤进行化学预防等。

二级预防是指癌症一旦发生,如何在早期阶段发现并予以及时治疗。对高发区和高危人群定期检查,一方面,从中发现癌前病变并及时治疗;另一方面,尽可能发现较早期的恶性肿瘤进行治疗,可获得较好的治疗效果。

三级预防是治疗后的康复,旨在提高生存质量,减轻痛苦,延长生命,包括各种姑息治疗和对症治疗。关于癌痛的治疗,世界卫生组织提出了三级止痛方案,基本原则为:由非吗啡类药物过渡到吗啡类药物;由小剂量开始,根据止痛效果逐步增加剂量;以口服为主,无效时直肠给药,最后注射给药;定期给药。

---

**延伸阅读**

### 自我检查

以下是肿瘤出现后身体发出的"危险信号":

①皮肤、乳腺、舌部或身体任何部位发现可以触及的、不消退的且有逐渐长大趋势的肿块。

②疣或痣发生明显变化,如突然长大、颜色加深,发生刺痒、疼痛等。

③持续性消化不良。

④吞咽不适,胸骨后食管内感觉有异常、微痛或哽咽。

⑤耳鸣、听力减退、鼻塞不通,流鼻血,有时头晕、头痛或颈部有肿块。

⑥月经期以外或围绝经期以后阴道流血。

⑦持续性干咳、痰中带血丝和声音嘶哑。

⑧大、小便习惯改变。

⑨久治不愈的伤口或溃疡。

⑩不明原因的消瘦。

——摘自:《慢性非传染性疾病的预防及自我管理》.

# 第三章 抗生素的基本知识

抗生素对大家来讲一点都不陌生,它是比较常用的消炎药物。但抗生素就是治疗细菌性疾病的特效药吗? 抗生素的作用是什么? 抗生素的发现发展经历了怎样的过程? 生活中我们应该怎样合理用药? 这些内容我们都将在本章节中详细介绍。

## 第一节 抗生素是什么

我们很难想象在没有抗生素的年代,常见的细菌性疾病(肺结核、脑膜炎等)就是足以致命的疾病。抗生素的出现让疾病得以治愈,并广泛应用于治疗各种非病毒性感染。抗生素的出现无疑让许多疾病得到治愈,但是随之而来的细菌变异、细菌的强抗菌性也让抗生素的发展遭遇新一轮的危机。

### 一、抗生素的定义

抗生素是生物在生命活动中产生的(或并用化学、生物或生物化学方法衍生的)在低微浓度下能选择性地抑制他种生物机能的化学物质。抗生素主要来源于土壤微生物,包括细菌、真菌、放线菌等,种类多、数量大。现临床常用的抗生素有转基因工程菌培养液中的提取物及用化学方法合成或半合成的化合物。

### 二、抗生素的作用

抗生素除了在医疗领域发挥重要作用,还在农业、畜牧业等其他领域贡献突出。抗生素可以用于植物保护,防止作物病虫害;可用作植物生长激素,以促进或抑制作物生长;可用作饲料添加剂,刺激禽畜生长;还可用作食品防腐剂,用于各种食物的保存。本节主要针对抗生素在生物医疗领域中的作用进行详述。

（一）抑制细菌性感染

抗生素具有广泛的杀菌性，可抑制细菌细胞壁的合成或者干扰其蛋白质的合成，以此达到杀灭细菌或抑制细菌生长的目的，主要可用于治疗细菌感染性疾病。事实上，抗生素不仅能杀灭细菌，而且对霉菌、支原体、衣原体等其他微生物也具有良好的抑制和杀灭作用，可用于治疗肺炎、败血症、肠道真菌感染等，它们对我们生活中常见的各类病症，如咽炎、扁桃体炎、肺炎等都具有疗效。但抗生素一般对病毒引起的疾病是无效的。

（二）预防疾病

除杀菌作用外，某些抗生素还具有预防疾病的功能。如对大面积烧伤病人适当使用青霉素可以防止败血症的发生，患有先天性心脏病的病人在拔牙、扁桃体摘除手术之前酌情使用抗生素可以预防细菌性心内膜炎的发生。有些抗生素具有调节人体生理功能的作用，例如 HMG-CoA 还原酶抑制剂可以有效降低心血管病人的血脂。

（三）抗生素的副作用

1. 耐药性

即便抗生素可以有效抑制细菌性感染，但目前感染性疾病发病率、死亡率依旧很高，这是为什么呢？这就不得不提及细菌的"耐药性"。初期细菌性疾病处于一种低级抗药状态，在使用抗生素过程中，根据进化论"适者生存"原则，细菌会发生突变形成一种抵御抗生素的机制，最终幸存下来并繁殖，导致此种抗生素失效，患者不得不加大抗生素剂量或寻求新的抗生素来抑制细菌感染，这就形成了恶性循环。

一代耐药菌的产生只需 2 年时间，而开发一种新的抗生素大约需要 10 年，抗生素的研制速度已经远远跟不上耐药菌的繁殖速度。抗生素耐药性问题如果持续发酵，许多常见的感染会变得难以治愈。有科学家预测，到 2050 年，抗生素对治疗感染失效会导致全球卫生医疗费用增加 3 000 亿至 1 万亿美元。

2. 过敏反应

在使用抗生素之前必须进行过敏检测，否则会引起过敏反应。最可怕的过敏反应就是出现休克。过敏性休克呈闪电式发生，多数发生在 5 min 以内，个别发生于疗程中，以青霉素过敏者居多。有的患者在使用抗生素后会发现血细胞减少，出现溶血性贫血；抗生素过敏可引起皮疹，如荨麻疹、红斑、斑丘疹等，多发于用药后 7 ~ 10 天，持续 5 ~ 10 天，发现后应立即停药。抗生素过敏还会引发血清病、药物热，患者在使用抗生素后会出现关节疼痛、水肿等现象，或者肠胃黏膜出现溃疡、局部坏死等。总之，人的体质差异很大，各种药物合用会极大增加过敏风险，所以在使用抗生素之前必须谨慎。

3. 二重感染

在抗生素使用过程中可能出现新的感染，叫二重感染或菌群交替症。二重感染多发生在广泛应用抗生素后。长期使用抗生素可致耐药菌大量繁殖造成菌群间比例失调，出现新的感染，继而发生其他临床病症。婴幼儿、年老体弱者及原发病严重的病人最易诱发二重感染。

# 第二节 抗生素的发现史

抗生素的发现是人类长期与疾病抗争的结果,人类与自然界中生物相互作用,与微生物的拮抗等研究促进了抗生素的发展。在我国,相传2 500年前的《本草拾遗》中记载,祖先们曾利用豆腐上的霉菌治疗疮疖;但抗生素的真正发现可追溯至公元前1550年的古埃及。抗生素的发现史可分为探索阶段、发现阶段、淘菌阶段、黄金阶段四个阶段。

(一)探索阶段

公元前1550年,古埃及有医生用猪油调蜂蜜来敷贴,然后用麻布包扎因外伤感染而发炎红肿的病灶。但当时并不知道这么做的医学意义在于抑菌。1867年,英格兰外科医生李斯特首创石炭酸(化学名为"苯酚")消毒法,使手术后感染的死亡率由60%下降到了15%。

(二)发现阶段

1877年,巴斯德(Pasteur)和朱伯特(Joubert)首先认识到微生物产品有可能成为治疗药物,他们发表了实验观察报告,即普通的微生物能抑制尿中炭疽杆菌的生长。

1922年,微生物学家弗莱明(Fleming)从人体鼻腔分泌物中观察到一种酶,即"溶菌酶",具有抵抗微生物的能力。1928年,弗莱明又发现一种抗生现象,那就是青霉素的抗菌作用,次年发表了题为《论青霉菌培养物的抗菌作用》的论文,这一年被视为"抗生素元年"。

(三)淘菌阶段

此后十余年,抗生素的研究呈井喷式发展:1936年,磺胺的临床应用开创了现代抗微生物化疗的新纪元;1944年,新泽西大学分离出第二种抗生素——链霉素,有效治愈了另一种传染病——结核;1948年,出现了最早的广谱抗生素——四环素,在当时看来,它能够在还未确诊病症的情况下有效地使用;1956年,万古霉素被发明了,其被称为抗生素的最后武器。

(四)黄金阶段

20世纪50年代至70年代,是抗生素开发的黄金时期,新上市的抗生素逐年增多。1971年至1975年达到顶峰,5年间共有52种新抗生素问世。

但是从20世纪80年代开始,抗生素的发展放缓,新上市的抗生素逐年递减。1996年至2000年的5年中,只开发出了6种新抗生素;1992年,喹诺酮类药物中一个变体因为造成肝肾功能紊乱被美国取缔。

(五)现阶段

现阶段正在继续寻找新抗生素,以及研究新技术对抗抗生素的耐药性,甚至产生"是否继续使用抗生素"的争论。

# 第三节　生活中使用抗生素的原则

正确合理使用抗生素可以减少抗生素引发的副反应,提高抗生素的医疗效果,防治不良反应。生活中使用抗生素必须遵从医嘱,并注意三点:

①明诊断。使用抗生素之前必须明确诊断,确定是否为细菌感染,且不能随意购买抗生素。

②早治疗。争取在疾病早期就合理用药,治疗过程中不要主动要求医生开具抗生素处方,要遵从医嘱。

③净根除。不要任意服用家中存放了一定时间的抗生素,必须遵从医嘱按时按量使用,以维持药物在体内有足够的浓度和时间,以防残余细菌作怪而使病情反弹。

---

**延伸阅读**

### 雾霾导致人体耐药?

国际期刊《微生物》发表瑞典哥德堡大学抗生素耐药性研究中心主任拉森团队的最新研究报告指出,北京空气中的微生物群落含有的已知抗生素耐药性基因种类在被研究城市中最多,平均有64.4种。令人震惊的是,在北京的空气中发现了碳青霉烯类抗生素的耐药性基因。

针对这一研究,近日网上流传消息称,这意味着人类对付细菌感染性疾病的防线失守。真是这样吗? 科技日报记者采访了多位专家,认为这是一种误读。

**三条件都成立,吸入细菌才可能生病**

"这份报告提到的北京雾霾样本中的抗生素耐药基因不能说明任何问题,人们没有必要对此有任何恐慌。"拉森教授反复强调,北京雾霾样本中检测出的抗生素耐药基因是使细菌对抗生素产生耐药性的基因,只会存在于细菌上面,并不会使人类对抗生素产生耐药性。只有全部满足三个条件时,含有这种基因的细菌才会令人担忧:一是证明这种细菌属于可以引发疾病的细菌;二是这种细菌在空气中具有活性;三是空气中存在极大数量的此种细菌。

北大基础医学院免疫系教授王月丹表示,论文中所说抗生素耐药性基因指的应该是带有耐药基因的细菌,而不只是带有耐药基因的质粒。如果只是基因的质粒,那么就不存在危险,因为它不是生物体,不会传播,也不会导致疾病。"我们机体对抗细菌,主要还是依靠自身的免疫系统,而不是抗生素。细菌可以耐药,但不能耐受免疫系统。"王月丹解释说,细菌进入人体后,会先"找房子"企图居住下来,但如果免疫系统在工作,这些细菌就待不住,要么被人体排泄出去,要么被其他菌群消灭,成不了"气候"。拉森也说,现在人们没有必要对提到的北京雾霾样本中的耐药基因有任何恐慌,目前的研究只表明北京雾霾的空气里存在抗药基因,并不表明携带这些抗药基因的细菌同时能够致病。

**抗生素的滥用助长了耐药菌的蔓延**

"我觉得公众对这个事儿,没有必要恐慌。"王月丹认为。"因为细菌在空气中无处不在,耐药细菌也可以像其他细菌一样在空气中生存,甚至播散,这再正常不过的了"。

"地球是一体的,没有世外桃源。"清华大学生命科学院副研究员付彦对王月丹的说法表示认同,耐药菌的存在是普遍现象,只不过受人口密度不同、流动性大小等因素影响,不同地区在数量种类上有些差异。

因此,王月丹强调,耐药菌只是对抗生素产生耐药性,不会对人体免疫力产生破坏。

但付彦表示,耐药菌是很久以来一直存在的问题,和抗生素滥用有密切关联。为了防止抗生素滥用,卫生部门将抗生素列为处方药。"即使这样,也不能完全杜绝抗生素的滥用。"

——摘自:李颖、喻京英,《健康关注:雾霾能否导致人体耐药》,人民网.

# 第四章　健康体检

健康是我们最珍贵的财富,是我们学习、生活、工作的基本保障。随着生活水平的提高、生活方式的变化、医学科技的发展,有的疾病的发病率和死亡率在降低。但此消彼长,有的疾病发生了"变异",或因环境、生活方式的改变出现了不少新的疾病。因此,我们为了健康应不断努力。世界卫生组织对个体健康状态进行了分级:

①躯体健康:无饥寒、无病弱,能够精力充沛地劳动,满足基本卫生条件。

②身心健康:包括满足基本的经济要求,日常生活自由。

③主动健康:包括能够主动追求健康的生活方式,调节心理状态,适应社会和工作的压力,过着能为社会作贡献的生活方式。

## 第一节　健康体检概述

健康体检是主动健康的基础,是一个"知己知彼"的过程。通过健康体检可以及时发现我们身体存在的问题,对某些疾病的预防、及时治疗都有重要意义。

### 一、健康体检的意义

健康体检是指通过医学手段和方法对受检者进行身体检查,了解受检者的健康状况、早期发现疾病线索和健康隐患。实际上,当我们已经明显感觉身体不适或某个部位出现异常(如疼痛、疲乏等)时,说明我们的身体多个组织器官已经发生不同程度的损害,已经患了疾病。所以,定期体检,及早发现,可以对抗和抵制该部位异常活动,避免出现症状时的痛苦。

因此,健康体检具有重要意义:

①清楚了解身体状况,预防疾病。健康体检是对个人身体进行全面检查的过程,如果身体出现难以感知的异常时,可以及时防治或者治疗。

②建立个人健康档案。留存个人的健康体检材料,建立个人健康档案,可以纵向了解自己身体健康变化情况,对某些慢性疾病有一定预测性。

③避免疾病恶化。有数据显示,许多没有临床表现的疾病(例如高血压、胆囊病变、糖尿病等),甚至某些恶性肿瘤在发现之前患者也无明显异常的感知。这些没有明显临床特征的疾病可以在健康体检中被发现,从而得到及时的诊治,避免病情恶化、失去治疗时机等。

④提醒改善生活方式。健康体检可以提醒我们如何健康地生活,许多指标的异常、疾病的发生都与不健康的生活方式息息相关。许多检测指标的异常或者疾病初期都是可以通过非药物治疗改善的,合理改变饮食结构、保证睡眠时间、合理运动、保持稳定良好的情绪等都可以对身体各组织进行调节,从而恢复健康。

## 二、健康体检注意事项

### (一)健康体检前的准备

健康体检前,为了如期完成体检并避免影响体检结果的准确性,体检者需要作好以下准备:

①日常生活习惯。体检前几天,在睡眠、情绪、运动、饮食等方面避免剧烈变化,如睡眠不足、过度疲劳等会引起免疫力下降。特别是体检前一天,饮食一定要清淡、易消化,切忌油腻,否则会影响体检结果。

②停药和空腹。一般体检都会要求空腹,做完抽血、B超、胃镜等检查之后才能吃早餐。体检前也应该停止服食药品、保健品,但是不要随意停食慢性疾病治疗药物,如高血压患者停药可能引发血压骤升,非常危险。如果服用了需要长期服食的药物,应当向医生说明情况。

③抽血时间。一般体检的最佳抽血时间是早晨7:30—8:30,最迟9:30以前,否则体内内分泌激素会影响血糖值。

④特殊检查准备。特殊检查会有特殊的要求,例如盆腔脏器的超声检查需要充盈膀胱;胃镜检查需要肝功能和肝炎病毒化检结果,并至少禁食6~8小时;视力检查前应该提前取下眼镜,让眼睛充分休息。

⑤体检前的晚上,应该沐浴更衣、按时就寝、保证睡眠。体检当天穿宽松舒适的衣物和鞋子,女士不宜穿带有钢圈的内衣、紧身衣裤等,不宜化浓妆戴首饰。

### (二)健康体检资料的保存与阅读

健康体检一般只会上交体检结果总表,各类化验报告单是自行保存的。拿到各项体检结果,我们可以从体检报告小结入手,先仔细阅读体检小结,再看各种化验单。第一,各项目的参考值是依据大数据对大量正常人的统计得来的,并非绝对的,所以一般有一个范围。第二,各项指标并不对应某种疾病,必须对所有的结果进行综合分析并根据体检者的实际情况才能排除、怀疑某种疾病的可能性。第三,医院的设备、试剂、检测方法等差异可能导致检查结果存在一定差异,但一般不会太大。

如果体检结果异常,可以根据需要遵照医生建议进行相关复查;有可能出现假阳性,因为任何东西都会有误差,不可能百分之百准确。但如果是真的异常,进一步详细检查后也可以为医生诊断提供更准确的依据。所以一旦结果异常,复查还是很有必要的。

还需要注意的是,体检反映的是当前阶段的身体健康情况,有些指标本身就处于动态水平,并不能直接依据体检结果进行诊断,必须结合其他辅助指标或者进一步检查才能进行诊断。

---

**延伸阅读**

### 健康体检小贴士

**健康体检机构的选择**

体检是到校医院、校外医院还是专业体检中心进行呢? 一般情况下,大学生入学体检和毕业体检都在学校医院统一进行,但是平时不是所有学校的医院都能体检。校外医院和专业体检中心检查项目都大同小异,但前提是必须具备专业的资质。考虑到医疗保险和安全性,一般选择可靠的大医院进行体检,这样化验结果和 B 超的准确性更有保障,但是大医院花费时间长、程序烦琐。专业体检中心更具服务性,节省时间,但是花费可能更高。

**多久体检一次最佳**

人的健康情况是不断变化的,一次健康体检只能反映身体近期的状况,也不能明显感觉不舒服的时候才去体检。那健康体检的最佳频率是多久呢? 一般从青年开始就需要养成体检的好习惯,30 岁以前最好 2~3 年体检一次,30~50 岁最好每年一次,50 岁以后最好每年体检两次。定期体检可以发现身体隐藏的疾病诱因,并及时调整生活方式或者接受治疗,起到预防疾病的作用。

——摘自:《不同年龄段,体检各不同》新华网,2019-11-13.

---

# 第二节 常见病症及其治疗

发热、头痛、咳嗽、腹痛等都是常见的临床症状,引起的原因多种多样。针对不同的病症可以采取不同的治疗手段。

## 一、头痛、发热

头痛、发热都是临床常见症状。发热是人体受到细菌、病毒感染后的一种自我保护反应;头痛多是功能性的,不一定是器质性疾病的早期症状。头痛、发热的原因比较复杂,可能是急性发热性疾病伴随头痛,也可能是偏头痛、三叉神经痛等。

一般情况下,出现头痛、发热症状可以先测量体温。目前最常使用的体温测量方法是:取出体温计,待水银恢复常温刻度后夹于腋窝,5 min 后读取数值,正常范围为 36.1 ~ 37 ℃。发热程度的高低(口腔温度),可以区分为:低热 37 ~ 37.8 ℃;中热 37.9 ~ 38.8 ℃;高热 38.9 ~ 39.8 ℃;超高热 39.9 ℃以上。头痛、发热最常见的为感冒(病毒性发热),建议到医院就诊。在未明确诊断的情况下,可以先采用物理降温治疗。当体温超过 39 ℃时,可以大量饮水,帮助体温下降,并立即就医。

## 二、咳嗽

咳嗽是呼吸系统异常的常见症状,当呼吸道黏膜受到刺激时,就会反射性引起咳嗽。感冒、咽喉炎等呼吸道感染、过敏会引起咳嗽;肺结核患者会咳嗽;支气管有异物也会引发咳嗽帮助排出异物。

一般由感冒或上呼吸道感染引起的咳嗽可以选择呼吸专科或者普通内科进行诊治;如果咳嗽严重,甚至出现咳血,或者有结核病家族史或接触史,疑似肺结核患者,最好到专科医院就诊。

## 三、腹痛

常见的腹痛包括腹部胀痛、绞痛、钻痛等,根据急缓程度可以分为急性腹痛和慢性腹痛。腹痛原因众多,急性腹痛常见的原因有:①女性经期痛;②腹腔器官急性炎症,如急性肠胃炎、胰腺炎、胆囊炎等;③空腔脏器阻塞、扩张,如肠梗阻、结石等。慢性腹痛的常见原因有:①慢性炎症,如慢性胆囊炎、慢性胰腺炎等;②胃、十二指肠溃疡;③中毒或代谢障碍,如尿毒症。

女性经期腹胀、坠痛,平时应注意加强锻炼,增强体质。经期腹痛时可卧床休息,热敷腹部。未婚痛经者,待年长后特别是婚后生育过后,部分可缓解。如右上腹和右下腹发生急性或弥散性腹痛,可以考虑急性腹膜炎,要去普通外科就诊;如中上腹、左上腹、左下腹发生急性腹痛,并伴随呕吐、腹泻,可考虑去消化科就诊。

---

**延伸阅读**

### 女孩不得不说之"痛"

几乎每位女性都有自己缓解痛经的经验。有人需要卧床休息,有人热敷小肚子,有人一到特殊的日子就开始喝红糖水,还有比较严重的需要在经期前吃医生开的止痛片。这些方法的效果究竟如何呢?下面逐一来看:

1. 热敷

热敷(39 ~ 40 ℃)下腹部有助于缓解子宫的痉挛,效果堪比止痛片。在一项随机试验中,研究者将 81 名女性分为 4 组,接受的治疗分别是:①热敷+安慰剂;②热敷+布洛芬片(一种止痛片）；③无热敷+布洛芬片；④无热敷+安慰剂。结果表明，单用热敷与单吃布洛芬片的缓解疼痛效果相当，并且和无热敷+安慰剂组相比，疼痛有着非常显著的缓解。而热敷+布洛芬片并不比单用布洛芬片效果好，但却可以推迟疼痛的到来。

受以上结果的鼓舞，这些研究者又做了另一个多点试验，这次的人数扩大到334人，随机接受热敷或对乙酰氨基酚（另一种止痛片）的治疗，发现热敷的效果优于对乙酰氨基酚。而且更重要的是，尽管看上去会很笨重，热敷却完全不会有吃药带来的副作用。

2. 非甾体类的止痛片

如果不能或不想吃避孕药，那么止痛片也是个不错的选择。非甾体类的止痛片（如阿司匹林、布洛芬、扑热息痛等）能够抑制前列腺素的合成，从而达到治疗痛经的效果。至于这些药怎么吃、吃多少，还需要针对具体情况咨询妇产科医生。

3. 其他：红糖水能否缓解痛经

一些女性习惯在经期煮生姜红糖水喝，这种民间的方法流传已久，甚至在各大超市都能看到卖生姜红糖冲剂的。但是这种方法的理论依据和疗效如何？遗憾的是，对于这种民间方法，没有人做过试验研究。尽管有些试验认为中药材在治疗痛经方面似乎比其他方法更有前景，但是受现有的试验方法和试验质量的限制，目前并没有肯定的结论。如果红糖水能够缓解痛经，我们现在还不能分辨是其中某种特殊成分的作用还是安慰剂的效果。所以现今只能这样解释：或许是因为喝热水的效果，喝热水止痛的道理则同上述的热敷类似。

最后，如果尝试过热敷和药物都不能缓解的话，一定要去看妇产科大夫啦，查查是不是"有名的寂寞"——某些疾病引起的继发痛经在作祟。

——摘自：《月经之痛》，科学松鼠会，2012-3-11.

### 四、腹泻、便秘

腹泻和便秘都是消化系统疾病的常见症状。腹泻是指排便次数明显增多，并且粪便稀薄、含水量大，伴有不消化物甚至脓血。便秘是指排便次数明显减少，几天一次并且便质干硬，伴有排便困难感。如果因为胃受凉腹泻可以自行服用止泻药，但如果是由食物中毒、肠道感染甚至更严重的疾病引起的，就必须去医院做进一步检查并就医。便秘可分为急性和慢性两种，最常见的是日常饮食习惯不好，通过食用纤维素丰富的食物并加强锻炼可以缓解；如果因为内分泌异常、结肠、直肠器质性病变引发，则需到消化科或专科医院就诊。如出现黑便、便血，出血量在 60 mL 以上，需要立刻前往医院，可能是消化道出血或者结肠炎。

### 五、鼻出血

鼻出血多为单侧、间歇性，出血量可能是鼻涕中带血丝，也可能是大量出血。日常鼻出血多由外伤引起，如碰撞、挖鼻等损伤了鼻腔内动脉；如果出血量过大，持续时间长则必须要到医院就医。因为这可能是某些疾病引起的鼻出血，如鼻腔炎症、肿瘤、血小板减少等，需要视具体情况分析。

外伤引起的鼻出血可以进行自我急救:鼻出血时不要仰卧,将流入口中的血液尽量吐出,防止血液误吸入呼吸道,引起窒息;切忌用纸卷、棉花乱塞;最好的办法是压迫止血。鼻出血压迫止血法:用手指捏住鼻翼向中隔处挤压,鼻部敷以冷水浸透的毛巾,一般压迫 5～10 min,出血即可止住。如仍出血不止者,需及时送医院。

# 第三节　健康体检项目

根据体检目的不同,例如普通健康体检、招工体检、出国体检等,体检涉及的项目也有所不同。根据体检的手段和材料不同,健康体检项目可以分为常规项目检查和实验室项目检查。

## 一、完整填写体检表

体检表依据详细程度不同,一般有三类:①简单的体检表,即只有姓名、性别、年龄、联系方式等。②详细的体检表,除了个人基本信息外还需要填写生活自理能力、婚姻状况、家族史、既往病史、饮食习惯、饮酒史、吸烟史、运动方式、睡眠等。③入学、入职体检表,由指定的招收单位发放。填写家族史是为了了解有无遗传性疾病,或者在疾病诊断中排除遗传性因素。详细填写既往病史可以帮助医生更准确地诊断疾病,增加必要的体检项目并调整用药。总之,填写好体检表有助于医生有针对性地选择体检项目、判断体检结果。

## 二、常规检查项目

(一)一般检查项目

1. 身高、体重

一般人都知道体检时会测量身高、体重,但对于为什么测量却不太了解。医生可以通过患者的身高、体重了解其身体基本情况,即正常、肥胖还是营养不足,从而为进一步诊断是否由消耗性疾病导致营养不良提供依据。测量身高、体重时需要脱去鞋子,挺胸抬头。

2. 眼科检查

眼科检查主要包括视力和辨色。视力主要反映眼底黄斑区的视功能,远视力检测距离视力表 5 m,左右眼分别检查,注意遮盖眼时不要压迫眼球。远视力大于 1.0 代表正常。近视力检查距离为 30 cm,视力 0.8 为正常。

辨色检查是测验人在光线充足情况下是否能辨别红、橙、黄、绿、青、蓝、紫等色彩,通常采用标准色觉检查图谱进行检查。如果对某种颜色识别能力低,对数字、图形认识困难则是色弱;如果完全不能识别某种颜色则为色盲:不能识别红色则为红色盲,不能识别绿色则为绿色盲,不能识别蓝色则为蓝色盲,三种色均不能识别则为全色盲。

3.耳鼻喉科常规检查

耳鼻喉科常规检查包括听力检查、外耳检查、中耳检查、外鼻检查、鼻腔检查、咽喉部检查等。

4.血压与心率测量

血压和心率测量是健康体检的常规项目,其受年龄、性别、运动、情绪等诸多因素影响。测量血压前应核对仪器是否准确,询问体检者有无高血压、心脏病史。若无病史而血压或者心率却较高者可以让其休息30 min后重新测量。正常情况下,人的脉搏和心率是一致的,并随着年龄的增长脉搏逐渐变慢。

测量血压时要保持镇静,如果在运动之后建议休息15 min再进行测量。测量血压的最佳时间为早晨起床后1小时之内,或者晚上就寝之前。一般人体血压有两个高峰时段,8—10时和16—18时,夜间血压较白天更低。血压测量的方法要正确,将手臂平放于桌面,注意绑带跟心脏尽量保持一致,见图4.2。

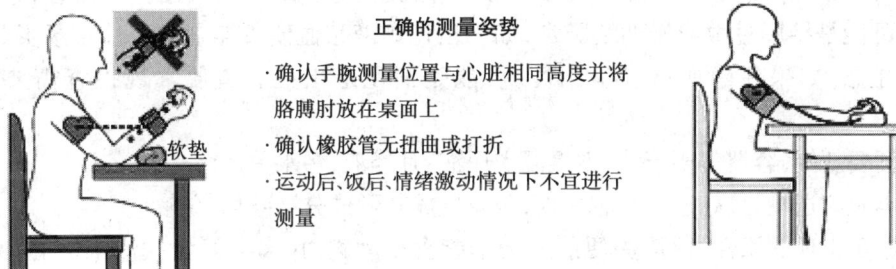

**正确的测量姿势**

·确认手腕测量位置与心脏相同高度并将胳膊肘放在桌面上

·确认橡胶管无扭曲或打折

·运动后、饭后、情绪激动情况下不宜进行测量

软垫

图4.2 测量血压的正确姿势

(二)实验室检查

1.血常规检查

血常规检查是临床上最基础的化验检查之一,主要针对血细胞成分中的红细胞、白细胞及血小板系列的数量和质量进行检验。血常规检验项目根据仪器不同,项目数也不同,一般都在20个左右。其中白细胞计数、血红蛋白、血小板计数三项指标最为重要,如果出现异常必须引起重视,应进一步检查以明确病因。

2.尿常规检查

尿常规检查是临床上最为简便却必不可少的一项常规检查,是健康体检的重要项目,不仅可以反映肾炎、结石、血管病变等泌尿系统疾病,也可以协助诊断糖尿病、肝炎等其他疾病。尿常规一般是8~11个项目,包括:尿液酸碱度(pH值)、尿蛋白、葡萄糖、酮体、胆红素、尿胆原、尿潜血及尿亚硝酸盐,9项者增加尿中白细胞检查,10项者增加尿液比重检查,11项者增加尿中维生素C检查。

一般情况下,尿液的正常颜色是澄清无色、淡黄色、琥珀色。如果出现尿液浑浊、量少有尿盐结晶沉淀,尿液变成红色,尿后泡沫太多等情况,均可能是疾病引起的,需及时到医院进行检查。进行尿常规检查在留取尿液样本时,需要注意以下几点:

①尿液留取时间。一般而言清晨起床后第一次尿液比较好,但是门诊患者与一般患者难以做到,所以其他时间随机留取的尿液也可以做常规检查。如果做尿蛋白、尿糖定量检测必须留取 24 小时尿,做尿细菌培养需要进行外阴消毒后取中间段尿,红细胞形态观测需要及时送检新鲜尿,特殊要求一定要遵照医生叮嘱。

②样本量足够。一般尿常规检查留取 20 mL 左右尿液即可,但是做比重检测则需要100 mL 的量,有些特殊检查需按要求留存足量尿液。

③注意样本容器保持清洁、干燥,留取尿液后及时送检。

3.粪便常规检查

人体粪便主要包括食物残渣、肠腔内分解产物、分泌液与正常的细菌和水。粪便常规检查是判断胃肠、胰腺、肝脏等器官健康情况的重要手段。粪便常规检查包括粪便的颜色、性状检测,显微镜检查和隐血试验。正常情况下,婴儿的粪便为黄色或金黄色糊状,成人是黄褐色柱状软便;显微镜检查无红细胞、极少见白细胞、无寄生虫或原虫;隐血便试验显示阴性。

如果粪便颜色、性状异常,如出现水样便可能是消化不良、急性肠炎、腹泻等,如果出现黏液便可能是结肠过敏或慢性结肠炎,如果出现黏液脓血便可能是溃疡性结肠炎、肠癌等。特别注意,如果便隐血试验呈阳性,可能是消化道出血。粪便常规检查需要注意三点:

①粪便要新鲜,容器需要清洁,不得混入尿液、月经液、污水等。

②样本及时送检,最好于 1 小时之内,避免造成有形成分被破坏、分解。

③为避免出现假阳性,留取粪便前三天不能食用动物血、肉类等含铁量丰富的食物及药物。

# 第四节 健康体检的项目指标解读

不少人拿到健康体检项目结果时,对晦涩的专业术语和眼花缭乱的数据无所适从。如能掌握一些项目的标准指标范围,或者直接看体检结报告最后一页的体检小结,对自己的检查情况便一目了然。

## 一、体重指数

体重指数(Body Mass Index,BMI),又称体质指数,是反映体重与身高比例关系、衡量成人健康与否的指标。其计算公式:BMI=体重(kg)/身高$^2$(m$^2$),BMI 值反映了个体的体重状态,是分析体重对不同高度个体的健康的影响时的可靠数据。世界卫生组织(WTO)标准中,BMI 正常范围是 18.5～24.9;亚洲标准,BMI 正常范围是 18.5～22.9;中国标准,BMI 正常范围是 18.5～23.9。利用体重指数还可以判断体重是否正常,见表 4.2。

表4.2　体重指数分类标准

| WHO 标准 | | 中国标准 | |
|---|---|---|---|
| BMI 范围 | 分类 | BMI 范围 | 分类 |
| <18.5 | 低体重(营养不足) | <18.5 | 体重过低 |
| 18.5~24.9 | 正常 | 18.5~23.9 | 正常 |
| 25.0~29.9 | 肥胖前状态 | 24.0~27.9 | 超重 |
| 30.0~34.9 | 一级肥胖 | ≥28 | 肥胖 |
| 35.0~39.9 | 二级肥胖 | | |
| >40.0 | 三级肥胖 | | |

## 二、腰臀比

腰臀比(Waist-to-Hip Radio，WHR)是反映肥胖程度的重要指标。腰臀围比的计算方法是:腰围/臀围。腰臀比的参考值范围如下:

①男性:0.85~0.95;女性:0.67~0.80。

②男性腰臀比>1.0,女性腰臀比>0.85 就是诊断腹型肥胖的界限。

---

**课堂互动**

### 你是真的肥胖吗?

我国专家认为,中国人虽属亚洲人种,但体重指数的正常范围上限却应比亚洲标准低些,在具体运用体重指数判断胖与不胖时应区别对待。因为我国人的肥胖有两大特点:体型小,指数小,肚皮大,危害大。

体型小决定了体重指数的正常上限要低些。一项针对中国人的调查表明,BMI 大于22.6 的中国人,其平均血压、血糖、甘油三酯水平都较 BMI 小于22.6 的人高,而有益于人体的高密度脂蛋白固醇水平却低。因此,专家们认为,我国人正常体重指数上限不应大于22.6,应比欧美的24.9 和亚洲的22.9 还低。

专家们认为,中国人体重指数的最佳值应该是20~22.6,BMI 大于22.6 为超重,BMI 大于30 为肥胖。

腹型肥胖比例大是中国人肥胖的特点和潜在危险,国人体重指数超过25 的比例明显小于欧美人,但腹型肥胖的比例比欧美人大。研究中发现,体重指数正常或不很高的人,若腹围男性大于101 cm,女性大于89 cm,或腰围/臀围比值男性大于0.9、女性大于0.85 的腹型肥胖者,其危害与体重指数高者一样大。

常见的肥胖有两种类型:第一种叫梨形肥胖,就是上半身比较正常而下肢尤其是腿部、臀部壮硕;第二种肥胖叫苹果型肥胖,又叫中心型肥胖,体内脂肪堆积在腹部,好像在肚子这里带了一个救生圈的样子。亚洲人的肥胖大多数都是这种肥胖,而恰恰是这种肥胖更危险。它使慢性病发生的危险度增加,与心血管疾病、糖尿病、老年痴呆、肿瘤等都有非常密切的关系。

——摘自:《生理》.

### 三、血压与心率

我国成年人的血压正常值为 90/60 mmHg ~ 130/85 mmHg。如果观察数次收缩压>140 mmHg,舒张压>90 mmHg 则可以考虑诊断为高血压;如果血压过低,排除严重疾病情况下,一般为家族性低血压或体质原因,平时无明显症状。

心率是指心脏每分钟搏动的次数。不同年龄人群心率值不同,随着年龄的增长心率越来越缓慢。成年人如果心率超过 100 次/分者称为心动过速,心率低于 60 次/分者称为心动过缓。

心率参考值范围如下:①新生儿心率:130 ~ 150 次/分;②婴幼儿:110 ~ 120 次/分;③6岁儿童:90 次/分;④成年人:60 ~ 100 次/分。

**延伸阅读**

#### 教你看懂化验单

**"( + )"和"( − )"**

化验单的结果常常用(+)(−)来表示。这里并不是指数学计算中的加、减符号,而是用来表示结果的阳性和阴性。一般来说,阳性(+)是表示疾病或体内生理的变化有一定结果。

**"↑"和"↓"**

血常规化验单上有某些项目指标标着"↑""↓",即表示对于参考值来说偏高或者偏低,但这并不意味着我们的身体健康出现了问题。由于运动、情绪、妊娠等生理性因素引起的偏高、偏低都是可以恢复的,诊断时需要排除生理性增多(减少)的影响。

——摘自:《健康体检手册》.

# 第五章　合理选择保健与保险服务

　　健康是人类生存、发展的重要基础,面对疾病风险要做好预防,做好日常保健。了解保健服务和保险服务,才有助于提升人体健康素质。

## 第一节　合理选择保健服务

　　随着我国医疗体制改革、医疗技术的不断发展,大众对疾病防治、健康服务的理解也不断深化,出现了"治未病""预防保健"的概念,通过养身保健、疾病预防、康复疗养等构建预防保健理论体系。

---

**延伸阅读**

### 久坐不利于健康

　　一项最新研究发现,不仅久坐的总时间会影响过早死亡风险率,并且久坐期间是不是经常站起来活动也有很大的影响。

　　该研究发表于《内科学年鉴》杂志。它发现一次坐一两个小时不动的成年人死亡率高于久坐总时间相等,但每次坐的时间较短者。

　　研究人员使用髋关节活动监测装置在近8 000名45岁以上黑人和白人成年人中测定他们在清醒时间内不活动的情况,持续监测了7天(受试者正在参加一项卒中种族和区域差异的全国性调查——REGARDS研究)。

　　平均而言,在受试者清醒的时间里,久坐行为占77%,相当于每天超过12小时。在4年的中位随访期间,340名受试者死亡。

　　研究者对久坐总时间不同及久坐模式不同的人分别计算死亡风险。结果显示,久坐总时间最长者(每天超过13个小时),以及经常至少连续坐60~90 min者,与久坐总时间最短和每次坐下时间最短者相比,死亡风险增加了近一倍。

——摘自:《医学观察》.

---

## 一、保健服务的核心理念

保健服务根据个体的健康状况以求达到维护健康、防止疾病发生发展的目的,其核心理念主要包括未病先治、有病早治、已病防变、逾期防复四个方面。在疾病形成前采取措施预防发生,疾病发生后早诊断、早治疗,疾病发展时及时治疗防止恶化,疾病恢复期(稳定期)积极巩固防止复发。

## 二、初级卫生保健服务

初级卫生保健是指最基本的、人人都能得到的、体现社会平等权利的、人民群众和政府都能负担得起的卫生保健服务。初级卫生保健服务以全部群众作为服务对象,要求卫生服务和卫生资源的公平性、群众参与的积极性、各部门间的协调性,是一项长期而复杂的工程。初级卫生保健的内涵包括四个方面:①从居民需要、利益角度看,是居民最基本且必不可少的;居民团体、家庭、个人均能获得的;费用低廉、群众乐于接受的卫生保健。②从地位上来看,是依靠应用切实可行、学术上可靠的方法和技术,在最基层的第一线卫生保健工作,是国家卫生体制的一个重要组成部分和基础,工作领域更宽,内容上更加广泛。③从政府责任和任务看,是各级政府及有关部门的共同职责,是各级人民政府全心全意为人民服务、关心群众疾苦的重要体现,是各级政府组织有关部门和社会各界参与卫生保健活动的有效形式。④从社会发展看,是社会经济总体布局的成果组成部分,是社会主义精神文明建设的重要标志和具体体现。

## 三、社区卫生保健服务

社区卫生服务是城市卫生工作的重要组成部分,是实现"人人享有初级卫生保健"目标的基础环节。社区卫生保健服务是社区卫生服务的重要内容,是以疾病为中心到以群体健康为中心的转变,在社区场域内,根据人从婴儿到成年到老年的自然生长规律,着眼预防疾病的发生,实现生命全过程的健康。社区卫生保健服务具有四个特点:①广泛性,以社区全体居民为对象,覆盖各年龄、性别、职业等。②方便性,能随时在离家很近的社区卫生服务中心获得所需保健服务,并且每个人、每个家庭都能享受,也能承担所需花费。③复杂性,社区卫生保健不仅仅是指疾病治疗,而是集预防、治疗、保健、康复、健康教育等内容为一体的全方位服务。④长期性,社区卫生保健服务贯穿人的一生,各个年龄段、各个周期的全过程都可以系统地进行。

社区卫生保健对社区建设、经济发展和社会保障体系发展具有重要作用。当前,发展社区卫生保健具有重要意义,是调整卫生服务结构、功能、布局的重要措施。

# 第二节　合理选择医疗保险服务

医疗保险是为了保障人们的平等健康权,参加医疗保险的每一个人都可以享受相应的医疗服务。医疗保险分为基本医疗保险和补充医疗保险。本节将着重介绍与大学生息息相关的学生医疗保险和商业医疗保险,以及如何合理选择适合自己的医疗保险。

## 一、医疗保险概述

医疗保险是指由特定组织、机构经办,通过带强制性的政策法规或自愿缔结的契约,在一定区域的参保人群中筹集医疗保险基金,在参保人(被保险人)因疾病而招致健康、经济受损时实施经济补偿的一系列政策、制度和办法。我国目前的医疗保险体系包括基本医疗保险和补充医疗保险。基本医疗保险是医疗保险体系的基础,实行个人账户和统筹基金相结合,保障众多参保人员的基本医疗需求,具有强制性、互济性和社会性,覆盖了全国城镇所有用人单位。补充医疗保险泛指对某一主体医疗保险的各种补充,即超越城镇职工人群的各种医疗保险形式,可以是非营利性的医疗保险形式,也可以是营利性的商业医疗保险。补充医疗保险是社会基本医疗保险的补充,可以填补保险未保到和不应保的特殊医疗需求的空白,减轻个人自付医疗费用的困难。

## 二、医疗保险服务的选择

大学生应根据自己的实际需要来选择医疗保险服务。

### (一)学生医疗保险

学生医保就是农村医疗保险(新农合)、城外医疗保险、单位医保,是在校大中专、中小学生、幼儿通过校方来购买的医疗保险。参保学生如果发生疾病,可就近选择一家定点医院进行住院治疗,城区学校的学生凭学生参保卡、身份证(户口簿原件)到所选择医院医保办(科)办理相关手续。

### (二)商业医疗保险服务

商业医疗保险是医疗保障体系的组成部分,是指由保险公司经营的、营利性的医疗保障。国家鼓励用人单位和个人参加商业医疗保险,单位和个人自愿参加。消费者依一定数额交纳保险金,遇到重大疾病时,可以从保险公司获得一定数额的医疗费用。其种类包含普通医疗保险、意外伤害医疗保险、住院医疗保险、手术医疗保险、特种疾病保险等。面对门类众多、五花八门的保险品种,我们需要结合自身需求选择适合自己的商业保险。

①因人而异。选择何种保险产品一定要结合自己的需求,根据年龄、性别、身体状况等具体情况进行合理选择。

②合理组合。每种保险有不同侧重点,商业医疗保险作为补充医疗保险的一种,可以起到填补空白的作用。对大学生而言,学生医疗保险可以满足学生医疗的一般需求,针对学生医保范围以外的,可以购买相应的商业保险作为补充。

③履行告实义务。购买保险时应当如实告知保险公司目前的身体状况、疾病史等,以便明确判断是否有投保资格,能以何种条件承保。

## 【健康·行】

表4.3　自我保健

| 活动名称 | 动动手、动动脚,自我保健要做好 |
|---|---|
| 活动目的 | 大学生活丰富多彩,课程学习、校园文化活动、科技竞赛等占据大量的时间和精力,很多学生还会熬夜学习或者工作,进而引发头痛、头晕、失眠、白天精神状态不佳等现象,这时候可以进行简单的头部保健按摩操,缓解紧张和头部不适 |
| 活动内容、步骤或方法 | 一、头部保健操(课堂体验)<br>在做脑保健操时,自始至终要闭目养神,排除杂念。手法由轻渐重,次数由少逐渐加多,贵在坚持,定收实效。具体步骤如下:<br>①吐纳运动。双足分开站立,闭目养神,排除杂念,两臂向上高举扩胸,用鼻吸气,然后双臂放下,稍稍用力并呼气。如此循环反复8次;<br>②"梳头"运动。即搓头皮,两手插入头发,由前向后,做"梳头"动作8次;<br>③按点风池穴。用双手拇指按点风池穴(在后脑勺凹陷处),点时吸气,松时呼气,共按点7次;<br>④拿肩运动。先用右手拇指与其余四指相合用力于左肩井穴处,着力向上拿提12次,然后用左手同上法,拿提右肩井穴12次;<br>⑤"干洗脸"运动。两手掌按住左右耳朵,两手食指架在中指上,放在后脑处,轻轻叩打24次,然后手掌按住耳孔,再骤然抬开,可连续开闭放响8次<br><br>二、按腹保健(课外体验)<br>正确进行腹部按摩可以增加腹肌和肠平滑肌的血流量,增进肌张力和淋巴系统功能,促进肠道蠕动,从而加强消化、吸收、排泄食物的功能。进行腹部按摩的具体方法是:<br>仰卧平躺,双膝屈曲,左右手叠放于腹部,手心对着肚脐,围绕肚脐顺时针、逆时针各50周按揉。需要注意的是按揉时的力度适中、呼吸自然,长期坚持一定有效果 |
| 活动内容、步骤或方法 | 三、足疗保健(课外体验)<br>"天天千步走,药铺不用找",健康始于足下。步行是最安全、最柔和也最容易坚持的锻炼方式。步行可以使躯干肌肉得到运动,从而改善脊椎的姿势,特别对于久坐的学生、白领工作者等,可以预防背脊疾病;步行可以改善心脏活动(降低心率),从而减少心肌梗死危险,使高血压得到有效治疗;步行可以提高氧气吸收能力,由此提高工作效率,并延缓人体疲劳;步行可促进新陈代谢,消耗脂肪,有助于减肥;<br>中医经络学指出脚心是肾涌泉穴的部位,手心是心包络经劳宫穴的部位,手摩擦生热搓脚心可以利于健肾、顺气。具体按摩方法是热水浴脚半小时后,手掌摩擦生热后来回搓脚心,100次后再换另一只脚 |

## 【健康·美文】

### 问问您的疾病想说什么话

　　您的身体有一个症状,这个症状有没有藏着一个想法? 您可以问它。如果它可以说话的话,它会说什么?

——美国培训师:罗伯茨·迪尔茨

第一天上美国 NLP 导师罗伯特·迪尔茨的课程"天才的策略"时,我感冒了。那一天广州突然降温,很冷,而我还穿着短袖,所以我想,感冒是因为身体一下子不适应,这很正常。

听迪尔茨讲课时,我浑身不舒服,胸部和腹部一会儿这疼一会儿那疼。我不由地想,看来这个老师有很多不和谐的地方,这种不和谐传到了我身上,令我疼痛。

到了下午,一个学员站起来提问,他说现在不明白自己为什么来上课,他最近上了很多课,而这些课的核心都是一样的,就是形式不一样,那他为什么不断上这些贵得要死的破课呢!

显然,他很有情绪,但迪尔茨没受他的情绪影响,很耐心很温和地给予了细致的回答。

听迪尔茨解答时,我定神了。我在想,我是不是和这个学员一样对这些课有抵触情绪?

这样想的时候,突然有一瞬间,我想到了一个问题:最近三次上课,我的身体都有不舒服的反应。

这次上迪尔茨的课,我感冒了;上一次那个叫"苏菲营"的课,我手上的一个本来没什么事的小伤口,在临近上课的两天前化脓了,而在上课期间显得尤其严重;再上一次上课,我也感冒了。

三次上课,三次身体都有症状出现,这是什么意思? 它们是想对我说些什么吗? 想了一会儿,我不得不承认,我的内心中对这些课程是有些抵触。承认了这一点后,我再听迪尔茨讲课,胸部和腹部的那些莫名其妙的疼痛竟消失了。

更有意思的是,当天晚上,我的感冒好了。

又过了几天,迪尔茨教我们做一个和身体对话的练习。而在我们练习前,他做了一个教学示范。

在示范中,当迪尔茨让个案 D 沉浸在问题状态时,D 感觉到他的胸口处有一种焦灼的难受感。

迪尔茨问:"假若这个部位可以说话的话,它会说什么?"

D 体会了一会儿后说:"它想逃跑,它对我说,搞不赢别人就逃跑吧,你不够强的话,别人会欺负你。"

对此,迪尔茨解释说,在辅导中出现的身体的每一症状都有意义,而这些都可以理解为被压抑或被忽视的内心的声音,这时培训师就需要抓住它们,方法就是假定它们可以说话,然后看看它们会说什么。当藏在症状背后的声音被表达出来后,这些症状就可以暂时消失;而假若个案在生活中也能尊重这些声音,并将其中的精神活出来,那么这种症状就可以永久消失。相反,假若我们一直都不尊重它们,这些症状就会一直存在下去,最后还可能会发展成疾病。

——摘自:《身体知道答案》.

## 推荐书目

1.《身体知道答案》,武志红编著,鹭江出版社

推荐理由:作者从一名心理学者的角度,结合大量生动的案例,分析了身体与心灵、意识

与潜意识的关系,指出了我们的心是如何构建了自己的世界的。我们身体的很多反应其实都是有着深层的心理原因的,因而作者提倡回归身体,将身体与心灵连接起来,"成为真实的您自己",做到这一点后,您将发现,生命真的可以是自由的。

**2.《大学生养生与保健》,姚剑文、李小唐编著,甘肃人民出版社**

推荐理由:本书以大学生为主要对象,特别是针对大学生中伤、弱、病、残者,将现代健康理念与传统养生理念结合,现代科学健身方法与传统养生保健方法结合,从不同视角介绍卫生保健知识和传统养生方法,帮助指导大学生进行科学锻炼,进行体育医疗,学会养生保健,改善他们的健康状况。

**3.《这样吃最健康》,姜淑惠编著,北方文艺出版社**

推荐理由:一种平安的生活,一种真正的治疗,需要三方面的配合:一是自然的饮食,二是毒素的排除,三是灵性的修养。即便得了很严重、甚至令人绝望的病,只要通过这三个步骤,就可以转危为安。关心健康的您,最好先为地球把把脉。我们有权利与责任让自己过安全平安的生活。这就要从日常生活中的饮食、穿衣、居住、行走、睡眠、运动开始做起,进而扩展至周遭的生存环境。

# 【知识巩固】

## 测一测

1. 常见传染病有_____、_____、_____、_____(至少四种)。
2. 传染病传播必须具备的三个条件是:_____、_____、_____。
3. 高血压分为_____和_____。在未用降压药的情况下,三次非同日测得收缩压大于等于_____和(或)舒张压大于等于_____,可诊断为高血压。

## 想一想

1. 简述慢性非传染性疾病的预防策略。
2. 简述使用抗生素的原则。
3. 简述健康体检前应该做的准备。
4. 简述社区卫生保健的特点。

## 谈一谈

1. 请结合自己的经历,谈谈预防传染病的重要意义。
2. 请结合实际谈谈大学生如何做好自我保健。

# 第五篇

# 安全应急与避险

**★本课导航**

通过对安全应急与避险等核心内容的学习,使学生树立安全避险意识,掌握常见突发事件和伤害的应急处置方法,提高自救与互救的能力,提升自我安全防范能力。

**★关键问题**

安全意识与安全行为的养成。

大学生的自救与互救。

## 学习目标

通过学习安全应急与避险的基本常识,树立安全避险意识,掌握常见突发事件和伤害的应急处置方法,提高自救与互救能力,提升自我防范能力。

## 学习重难点

①突发事件与个人安全防范,自救与互救的基本原则和方法。
②常见突发事件和伤害的应急处置方法。
③甄别不科学、不健康信息的技能与方法。

## 主要内容

①突发事件与个人安全防范概述,意外伤害的预防。
②自救与互救的基本原则和方法。
③常见突发事件的应急处置。
④大学生安全防范的策略。

# 【健康·思】

## 名句采撷

《太平经》:"凡天下人死亡,非小事也。壹死,终古不得复见天地日月也,脉骨成涂土。死命,重事也。人居天地之间,人人得壹生,不得重生也。"

孟子《孟子·尽心》:"莫非命也,顺受其正,是故知命者不立乎岩墙之下。尽其道而死者,正命也;桎梏死者,非正命也。"

(殷周至秦汉)《周易·系辞下》,子曰:"危者,安其位者也。亡者,保其存者也。乱者,有其治者也。是故君子安而不忘危,存而不忘亡,治而不忘乱,是以身安而国家可保也。《易》曰:'其亡其亡,系于苞桑。'"

《左传·襄公十一年》:"居安思危,思则有备,有备无患。"

西汉·刘安等《淮南子·人间训》:"是故人皆轻小害,易微事,以多悔。患至而后忧之,是犹病者已倦而索良医也,虽有扁鹊、俞附之巧,犹不能生也。夫祸之来也,人自生之;福之来也,人自成之。"

唐·柳宗元《刘叟传》:"臣闻避风雨,御寒暑,当在未寒暑乎?是故事至而后求,曷若未至而先备。"

### [古今导读]

孔子说:"防祸于先而不致于后伤情。知而慎行,君子不立于危墙之下,焉可等闲视之。"弗洛姆曾言,尊重生命、尊重他人也尊重自己的生命,是生命进程中的伴随物,也是心理健康的一个条件。祸福无门,唯人自召。人所处境遇往往与"人"本身的作为息息相关。因而,需居安思危,意识先行,从我做起,防微杜渐,给生命以安全和守护。

【健康·知】

# 第一章 突发事件与个人安全防范概述

随着我国高等教育的飞速发展,在校大学生人数迅速增加,群体数量不断扩大,社会生活更加丰富多彩,社会环境更加纷繁复杂,大学生参与社会活动也日益频繁。大学校园作为一个大型的公共活动场所,为大学生提供了日常的学习生活环境,但面对大量存在的安全隐患和不良诱惑,加之校园内外人员数量庞大、结构复杂、流动性强,容易发生种种突发事件。因此,在大学生中加强应对突发事件和个人安全防范知识的教育,培养大学生在遭遇突发事件、紧急情况下的自救能力和处理问题的能力,不仅是保证学校安全稳定的工作需要,也是全面提高学生自身综合素质的基本要求。

---

**案例分析**

### 某宾馆特大火灾

某年12月,某学校正在一家宾馆进行文艺演出,不料宾馆舞台上方的照明灯因温度过高,引燃了布帘,随后火势迅速蔓延。演出现场所在的宾馆有8个安全出口未开启,致使700余名参加文艺汇演的老师和学生中受伤130人、死亡325人,造成了重大事故。

---

## 第一节 意外伤害的预防

意外伤害是指因意外导致身体受到伤害的事件,通常是外来的、突发的、非本意的、非疾病的使身体受到伤害的客观事件。大多数意外伤害事件是由于不当心、麻痹大意引起的,并非不可预防、无法控制,关键要提高自我保护意识。古语有云:居安思危,思则有备,有备无患。大学生要避免和减少意外伤害,应严格遵守校纪校规,自觉远离危险,并掌握基本的意外伤害预防自救与互救知识。

### 一、用电安全与自救

电与我们的生活关系十分密切,它能给我们带来光明,给我们带来方便。可如果使用不当,它也会给我们带来痛苦。现代生活中,电的使用无处不在,了解安全用电的常识,学习预防触电的知识,能在危险发生的千钧一发之际帮助我们转危为安,赢得"生"的砝码。

目前,大多数高校早期修建的学生公寓的电路设计和电力设备主要供学生日常照明、充电等低功率电器使用。随着高校学生住宿条件的逐步改善,学生公寓安装了空调、热水器、洗衣机等大功率电器设备,用电负荷大幅增长,用电安全隐患也随之增加。近年来,由于用电不当造成的火灾在大学校园频频发生,如2003年,武汉某大学测绘校区一男生宿舍三楼一间寝室突发大火,火借风势瞬时吞噬了整个三楼22间寝室,宿舍楼烧得只剩下断壁残垣。2008年,上海某高校学生公寓一间女生宿舍发生火灾,火势迅速蔓延并造成人员伤亡,事后经相关部门现场勘验发现,此次事故系该寝室学生违规使用"热得快"导致周围可燃物燃烧造成,最终酿成悲剧。因此,为了保证同学们的人身财产安全,大家应当严格遵守学校关于宿舍的安全用电管理规定,自觉树立安全用电的意识,做到安全文明用电,防止因用电不当引起的触电或火灾等安全事故(见图5.1)。

如果遇到触电的紧急情况,应当如何进行应急处理呢?根据急救的原则和方法,遇到触电应按照以下方式进行应急处理:

首先要使触电者迅速脱离电源,立即拉掉电源开关或拔掉电源插头,不可随便用手去拉触电者的身体。因触电者身上有电,一定要尽快先脱离电源,才能进行抢救。

然后为了争取时间,可就地使用干燥的竹竿、扁担、木棍拨开触电者身上的电线或电器用具,绝不能使用铁器或潮湿的棍棒,以防触电。救护者可站在干燥的木板上或穿上不带钉子的胶底鞋,用一只手(注意不能同时用两只手去拉触电者的干燥衣服)使触电者脱离电源。

对于未失去知觉者,要让其在通风处静卧休息。若是失去知觉但心跳正常者,可创造条件让其呼吸,并注意保暖。若触电者呼吸停止,则应立即拨打120急救电话,或立即送往医院急救。急救准备期间,可对其进行口对口或口对鼻人工呼吸,同时进行心肺复苏。

图5.1　宿舍安全用电,防患于未"燃"

## 二、溺水的预防和自救

在夏季,随着气温逐渐升高,游泳安全逐渐成为学校安全教育的热点话题。在游泳池、河流、水塘和小溪等地方纳凉戏水,欢乐享受之余,也潜藏着安全危机。在游泳前多一分准备和清醒,可以避免可能的危险。

大学生在日常生活中一是要尽力学会游泳这项基本技能,掌握预防溺水的措施,在关键时候能自救也能救别人;二是不要独自在河边、水塘边玩耍;三是不去非游泳区游泳;四是不会游泳者不要游到深水区,即使带着救生圈也不安全;五是游泳前要做适当的准备活动,以防抽筋。

如果遇到溺水的紧急情况,应当按照以下方式进行处理:

首先是不要慌张,发现周围有人时立即呼救。放松全身,让身体漂浮在水面上,将头部浮出水面,用脚踢水,防止体力丧失,等待救援。身体下沉时,可将手掌向下压。

其次如果在水中突然抽筋又无法靠岸时,要立即求救。如周围无人,可深吸一口气潜入水中,伸直抽筋的那条腿,用手将脚趾向上扳,以解除抽筋。

如果发现有人溺水时的救护方法:可将救生圈、竹竿、木板等物抛给溺水者,再将其拖至岸边;若没有救护器材,可入水直接救护。接近溺水者时要转动他的髋部,使其背向自己然后拖运。拖运时通常采用侧泳或仰泳拖运法。特别强调:未成年人发现有人溺水,不能贸然下水营救,应立即大声呼救,或利用救生器材施救。救人一定要在自己能力范围之内!

### 三、中暑的预防和自救

中暑常发生在高温和湿度较大的环境中,是以体温调节中枢障碍、汗腺功能衰竭和水电解质丧失过多为特征的疾病。根据发病机制和临床表现不同,通常将中暑分为热痉挛、热衰竭和热(日)射病。引起中暑的原因主要有气温高、湿度大、通风差、暴晒时间长等,体质较弱、营养不良的人在高温环境中也容易发生中暑。

中暑的先兆症状一般表现为疲乏、头晕、口渴、眼花、恶心、注意力不集中等,此时应让患者立即离开闷热环境,转移到阴凉通风处,解开衣服,松解衣裤纽扣和鞋带,以加快散热。同时尽快补充水分,应喝些淡盐水或服用十滴水、仁丹、藿香正气水等,短时间内即可好转。如果患者表现出面色潮红、皮肤灼热、心悸胸闷、体温升高、大量出汗、脉搏加快等,除应将患者立即转移出闷热环境外,还要脱去其衣服,让其平卧,用冷毛巾敷头部或四肢,使其体温尽快降下来,同时服用补液盐等饮料。患者如出现高烧、昏迷、抽搐等症状,应使患者取侧卧头后仰位,以保证呼吸畅通而避免窒息。可用拇指掐或刺人中,以帮助其恢复意识,并及时就医。

---

**延伸阅读**

**酷暑天的"热射病",到底有多要命?**

南京一高校大三学生张某在1 000 m短跑后,突然面色苍白、意识不清,随即倒地,在同学帮助下被立即送往就近医院。医生发现,张某的心跳呼吸停止,双侧瞳孔散大,通过紧急抢救,约12 min后患者自主循环恢复,但仍意识不清,且器官功能衰竭进行性加重,体温40.5 ℃,被诊断为热射病。

重症医学科主治医师莫敏表示,张某平日锻炼少、体力差,高温条件下若运动强度大很易诱发中暑,虽正全力抢救,但随时可能病情变化危及生命,情况不容乐观。另一例患者王某,7 km赛跑后突然出现意识不清、四肢乏力、无法站立等症状,之后陷入昏迷。后被诊断为热射病、继发性癫痫。

其实,热射病并不遥远,也并不陌生。中暑,我们都很熟悉,也可能经历过,热射病就是中暑的一种表现。中大医院急诊科主任刘文革介绍,每年夏天都会收治数例中暑的患者,热射病就是其中最严重的一种中暑,往往表现为体温过高、意识不清、乏力等症状。"该病通常发生在夏季高温同时伴有高湿的天气,持续闷热会使人的皮肤散热功能下降,体内热量不能发散,造成体温突然过高,进而引起一系列很严重的生理问题,如脱水、头晕、昏厥、迷糊,出汗困难(无汗)。严重者会造成神经系统受损、体内脏器功能衰竭等危及生命的问题。"

据悉,高温引起的中暑有热痉挛、热衰竭和热射等类型。前两者一般不会危及生命,而热射病属于重症中暑,如果得不到及时妥善的救治,死亡率将高达50%。

——摘自:《重庆晨报》,2017-07-25.

# 第二节　中毒和运动创伤的预防

近年来,大学校园中由于食物性中毒、化学性中毒、酒精中毒和运动创伤等引起的大学生意外伤害事件时有发生。因此,每个大学生都应建立起预防常见中毒和运动创伤的预防和自救意识,在购买、保存、食用食物时,在实验室进行操作时,在运动锻炼时注意自身的安全,严防意外伤害的发生。

## 一、中毒的预防与自救

在大学校园里发生的常见中毒主要有食物中毒、实验室中毒和酒精中毒。

(一)食物中毒

一般认为凡是由于食用各种"有毒食物"所引起的急性或亚急性为主的疾病,可统称食物中毒。食物中毒系指人摄入了含有生物性、化学性有毒、有害物质的食物,或把有毒、有害物质当作食物摄入后所出现的非传染性的急性或亚急性疾病。近年来,一些高校发生大学生食物中毒事件,给学生身心健康造成了不良影响(见图5.2)。

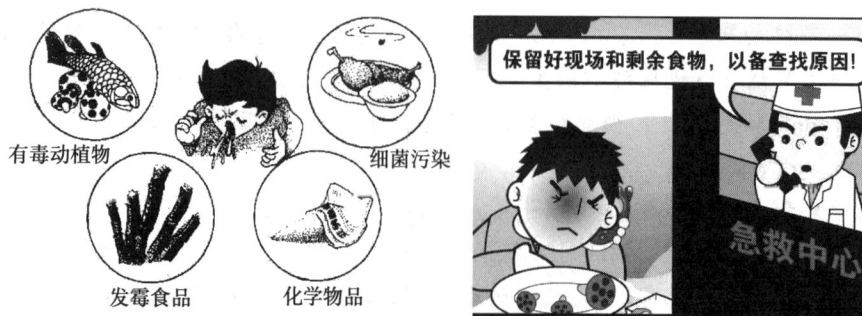

有毒动植物　　细菌污染

发霉食品　　化学物品

保留好现场和剩余食物,以备查找原因!

急救中心

图5.2　预防食物中毒,防止病从口入

食物中毒可以分为细菌性食物中毒、非细菌性食物中毒、化学性食物中毒、植物性和动物性食物中毒。

**1. 细菌性食物中毒**

细菌性食物中毒是指摄入含有细菌或者细菌毒素的食品而引起的食物中毒,是发生率最高的食物中毒类型。一般来说,引起细菌性食物中毒的食品主要是容易被细菌污染的肉类和熟肉制品、鱼、蛋、乳等及其制品,以及凉菜、剩余饭菜等中毒。

**2. 非细菌性食物中毒**

非细菌性食物中毒主要包括两类:一类是有毒动物组织中毒,如食用河豚、某些有毒贝类及鱼类引起的中毒等。另一类是有毒植物中毒,如食用毒蘑菇、豆角、毒蕈、含氰甙植物等中毒。

**3. 化学性食物中毒**

化学性食物中毒是指食用了有毒化学污染的食物引起的中毒。如误食含有重金属、亚硝酸盐及农药的食物引起中毒,食用被农药污染的蔬菜、水果,受有毒藻类污染的海产贝类也能引起化学性食物中毒。

**4. 植物性中毒**

对于大学生危害最大的植物性中毒是食用在某一特定环境下能产生有毒物质的食品,如发芽的马铃薯、霉变的甘蔗、未加热煮透的豆浆、四季豆、杏仁、木薯、新鲜黄花菜等。

此外,吃了不新鲜的蔬菜也可能引起食物中毒。因为如果储存不当,蔬菜堆放的时间越长,维生素等营养成分流失得就越多;另外如果堆放的蔬菜不及时通风,蔬菜受捂发热,也易产生有毒物质,一旦食用就容易造成中毒。

如果发生食物中毒,应立即拨打120或立即送医院,在医生到来前或送医途中可采取以下应急救护措施:

**1. 催吐**

如果中毒时间在1~2小时内,可使用催吐的方法。立即取食盐20 g加开水200 mL溶化,冷却后一次喝下,如果不吐,可多喝几次或用手指压迫喉咙,迅速促进呕吐。

**2. 导泻**

如果患者服用带毒食物时间较长,已超过2~3小时,而且精神较好,则可服用些泻药,促使带毒食物尽快排出体外。

**3. 解毒**

如果是吃了变质的鱼、虾、蟹等引起的食物中毒,可取食醋100 mL加水200 mL稀释后一次服下。

**(二)实验室中毒**

目前,在高校中时常发生因为学生不按照实验流程操作,造成实验中毒的情况。因此,在进行实验操作的时候必须严格按照实验室的规定,注意实验安全,要做到6个方面:

①必须掌握药品的化学性能,充分认识其危害性,严格按照规定领取药品数量,绝不能私自存放化学药品和剧毒品。

②需穿防护服装、戴防毒面具的实验必须严格按要求穿戴。

③严禁将食物带进有毒物的实验室。避免各种有毒物品侵入皮肤、呼吸系统和消化系统。

④有毒药品的使用要严格按规定操作,如有撒落,应立即按照科学方法处理。接触过有毒药品的手应立即清洗干净。

⑤保持实验过程中的通风、排气。切不可在通风条件不好的环境中进行有毒实验。有强刺激或有毒烟雾的实验必须在通风橱内进行。特别是在用水银做实验时,应防止水银蒸气中毒。

⑥实验结束后,要将实验中产生的废液、废渣等妥善进行处理,不随意排放。必须排放的,应按照国家和环保部门规定的标准作净化处理,使有害物质的浓度降到规定范围。

(三)酒精中毒

大学生的身体机能尚在发育阶段,如果饮酒过量,很容易引起头晕、注意力涣散、情绪不稳、记忆力减退等神经系统症状,也容易造成胃炎、胃溃疡、酒精性肝硬化等病症,还容易引起酒精中毒,造成更严重的危害,所以大学生不能过量饮酒。

对于酒精中毒的一般处理方式是让中毒者去枕平卧,头偏向一侧,预防误吸和舌后坠,同时也可以吸氧,促进酒精排除。若出现血压下降、面色苍白、皮肤湿冷等情况,可以采取扩容、升压和保暖措施。对于饮酒过量导致狂躁症状者,不能使用镇静剂,也不要用手指刺激咽部强行催吐,否则会使腹压增高而造成危险。昏迷者要紧急送往医院。

---

**案例分析**

**痛心!广东某985大学学生挑战喝6杯鸡尾酒,在"加油"声中走向死亡……**

2017年6月19日,在一所不知名的小酒吧中,广东某985大学大一学生王××死在了一片"加油"声中。他死于急性酒精中毒。死前,他连续喝下了6杯混合了多种烈酒的"特调鸡尾酒",总饮酒量1 800 mL。当时,酒吧推出了一项"3分钟内喝掉6杯酒则消费免单"的特殊活动。和朋友们在一起的王××,在一片喝彩声中欣然加入了"致命挑战",却因饮酒过量引起酒精中毒,19岁的年轻生命就这样结束了。

## 二、运动创伤的预防和处理

运动生理学的研究和测定表明:人体各种活动是受"生物时钟"控制的。若我们能科学、合理地安排好体育锻炼,能对身体健康产生良好的效果,否则会事与愿违,反而造成一定程度的运动损伤。

造成运动损伤的主要原因是运动者缺乏相应的防护意识、准备活动不充分。有的人对运动损伤预防的重要性认识不足,未能积极地采取有效的预防措施,也易导致运动损伤的发生。其中,不做准备活动就进行激烈的体育活动,易造成肌肉损伤、扭伤,是造成运动损伤的主要原因之一。主要表现在:准备活动敷衍了事,神经系统和各器官系统的功能尚未达到适宜水平;准备活动的内容不得当,致使身体功能未处于最佳状态。此外,不良的心理状态,如缺乏经验、思想麻痹、情绪急躁、过分紧张等因素也易造成运动损伤。对于某些体育基础差、身体素质差的大学生,在运动时动作要领掌握不正确,一时不能适应体育活动的需要,或不自量力,也容易发生损伤事故。

皮肤擦伤、肌肉拉伤和挫伤等损伤,受伤局部疼痛、肿胀、压痛和活动障碍等,是最常见的运动损伤,主要分为开放性软组织损伤和闭合性软组织损伤两种。一般来讲,伤后24~48小时内称急性软组织损伤的早期,此阶段的正确处理,对损伤的愈合、恢复起决定性的作用。因此,运动损伤的处理要及时、有效。

### (一)擦伤的处理

擦伤分轻度擦伤和重度擦伤。

**1. 轻度擦伤**

伤口干净者一般只要涂上红药水或紫药水即可自愈。

**2. 重度擦伤**

首先需要对伤口止血,可采用冷敷法、抬高肢体法、绷带加压包扎法、手指直接点压止血法。对于急性闭合性软组织损伤,可通过冷敷法进行处理,可使血管收缩,减少局部充血,降低组织温度抑制神经的感觉,有止血、止痛和防肿的作用。

### (二)鼻部出血的处理

应使受伤者坐下,头后仰,暂时用口呼吸,鼻孔用纱布塞住,用冷毛巾敷在前额和鼻梁上,一般即可止血。

### (三)扭伤的处理

扭伤是指当关节活动范围超过正常限度时,附在关节周围的韧带、肌腱、肌肉撕裂而造成的伤害。重度扭伤处理一般应遵循以下步骤:应先止血、止痛。可把受伤肢体抬高,用冷水淋洗伤处或用冷毛巾进行冷敷,使血管收缩,减轻出血程度,减轻疼痛。不要乱揉乱动,防止增加出血。在伤处垫上棉花,用绷带加压包扎。受伤48小时以后改用热敷,可促进瘀血吸收。这种处理方式也适用于挫伤的处理。

### (四)脑震荡的处理

人的头部受到外力打击或碰撞到坚硬物体,使脑神经细胞、纤维受到过度震动,容易造成脑震荡。对轻度脑震荡的病人,安静卧床休息一两天后,可在一星期后参加适当的活动。对中、重度脑震荡要保持伤员绝对安静,仰卧在平坦的地方,头部冷敷,注意保暖,并及时送医院治疗。

### (五)脱臼的处理

脱臼是直接或间接的暴力作用使关节面脱离了正常的解剖位置,是大学生较易发生的运动损伤之一。在处理脱臼时,动作要轻巧,不可乱伸乱扭。可以先冷敷,扎上绷带,保持关节固定不动,再请医生矫治。

（六）骨折的处理

首先应防止伤者休克,注意保暖,止血止痛,然后包扎固定,及时送医院治疗。

---

**行为法则**

### 运动损伤的预防

①学习运动创伤的预防知识,克服麻痹思想。遵守纪律,听从指挥,做好组织工作,采取必要的安全措施,如检查运动场地和器材,穿着合适的服装与鞋子等。

②在激烈运动和比赛前都要做好准备活动。

③要根据自己的情况选择活动内容,适当控制运动量。

④掌握运动要领,加强保护和帮助。

⑤加强医务监督,提高自我保健意识。

——摘自:栾朝霞,《大学生常见运动损伤的预防与处理》.

---

# 第二章　大学生常见急症的自救与互救

近年来,地震、海啸、火灾、洪水等各种自然灾害频频发生,运动损伤、交通事故等各种意外伤害事故层出不穷,施救技能在社会发展纷繁复杂的今天显得尤其重要。为了维护受害者生命、稳定伤情、防止继发性损伤,就必须对伤者实施现场急救。但猝死病人抢救的最佳时间是 4 min 内,严重创伤病员抢救的黄金时间是 30 min 内,因此意外伤害现场的当事人或旁观者掌握紧急救助技能对自救或对他人实施救助非常重要。如果施救及时准确,可以在很大程度上减少不必要的身心伤害和财产损失。大学生由于生活经验不足,处理意外伤害事件的能力有限,在遇到突发事件和意外伤害时经常会手足无措,从而错失很多自救或施救于人的良机,使事故向恶性方向发展下去,其后果令人痛心。随着近年来大学生意外事故发生频率的增加,加强对大学生紧急救助知识的宣传和教育就至关重要。

大量研究结果表明,当前大学生对学习与掌握急救技能有着十分迫切的需求,而且希望周围的成年人均具备一定的急救技能。绝大多数大学生在掌握了一定的急救技能后,关键时刻主动施救于他人的能力会大大提高。

## 案例分析

### 树下撑伞避雨被雷击中

某年7月,杭州一吴姓男大学生独自撑伞在西湖边的树下行走时被雷电击中,经抢救无效死亡。浙江省防雷中心的专家说,小吴被击倒后旁边有很多人不敢上前,如果当时有人采取急救措施,其生还的概率还是很大的。因为被雷电击中后往往是"假死",而且人体被雷电击中后还是不带电的,可以放心施救。进行人工呼吸的时间越早,伤员的身体恢复越好。

# 第一节 休克的现场救护

休克是由于各种原因造成的有效循环血量急剧减少,导致微循环灌注不足,引起组织细胞缺氧与代谢异常、器官功能障碍等一系列病理生理变化的临床综合征。休克是严重疾病的表现,是病情危重、凶险信号之一,如不及时抢救可迅速危及病人的生命。

一般来说,按照病因分类,休克可分为低血容量性休克、感染性休克、过敏性休克、神经源性休克等。按照血流动力学分类,休克可分为分布性休克、心源性休克、心外阻塞性休克等。

## 一、休克的判断

急性大出血、急性心肌梗死、严重感染、药物过敏等是引起休克的常见病因。如果出现以血压下降和周围循环障碍为特征的表现,如意识改变,表情淡漠,烦躁不安,反应迟钝,面色苍白,四肢湿冷,呼吸急促,脉搏细弱、增快或触摸不到,血压下降或测不到,少尿或无尿等,就是典型的休克症状。严重休克如果不及时救治,可迅速危及生命,因此对休克症状的判断非常重要。

## 二、休克的救护

比如出血性休克,如有出血情况,尤其有活动性出血的发生,应该立即采取有效的止血措施。首先,取平卧位,可将患者双下肢略抬高,利于静脉血回流,以保证相对较多的脑供血。如患者呼吸困难,根据情况可先将头部和躯干略抬高,以利于呼吸。其次,确保气道通畅,防止发生窒息,可把颈部垫高、下颌托起,使头部后仰;同时,将患者的头部偏向一侧,以防止呕吐物吸入气道而造成窒息。再次要注意保暖。休克患者体温降低、怕冷,应注意保暖,给患者盖好被子。但感染性休克常伴有高热,应予以降温,可在患者颈、腹股沟等处放置冰袋,或用酒精擦浴等。同时要及时给休克患者吸氧。

# 第二节　晕厥的现场救护

晕厥由各种原因导致的短暂性、广泛性脑缺血、缺氧引起,表现为一种突发性、一过性的意识丧失而跌倒,并多在数秒至数分钟内自行清醒。如果患者不能被叫醒,或在短时间内不能清醒则为昏迷。生活中人们往往把晕厥和休克、昏迷等症状相混淆。

## 一、晕厥的原因

引起晕厥的原因众多,主要有四个方面。

一是单纯性晕厥。这类晕厥占绝大部分,多见于平日体质较弱的女生,可有长时间站立、剧烈疼痛、精神刺激、过度疲劳、缺乏睡眠、天气闷热、空气污浊、洗热水澡等诱因,使患者全身小血管扩张,造成血压下降、大脑缺血。

二是低血糖晕厥。多由饥饿、营养不良或原有糖尿病用降糖药物后未进饮食等原因所造成。

三是心源性晕厥。可由过快或过慢的严重心律失常等原因导致心排血量突然减少引起。心源性晕厥发病突然,持续时间较长,病情较凶险,应争分夺秒全力抢救,否则有发生心脏骤停导致死亡的危险。

四是脑源性晕厥。可见于脑血管病,如脑动脉弥漫性硬化、短暂性脑缺血发作以及脑血管痉挛等。

## 二、晕厥的救护

对于晕厥的患者应立即采取平卧位,可将其双下肢抬高,以保证脑组织有尽可能多的血液供应。确定气道是否通畅,并检查呼吸和脉搏等,解开较紧的衣领、裤带。同时,对发生晕厥、跌倒的患者还应该仔细检查有无摔伤、碰伤等情况。如发生出血、骨折等情况,应做相应处理。

如患者意识迅速恢复、思维正常、言语清晰、四肢活动自如,血压、呼吸、脉搏正常,除全身无力外,无其他明显不适,一般不需要特殊治疗。经一段时间休息,可逐渐坐起,再休息几分钟后可以起立,动作不宜过猛,并且在起立后再观察几分钟。

# 第三节　骨折的现场救护

一般来讲,骨折通常分为闭合性和开放性两大类。闭合性骨折是指皮肤软组织相对完整,骨折端尚未和外界连通;开放性骨折则是指骨折处有伤口,骨折端已与外界连通。全身各个部位都可发生骨折,但最常见的还是四肢骨折。

## 一、开放性骨折的救护方法

开放性骨折的救护方法有三点:

①迅速使用夹板固定患处,固定不应过紧。夹板和肢体之间垫松软物品,再用带子绑好。夹板长出骨折部位上下两个关节。如果没有夹板可用树枝、擀面杖、雨伞等物品代替。

②有破口出血的开放性骨折可用干净消毒纱布压迫,压迫止不住血时,可用止血带环扎伤口的上方(近心端)止血。

③大腿骨折时,内出血可达 1 000 mL(人体总血量大约 4 000 mL)。包扎固定过紧也能引起神经麻痹,须密切注意患者状况。

## 二、闭合性骨折的救护方法

闭合性骨折的救护方法有三点:

①一般处理:凡有可疑骨折的患者,均应按骨折处理。闭合性骨折有穿破皮肤,损伤血管、神经的危险时,应尽量消除显著的移位,然后用夹板固定。

②创口包扎:若骨折端已戳出创口,并已污染,但未压迫血管神经时,不应立即复位,以免将污物带进创口深处。若在包扎创口时骨折端已自行滑回创口内,须向负责医师说明,促其注意。

③妥善固定:骨折急救处理时最重要的一项。急救固定的目的有三个:一是避免骨折端在搬运时移动而更多地损伤软组织、血管、神经或内脏;二是骨折固定后即可止痛,有利于防止休克;三是便于运输。

## 三、骨折救护方式的多样性

通常现场骨折的处理比较多样性,要根据具体情况采取不同的处理方法。如为轻度无伤口骨折,尚未肿胀时,有条件的情况下,应先进行冷敷处理,即使用冰水、冰块或者冷冻剂敷住骨折部位,防止肿胀。如果没有相应物品,冰冻的矿泉水和纯净水也可,但不建议使用自来水。固定后要及时送医院处理。

如有伤口则不宜冷敷,宜用消毒纱布压迫止血;遇出血严重不便或不能压迫止血的,如有大腿开放性骨折或者其他部位严重出血的,应用止血带或者布条等环扎该部位近心脏的一侧,立即送往医院,且不断与伤者交流,注意其情况,防止其失血过多引起昏迷、休克甚至死亡。止血可采用压迫止血方法。要记住的是一旦采用布带、绳子捆扎止血时,必须记录扎带的时间,一般不宜超过 1 小时,以免时间过长导致肢体缺血坏死。一般每 1 小时需放松止血带至少 5 min。出血如果是暗红色且出血速度比较慢多为静脉血,应在伤口的远心端做包扎;如果出血颜色鲜红且呈快速涌出状为动脉血,应在伤口近心端包扎。如遇骨折端外露,不要尝试将骨折端放回原处,应原样保持,以免将细菌带入伤口深部引起深度感染。如已将骨折端或脱位的关节复位了,应给予注明,并在送医院时向医生交代清楚。

如果是脊柱部位、腰部及下肢骨折则必须用担架运送,而且搬动伤者前需确认伤者情况,不能搬动或者挪动伤者肢体,以免造成二次伤害。

如果是颈椎部位的骨折,不当的急救操作可使颈部脊髓受损,发生高位截瘫,严重时导致呼吸抑制危及生命。胸腰部脊柱骨折时,不恰当的搬运也可能损伤胸腰椎脊髓神经,造成下肢瘫痪。正确的方法应该是:如果怀疑有脊柱骨折,应就地取材固定伤处,合理搬运伤者。四肢骨折处出现局部迅速肿胀,提示可能是骨折断端刺破血管引起内出血,可临时找些木棒等固定骨折处并对局部用毛巾等压迫止血,千万不要随意搬动伤肢,以免造成骨折端刺破局部血管导致出血。

# 第四节　心肺复苏

心肺复苏(Cardio Pulmonary Resuscitation,CPR)是针对呼吸、心跳停止的患者所采取的抢救措施,即用心脏按压或其他方法形成暂时的人工循环,恢复心脏自主搏动和血液循环,用人工呼吸代替自主呼吸,达到恢复苏醒和挽救生命的目的。复苏的最终目的是脑功能的恢复。

## 一、心肺复苏的意义

心跳呼吸骤停是临床最紧急的情况。当人突然发生心跳、呼吸停止时,必须在 4~8 min 内建立基础生命维持,保证人体重要脏器的基本血氧供应,直到建立高级生命维持或自身心跳、呼吸恢复为止,其具体操作即心肺复苏,故又发展为心肺脑复苏。

实施心肺复苏强调黄金 4 min。因为通常情况下,4 min 内进行心肺复苏者,有 32% 能存活,4 min 以后再进行心肺复苏者,只有 17% 能存活。

## 二、心肺复苏的步骤

心肺复苏(CPR)步骤可以按照 C—A—B 的顺序来进行(见图 5.3),这个步骤适用于成人、儿童及婴儿,但不适用于新生儿。

1. C——胸外按压

10 秒内未触摸到或不确定摸到脉搏时,应立即开始胸外按压。按压部位:两乳连线的中央胸骨处。按压频率:至少 100 次/分;按压/通气比:30∶2。5 个周期检查,5 s 内轮换。按压深度:成人至少 5 cm,儿童 5 cm,婴儿 4 cm。保证每次按压后胸部回弹,尽可能减少胸外按压的中断。

2. A——开放气道

①仰头抬颌法。抢救者左手掌根放在患者前额处,下压使头部后仰,右手的食指放在患者的下颌处,向上抬起。此法不适用于可疑颈椎骨折患者。

②托颌法:适用可疑颈椎骨折者。

③清理口腔异物。

**3. B——人工呼吸**

①每次吹气2口、每次吹气量10 mL/kg、每次吹气时间1 s,须见胸部隆起。

②简易呼吸器的适用:无氧源通气潮气量为10 mL/kg;有氧源通气吸氧浓度大于40%,氧气流量8~12 L/min。

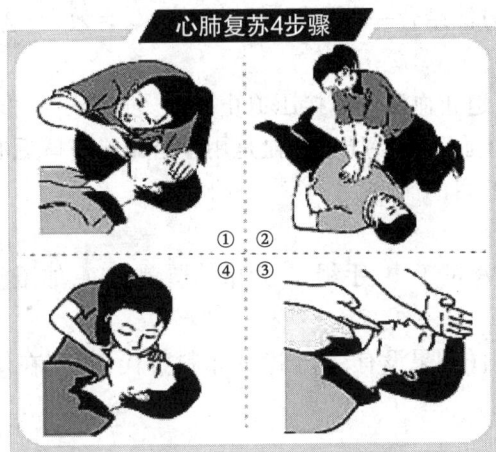

图5.3　心肺复苏步骤

## 三、复苏成功后处理

复苏成功后须进一步处理。

①维持有效循环呼吸功能。

②预防再次心脏骤停,有条件者可转至重症监护中心。

③维持水电解质和酸碱平衡。

④防治脑水肿。

⑤预测、治疗和防止多器官功能不全。

# 第五节　创伤救护

创伤是各种致伤因素造成的人体组织损伤和功能障碍。轻者造成体表损伤,引起疼痛或出血;重者则导致功能障碍、残疾,甚至死亡。创伤救护包括止血、包扎、固定、搬运四项院前急救技术。在创伤救护中,应注意四个重点环节,即"止血要彻底,包扎要准确,固定要牢固,搬运要安全"。

遇到出血、骨折的伤病员,救护人员首先要保持镇静,做好自我保护,迅速检查伤情,快速处理伤病员,同时呼叫急救电话或联系急救人员。

## 一、止血技术

出血,尤其是大出血属于外伤的危重急症,若抢救不及时,伤病员就会有生命危险。止血技术是外伤急救技术之首。现场止血方法常用的有四种,使用时根据创伤情况,可以使用一种,也可以将几种止血方法结合一起应用,以达到快速、有效、安全的止血目的。

### 1.指压止血法

此法主要包括直接压迫止血法和间接压迫止血法。直接压迫止血法是用清洁的敷料盖在出血部位上,直接压迫止血。间接压迫止血是用手指压迫伤口近心端的动脉,阻断动脉血运,以有效达到快速止血的目的。

### 2.加压包扎止血法

此法用敷料或其他洁净的毛巾、手绢、三角巾等覆盖伤口,加压包扎达到止血目的。

### 3.填塞止血法

此法用消毒纱布、敷料(如果没有,用干净的布料替代)填塞在伤口内,再用加压包扎法包扎。

### 4.止血带止血法

上止血带的部位在上臂上1/3处、大腿中上段,此法为止血的最后一种方法,操作时要注意使用的材料、止血带的松紧程度、标记时间等问题。

## 二、包扎技术

快速、准确地将伤口用自粘贴、尼龙网套、纱布、绷带、三角巾或其他现场可以利用的布料等包扎,是外伤救护的重要环节。它可以起到快速止血、保护伤口、防止污染、减轻疼痛的作用,有利于伤病员的转运和进一步治疗。

### 1.绷带包扎

绷带包扎主要包括手部"8"字包扎(见图5.4),适用于肩、肘、膝关节、踝关节的包扎;螺旋包扎(见图5.5),适用于四肢部位的包扎,对于前臂及小腿,由于肢体上下粗细不等,则采用螺旋反折包扎效果会更好。

图5.4 手部"8"字包扎　　图5.5 螺旋包扎

### 2.三角巾包扎

三角巾包扎主要有适用于头部外伤伤员的头顶帽式包扎(见图5.6)、适用于肩部有外伤伤员的肩部包扎(见图5.7)、适用于前胸或后背有外伤伤员的胸背部包扎(见图5.8)以及适用于腹部或臀部有外伤伤员的腹部包扎(见图5.9)四种。

图 5.6　头顶帽式包扎

图 5.7　肩部包扎

图 5.8　胸背部包扎

图 5.9　腹部包扎

## 三、骨折固定技术

骨折固定可防止骨折端移动,减轻伤病员的痛苦,也可以有效地防止骨折端损伤血管、神经。在运动场所内遇有骨折伤病员时,施救者应保持沉着冷静,尽量减少对伤病员的搬动,迅速对伤病员进行固定,尽快呼叫 120 或联系急救人员,以便他们在最短时间内赶到现场处理伤病员。骨折现场固定法主要有前臂骨折固定,主要是利用夹板固定,还可以利用身边可取到的方便器材固定;小腿骨折可利用健肢进行固定;骨盆骨折可通过垫高病员膝盖进行固定。

## 四、搬运技术

经现场必要的止血、包扎和固定后,方能搬运和护送伤员,按照"伤情严重者优先,中等伤情者次之,轻伤者最后"的原则搬运。对怀疑有脊柱骨折的伤病员必须采用"圆木"原则进行搬运,使其脊柱保持中立。在搬运全过程中,要随时观察伤病员的表情,监测其生命体征,遇有伤病情恶化的情况,应该立即停止搬运,就地救治。运动场馆内,对于严重外伤的伤员,尽量由专业医务人员搬运。

搬运方式见图 5.10—图 5.12。

图 5.10　搬运技术一

图 5.11　搬运技术二

图 5.12　搬运技术三

# 第六节　动物抓伤、咬伤后的救护

## 一、狗、猫咬伤的急救措施

如果在生活中不小心被猫狗等小动物抓伤或咬伤，一定不要掉以轻心，应及时进行处理并注射狂犬病疫苗。

①被狗、猫咬伤(抓伤)后，应就地及时正确处理伤口，即用20%的肥皂水或0.1%的新洁尔灭彻底清洗咬伤局部，反复用纯净水冲洗伤口，再用3%的碘酒和75%的酒精消毒，必要时要进行清创。局部处理越早越好，即使延迟了1~2天甚至3~4天也不应忽视局部处理。

②局部伤口不做缝合，不包扎，不涂抹软膏，不用粉剂，以利于伤口排毒，并立即到当地疾病控制中心就诊，注射狂犬疫苗或高效免疫血清。哪怕出现局部或全身反应，也要在对症治疗的同时继续注射狂犬疫苗或高效免疫血清，不应中止。

③已被污染的伤口应同时使用破伤风抗毒素和其他抗感染处理，但不可与抗狂犬病免疫球蛋白、血清、狂犬疫苗在同一部位注射。

④被宠物咬伤或抓伤后，绝不要抱任何侥幸心理，不管宠物是否打过疫苗，不管是咬伤还是抓伤，只要有皮下渗血或出血点，就应及时注射狂犬疫苗。

## 二、毒蛇咬伤后的急救措施

被毒蛇咬伤后，要及时进行处理，否则会引起更为严重的后果。

①一旦被毒蛇咬伤，要保持镇静，力争在几分钟内进行急救处理，排出毒液，防止其吸收和扩散。切勿拼命奔跑去就医，因为奔跑时肌肉加快收缩，可促使血液循环加快，加速毒素吸收。应当立即用止血带在患肢伤口近心端5~10 cm处绑扎，以阻断静脉回流，减少毒素的吸收、扩散。绑扎应松紧适度，不宜过紧。若无止血带，可用鞋带、领带、手帕、绳子、布条或树藤等代替。注意不要反复绑扎和放松。

②将被咬肢体放低，可用冰袋局部冷敷，无冰时可用冷水或井水代替。可用吸乳器，或拔火罐在伤口吸出毒液。必要时，也可用嘴吸出。但一定要注意，吸吮者口腔黏膜必须无损伤、破溃，没有龋齿，否则，可引起施救者中毒。同时，应尽快到最近的医院急救处理。

③被毒蛇咬伤12小时内可在医院切开伤口排毒，同时服用或外敷蛇药片。有条件的最好注射单价或多价抗毒血清。

④为了防止破伤风和其他细菌感染，还应注射破伤风抗毒素和抗生素防止混合感染。积极防止肾功能衰竭或其他并发症的发生。

以上急救与自救的相关技术和方法需进行专业学习与训练。未经专业学习与培训者不要擅自实施，以免造成不必要的伤害。

# 第三章　大学生安全防范的策略

随着我国高等教育事业的蓬勃发展和高校改革的不断深化,大学校园的安全工作面临新的考验。教育部《普通高等学校学生安全教育及管理暂行规定》中要求:"高等学校要将对学生进行安全教育作为一项经常性工作,列入学校工作的重要议事日程,加强领导。学校各部门和有关群众团体或组织要相互配合,积极开展安全教育,普及安全知识,增强学生的安全意识和法制观念,提高防范能力。"因此,增强大学生的自我保护意识和能力,增强大学生的法纪观念,优化育人环境,对于大学生健康成长、创建平安校园、维护社会稳定显得尤为重要,已成为家庭、学校、社会普遍关注的问题之一,具有十分重要的现实意义和战略意义。

## 第一节　大学生安全防范意识

美国人海因里希调查了 75 000 起工伤事故后,提出了"海因里希安全法则(Heinrich's Law)"的概念,即 88% 的事故是因为"人"的因素,10% 是因为"物"的不安全状态,仅有 2% 是因为不可控因素。而大学生发生的安全事件与"人"的因素关系密切,多数事故常常跟部分大学生法制观念淡薄、社会经验不足、安全意识缺乏等有很大的关系。因此,大学生安全重在预防,预防的第一步关键在于牢固树立安全防范意识。

海因里希法则又称"海因里希安全法则""海因里希事故法则"或"海因法则",是美国著名安全工程师海因里希(Herbert William Heinrich)提出的 300:29:1 法则,这个法则意为:当一个企业有 300 个隐患或违章时,必然要发生 29 起轻伤或故障,另外还有 1 起重伤、死亡或重大事故。海因里希法则是美国人海因里希通过分析工伤事故的发生概率,为保险公司的经营提出的法则。按照这一法则,在安全管理上意味着在一件重大的事故背后必有 29 件轻度的事故,还有 300 件潜在的隐患。因此,树立安全意识、去除安全隐患、加强安全防范、防患于未然,是为生命安全保驾护航的第一要义。

---

**延伸阅读**

### 海因里希法则

海因里希首先提出了事故因果连锁论,用以阐明导致伤亡事故的各种原因及与事故间的关系。该理论认为,伤亡事故的发生不是一个孤立的事件,尽管伤害可能在某一瞬间突然发生,却是一系列事件相继发生的结果。

海因里希把工业伤害事故的发生、发展过程描述为具有一定因果关系的事件的连锁发

生过程,即:

①人员伤亡的发生是事故的结果。

②事故的发生是由于人的不安全行为和物的不安全状态。

③人的不安全行为或物的不安全状态是由于人的缺点造成的。

④人的缺点是由于不良环境诱发的,或者是由先天的遗传因素造成的。

海因里希的工业安全理论是这一时期的代表性理论。海因里希认为,人的不安全行为和物的不安全状态是事故的直接原因,企业事故预防工作的中心就是消除人的不安全行为和物的不安全状态。海因里希的研究说明大多数的工业伤害事故都是由于人的不安全行为引起的。

——摘自:百度百科.

所谓安全防范意识,就是人们头脑中建立起来的生产生活中必须保障安全的观念,是人们在生产生活中对各种各样可能对自己或他人造成伤害的外在环境条件的一种戒备和警觉的心理状态。"安全第一"是做好一切工作的试金石,是落实"以人为本"的根本措施。坚持安全第一,就是对国家负责,对企业负责,对人的生命负责。"预防为主"是实现安全第一的前提条件,也是重要手段和方法。"隐患险于明火,防范胜于救灾",虽然人类还不可能完全杜绝事故的发生,实现绝对安全,但只要积极探索规律,采取有效的事前预防和控制措施,做到防患于未然,将事故消灭在萌芽状态,意外事故是可以大大减少甚至避免的。因此,增强大学生安全防范意识,提高大学生自我防范能力,是有效防止和避免大学生安全事件发生的核心和关键。

大学生的安全防范范畴非常广,包括政治、人身、财产、饮食、交通、心理、网络、生活、自然灾害、性安全、慢性病等方方面面,本节从与大学生学习生活紧密相关的、安全问题越来越呈现上升状态的网络安全、实验室安全、实习安全、旅行安全四个方面普及安全防范常识,以帮助大学生牢固树立安全防范意识,提升自我保护能力。

# 第二节 网络安全防范

从农耕时代到工业时代再到信息时代,技术力量总是在不断推动人类创造新的世界。互联网以改变一切的力量正在全球范围掀起一场影响人类所有层面的深刻变革。作为走在时代前列、处于先进文化前沿的大学生,他们喜欢去接受新鲜事物,尤其是网络所带来的多元文化,因此,网络世界的自有属性深刻影响着大学生的成长和发展。

## 一、网络对大学生的双面影响

网络具有快捷便利、经济省时、资源共享、实时交互、宽松自由等特点和优势,已经成为一个极具吸引力的虚拟活动空间,成为重要的信息来源之一,其作用和渗透力仍在不断扩大。当代大学生作为网络中成长的一代和使用网络的生力军,网络对大学生的思想观念、学习方式、交流手段和生活习惯等诸多方面都产生了巨大的影响。自媒体时代,大学生的文化生活得到极大丰富,他们可以同时以文字、声音、图像等丰富的形式接受来自世界各地的文化信息,一些思潮、观念、生活方式、学习方式、消费方式、娱乐方式等都会通过各种渠道对大学生产生直接或间接的影响。网络的发展加速了各种文化之间的相互吸收、融合,使其在广泛传播中得到发展。网络的出现改变了过去单一、枯燥的学习模式,轻松、灵活的新媒体教学方式激发了很多学生的学习兴趣。网络的交互性特点,使它作为媒介实现人与人之间更加便利的交流,如 QQ、微信、微博、聊天室、网络直播等聊天交友工具的出现,让大学生的交流突破了地域的限制。"互联网+"作为互联网思维的进一步实践成果,更是充分发挥信息通信技术及互联网平台的优势,让互联网与传统行业进行深度融合,推动经济形态不断地发生演变,带动社会经济实体的生命力,为改革、创新、发展提供广阔的网络平台,同时也进一步激发大学生的创造力,培养造就"大众创业、万众创新"的生力军。大学生正越来越多地享受着互联网带来的舒适、便利及丰富的平台资源。

然而,任何事物都有其两面性。不可否认,互联网确实开拓了大学生的视野,丰富了大学生的生活,但是互联网的虚拟性、开放性、补偿性、极端性和大众性等特点使得网络安全方面存在一定的风险,网络垃圾、网络色情、网络暴力、网络管理漏洞等带来的负面信息和负面影响也不容忽视。

①网络的发展加速了多元文化之间的碰撞。以少数发达国家的思想和文化为核心的媒体传播体系,通过网络传播渠道对我国的思想文化阵地和政治经济体系形成了不小的冲击。一些西方国家的价值观和意识形态渗透到大学生中,使大学生在思想文化、道德观念、政治立场等诸多方面产生困惑,进而影响大学生的人生观、价值观和世界观。

②互联网的开放性、匿名性和交互性,使得任何人都可以借助网络工具交流沟通,大量不良信息,如封建迷信、色情暴力、流言蜚语、反动言论等不健康的信息及低级趣味的网上游戏不经意间便在网络上泛滥并被轻易获取。大学生群体正处于人生观、世界观、价值观建立的关键时期,极易受到网络不良文化的干扰。互联网的隐蔽性更是加剧了不良网络文化对大学生人格的影响,借由互联网的隐蔽性进行的欺诈、诽谤等对大学生的正常生活学习甚至个人物质利益造成了严重的危害。

③网络信息的易获得性和丰富性对大学生造成了一定的"信息污染"。互联网上具有获取知识方便、快捷、全面的特点,给大学生求知带来了极大的便利。但网上的信息鱼龙混杂,良莠不齐,大学生判别是非能力、自我控制能力和选择能力有时很难抵御这些不良信息的负面影响,很容易成为不良信息的"污染"对象。如部分大学生浏览色情网站一发不可收拾,沉溺其中而不能自拔;部分大学生上网浏览暴力视频或图片后竟然效仿,网络垃圾信息也已经成为"电子海洛因",对大学生的身心健康造成了严重的损害。

④网络成瘾危害大学生的身心健康,严重阻碍大学生发展。大学生在现实生活中的困难或空虚容易促使其在虚拟世界里寻求精神寄托。据调查,45%的大学生接触过网络游戏,26%的大学生曾经沉迷于网络游戏。沉迷于网络游戏容易使大学生和现实社会脱节,严重地削弱大学生的社交和沟通能力。网络游戏将越来越多的大学生带入了虚拟的世界,使他们分不清虚拟和现实,严重影响了大学生的身心健康。

案例分析

### 【案例一】 感情受挫竟做"黑客"

某公司向警方举报,由该公司提供服务器服务的15家政府网站被侵入,政府信息发布很受影响。警方调查发现,某高校一名大三学生小伟有重大作案嫌疑。

经审讯,小伟交代了作案动机和过程。原来,小伟因失恋,便想报复社会泄愤。但生性胆小的他不敢采取暴力方式,就想到了做网络"黑客"。于是,他用自己掌握的计算机知识,专门找到挂靠政府网站较多的服务器,通过ADSL拨号上网的方式,非法侵入服务器,破坏政府网站。

——摘自:搜狐网.

### 【案例二】 沉迷不良网络成瘾

王某,当年以优异成绩考入某重点大学学习。刚入学时,他充满了憧憬,但是后来发现自己在班级里不像自己想象中那样优秀,课业压力也变大,失去了中学时期在班上的中心地位,感觉受到了冷落。加上自身内向的性格,让他感觉特别孤单。虽然学习、人际交往不太顺利,但在网络游戏技术上进步很快,在游戏中他找到了成就感和满足感,网络中的"友情"也让他逃避了现实的孤独寂寞。长期下来,他对网络的使用和游戏有强烈的渴求和依赖,与同学的交流渐渐减少,性格变得越来越内向,经常逃课,彻夜不归。经老师家长劝告,王某在一段时间内停止了网络游戏,却出现了心烦易乱、易激动、上课注意力不集中、睡眠障碍等现象。后来他再次沉迷网络和游戏,学业难以为继。

——摘自:新浪博客.

## 二、大学生网络安全策略

#### 1.理性对待网络和网络游戏

网络是大学生学习生活的必要工具,如何引导学生正确对待网络游戏,提升学生对网络游戏的自控能力,是高校要面对的课题。网络游戏并非洪水猛兽,重要的是分析大学生沉溺网络游戏的原因,从而有针对性地进行引导。若因为空虚无聊,高校宜采用转移式心理干预方式,努力创造条件转移学生的注意力,引导其做一些更有意义的事,培养大学生广泛健康的兴趣,多方面满足学生的精神文化需要。若因为性格等原因在现实交往中受挫而在网络游戏中寻求安慰,则需要营造良好的交往环境,让同学进入彼此的社会支持系统,脱离虚拟世界,在现实生活中学会人际交往技能,体验到人际关系的美好和温暖。若因为自制力过差,不能抵御网络的诱惑,则需要提升自身的意志力,如利用设定上网时间、请求他人监督等方式,帮助自己克服游戏依赖,必要时寻求心理专业帮助。

**延伸阅读**

## 大学生上网聊天交友应注意哪些问题?

大学生上网聊天交友应注意以下5个问题:

①在聊天室或上网交友时,尽量避免使用真实的姓名,不轻易告诉对方自己的电话号码、住址等有关个人真实的信息。

②不轻易与网友见面。许多大学生与网友沟通一段时间后,感情迅速升温,不但交换了真实姓名、电话号码,而且还有一种强烈的见面的欲望。

③与网友见面时,要有自己信任的同学或朋友陪伴,尽量不要一个人赴约,约会的地点尽量选择在公共场所人员较多的地方,尽量选择在白天,不要选择偏僻、隐蔽的场所。

④在聊天室聊天时,不要轻易点击来历不明的网址链接或来历不明的文件,往往这些链接或文件会携带聊天室炸弹、逻辑炸弹,或带有攻击性质的黑客软件,造成强行关闭聊天室、系统崩溃或被植入木马程序。

⑤警惕网络色情聊天、反动宣传。聊天室里汇聚了各类人群,有的人会在聊天室散布色情网站的链接换取高频点击率,对大学生的身心造成伤害。也有一些组织或个人利用聊天室进行反动宣传,拉拢、腐蚀大学生,这些都应引起大学生的警惕。

——摘自:搜狐网.

**2. 加强大学生网络安全教育**

保护大学生不受有害信息的腐蚀,已成为各国政府和民众的共识。我们期待技术的完善和法律、法规的健全,采取措施限制网上的绝对自由,净化网上信息。然而技术更新需要时间,不能完全依赖技术手段,教育具有更重要的预防作用。学校要积极发挥教育的作用,认真做好大学生网络安全教育工作,通过网络法制、网络伦理的教育,使他们具备网络法制意识,遵守网络道德,树立正确的网络意识,自觉抵制网络垃圾的侵蚀,合理利用网络资源,以切实提升大学生安全使用网络的意识和能力。

**3. 合理甄别网络信息**

信息时代,大学生要学会甄别垃圾信息。大学生要通过学习,学会利用网络学习并解决学习和生活中的问题,树立网络交流中的安全意识,识别并自觉抵制不良信息,负责任地、安全地、健康地使用信息技术,形成与信息化社会相适应的价值观。

一般而言,甄别信息的方法有:从信息的来源进行判断;多渠道地获取信息,将通过各种途径得到的信息加以比较和分析;从信息的时效性进行判断;根据原有经验判断,经验判断虽然不完全准确,但速度较快;向权威机构核实等。

**4. 自觉抵制不良信息**

为自己营造绿色、健康的网络环境。减少进入营业性网吧的时间,准确处置上网与学习的关联,不沉溺于网络;不登录色情网站,不上传、不下载、不传播手机色情内容,从本身做起,在思维上树立一道坚固防线,保持自我束缚,抵制网络色情的损害,构成良好的道德品德、健康的心理素养、积极向上的文明情趣,增强自身抵抗不良信息侵蚀的能力。提升辨别是非的能力,不传谣、不信谣,理性对待,营造尊重事实、积极向上的网络舆论氛围。

5. 增强自控能力,加强自我防范

大学生要慎重选择上网场所、上网时间、浏览网页的内容,选择正规的、环境好的网吧,每次上网时间 1～2 小时,坚决抵制不良网站的侵蚀。上网时要保持警惕,不轻信陌生人,不随意见陌生网友,防止邪教陷阱、色情陷阱、网恋陷阱、诈骗陷阱等,以避免自身受到侵害。

### 三、学法知法,预防网络违法犯罪

在中国法律管辖的范围内,所有利用计算机信息系统及互联网从事活动的组织和个人都不得进行相关的违法犯罪活动,否则,必将受到法律制裁。大学生应该学习并熟悉相关法律法规,保障自身合法权益,预防网络违法犯罪。

(一)网络安全方面的法律法规等

如何促进我国互联网的健康发展,保障互联网的运行安全和信息安全问题是全社会普遍关注的问题,为了维护国家安全和社会公共利益,保护个人、法人和其他组织的合法权益,国家出台了多项相关的法律法规,如《中华人民共和国网络安全法》《全国人民代表大会常务委员会关于加强网络信息保护的决定》《互联网文化管理暂行规定》《计算机信息网络国际联网安全保护管理办法》等,通过法律法规,加强网络安全的监督管理,保障网络信息安全,促进互联网的健康发展。

(二)部分法律法规摘录

1.《中华人民共和国网络安全法》摘录

第六条　国家倡导诚实守信、健康文明的网络行为,推动传播社会主义核心价值观,采取措施提高全社会的网络安全意识和水平,形成全社会共同参与促进网络安全的良好环境。

第十二条　国家保护公民、法人和其他组织依法使用网络的权利,促进网络接入普及,提升网络服务水平,为社会提供安全、便利的网络服务,保障网络信息依法有序自由流动。

任何个人和组织使用网络应当遵守宪法法律,遵守公共秩序,尊重社会公德,不得危害网络安全,不得利用网络从事危害国家安全、荣誉和利益,煽动颠覆国家政权、推翻社会主义制度,煽动分裂国家、破坏国家统一,宣扬恐怖主义、极端主义,宣扬民族仇恨、民族歧视,传播暴力、淫秽色情信息,编造、传播虚假信息扰乱经济秩序和社会秩序,以及侵害他人名誉、隐私、知识产权和其他合法权益等活动。

第十三条　国家支持研究开发有利于未成年人健康成长的网络产品和服务,依法惩治利用网络从事危害未成年人身心健康的活动,为未成年人提供安全、健康的网络环境。

第十四条　任何个人和组织有权对危害网络安全的行为向网信、电信、公安等部门举报。收到举报的部门应当及时依法作出处理;不属于本部门职责的,应当及时移送有权处理的部门。有关部门应当对举报人的相关信息予以保密,保护举报人的合法权益。

2.《计算机信息网络国际联网安全保护管理办法》摘录

第四条　任何单位和个人不得利用国际联网危害国家安全、泄露国家秘密,不得侵犯国家的、社会的、集体的利益和公民的合法权益,不得从事违法犯罪活动。

第五条 任何单位和个人不得利用国际联网制作、复制、查阅和传播下列信息：

（一）煽动抗拒、破坏宪法和法律、行政法规实施的；

（二）煽动颠覆国家政权、推翻社会主义制度的；

（三）煽动分裂国家、破坏国家统一的；

（四）煽动民族仇恨、民族歧视，破坏民族团结的；

（五）捏造或者歪曲事实，散布谣言，扰乱社会秩序的；

（六）宣扬封建迷信、淫秽、色情、赌博、暴力、凶杀、恐怖，教唆犯罪的；

（七）公然侮辱他人或者捏造事实诽谤他人的；

（八）损害国家机关信誉的；

（九）其他违反宪法和法律、行政法规的。

第六条 任何单位和个人不得从事下列危害计算机信息网络安全的活动：

（一）未经允许，进入计算机信息网络或者使用计算机信息网络资源的；

（二）未经允许，对计算机信息网络功能进行删除、修改或者增加的；

（三）未经允许，对计算机信息网络中存储、处理或者传输的数据和应用程序进行删除、修改或者增加的；

（四）故意制作、传播计算机病毒等破坏性程序的；

（五）其他危害计算机信息网络安全的。

第七条 用户的通信自由和通信秘密受法律保护。任何单位和个人不得违反法律规定，利用国际联网侵犯用户的通信自由和通信秘密。

# 第三节 实验室安全防范

2009年10月，北京某大学实验室发生爆炸，5人受伤，事故原因是学生违规使用化学品；2012年2月，南京某大学实验室发生甲醛泄漏，事故中不少学生喉咙痛、流眼泪，感觉不适，事故原因是老师做实验时违规离开。

实验室是科学的摇篮，是科学研究的基地，科技发展的源泉，对科技发展起着非常重要的作用。但是，实验室起火、有毒气体泄漏、爆炸等学校实验室事故却屡见不鲜，究其原因，多数都源自实验人员的疏忽大意。每每说到实验室安全规范时，许多学生或实验人员都认为自己已烂熟于心，但是当具体操作时往往心存侥幸，特别是长期从事实验工作的人员，容易在日常的实验过程中放松警惕。因此，进入实验室应随时绷紧安全这根弦，要将自身及实验室师生的安全牢记在心，做好充分的准备，严格按照实验步骤和要求操作。

## 一、实验室实验过程安全常识

实验室安全应注意7点：

①初次进行实验前，自觉接受安全教育，了解实验室水、电、气、化学品的基本知识和紧急事故处理办法。

②进入实验室前,要穿实验服,必要时佩戴防护用品,不过度暴露皮肤。

③做实验前要做必要的预习和准备,未得到老师的允许,不得擅自开始实验。

④实验时要严格按照实验步骤认真操作,注意力要集中,未经允许不得随意改动实验操作流程或步骤。

⑤实验出现故障时,要立即停止实验,及时报告实验老师,切勿私自处理。

⑥实验结束后,要检查实验设备、门窗、水电等是否关闭,要经老师检查确认后方可离开。

⑦严格遵守实验室规章制度,加强实验室管理,做好记录。

## 二、实验室用电安全

大学的实验室有很多涉及用电的实验,违章用电常常可能造成人身伤亡、火灾、仪器设备损坏等严重事故,所以一定要认真学习用电安全常识。一般而言,用电安全的基本要素有电气绝缘良好、保证安全距离、线路与插座容量与设备功率相适应、不使用三无产品。

(一)实验室安全用电的注意事项

实验室安全用电应注意:

①严格遵照实验室的用电负荷要求,不得超负荷用电。

②严禁使用破损的插头、插座等接线设备,不要购买和使用质量低劣的电器产品,一定要选用有国家认证标志的合格电器产品。

③移动式插座必须放在安全的地方,合理布线,不靠近书本、化学品等易燃物品。

④防止实验设备长期通电。通电时间过长,易引起设备及电器内部变压器发热、短路起火。要做到人走灯灭,关闭电源,节约能源,消除隐患。

⑤避免一个插线板上使用过多的电器,以免负荷较重引起短路,从而引发火灾。

⑥不用湿手触摸电器,不用湿布擦拭电器,以免引起触电。

⑦不随意拆卸、安装电源线路,不私自乱接电线。

(二)实验室用电防火防爆注意事项

实验室用电防火防爆应注意:

①使用的保险丝要与实验室允许的用电量相符。

②电线的安全通电量应大于用电功率。

③室内若有氢气、煤气等易燃易爆气体,应避免产生电火花。继电器工作和开关电闸时,易产生电火花,要特别小心。电器接触点(如电插头)接触不良时,应及时修理或更换。

④如遇电线起火,立即切断电源,用沙或二氧化碳、四氯化碳灭火器灭火,禁止用水或泡沫火火器等导电物体灭火。

⑤实验室用电要防止短路:

A.线路中各接点应牢固,电路元件两端接头不要互相接触,以防短路。

B.线、电器不要被水淋湿或浸在导电液体中,如实验室加热用的灯泡接口不要浸在水中。

C. 在使用前,先了解电器仪表要求使用的电源是交流电还是直流电,是三相电还是单相电及电压的大小(380 V、220 V、110 V 或 6 V)。须弄清电器功率是否符合要求及直流电器仪表的正、负极。

D. 仪表量程应大于待测量。若待测量大小不明时,应从最大量程开始测量。

E. 实验之前要检查线路连接是否正确,经教师检查同意后方可接通电源。

F. 电器仪表使用过程中,如发现有不正常声响,局部升温或嗅到绝缘漆过热产生的焦味,应立即切断电源,并报告教师进行检查处理。

### 三、实验室危险品的安全防护

实验室危险品的安全防护应注意:

①一切有毒物品及化学药剂都要严格按类存放保管、发放、使用,并妥善处理剩余物品和残毒物品。

②在实验中尽量采用无毒或少毒物质来代替毒物,或采用较好的实验方案、设施、工艺来减少避免在实验过程中扩散有毒物质。

③实验室应装设通风排毒用的通风橱,在使用大量易挥发毒物的实验室应装设排风扇等强化通风设备。必要时也可用真空泵、水泵连接在发生器上,构成封闭实验系统,减少毒物从室内逸出。

④注意保持个人卫生和遵守个人防护规程,绝对禁止在使用毒物或有可能被毒物污染的实验室内饮食、吸烟或在有可能被污染的容器内存放食物。在不能保证无毒的环境下工作时应穿戴好防护衣物;实验完毕及时洗手,条件允许应洗澡;生活衣物与工作衣物不应在一起存放;不在实验环境中饮水、就餐。

⑤在实验室无通风橱或通风不良,实验过程又有大量有毒物逸出时,实验人员应按规定分类使用防毒口罩或防毒面具,不得掉以轻心。

# 第四节 实习安全防范

发生在实习学生身上的伤亡悲剧并不少见:三亚某职业技术学校一名学生在广州汕头实习单位场所粉刷内墙的时候,不小心踩空从七楼摔到一楼,脑部、腰部、肺部均受重伤。海南某职校学生陈某在海口市内一家电气厂区实习作业时发生意外事故,导致右手无名指被电缆绞制机严重夹伤。在同一家电气厂的另一名职校学生成某在作业过程中,因支点不平衡倾斜坠落,导致左脚的四个脚趾严重受伤……面对频发的实习安全事故,如何在实习过程中保护自身的安全,是大学生在实习中不容忽视的问题。

### 一、平安实习,做好自我安全防范

学校组织的实习或勤工助学等,一般安全性比较高,只需要对交通安全、财产安全等做好防范即可。但自主选择实习单位或兼职岗位时,则面临着如何筛选的问题,必须要提升安全意识,特别是当下仍存在学校对假期等时间的实习和兼职管理不规范、相应的制度监管不到位、不良用人单位或中介存有欺诈行为、大学生社会经验及法律意识不够等问题,所以,做好自我安全防范是平安实习的重要保障。

①学会甄别招聘信息。不盲目,不冲动,获取真实的信息,选择适合自己的,特别要警惕一些存在问题的招聘信息,如:招聘公告上无公司名字和地址或信息不全的;同一个招聘启事长期出现或反复出现的(特别是岗位要求很低的);招聘广告不太合理的(高待遇与低要求并存)等。

②知己更知彼,深入了解工作单位信息。在选择实习单位前,要摸清对方的基本信息、职位、待遇、要求、面试时间、公司地址、联系方式等,心中要有数。通过各种渠道了解对方的情况:可网络查询该单位情况,也可先到工作地点实地勘查,没有合法执照或固定场所的,面试通知你到某个地方然后有人来接的,都要提高警惕。

③不轻易缴纳任何押金,不抵押任何证件,特别是原件。复印件也要谨慎使用,用完后最好收回。

④要签订劳务协议或劳动合同,签订之前要仔细阅读。

⑤注意人身安全,与家人等保持通信联系,遇到问题及时与老师、家长沟通,女生最好不要单独到偏远地方面试。

⑥警惕传销陷阱。不要盲目贪图高薪,不要急功近利,不轻信他人,保持清醒的头脑。

⑦在实习过程中严格遵守安全规章制度,加强安全意识,不熟悉的仪器设备操作等必须要向有经验的人员请教或在有经验的人员带领下操作。

## 二、及时发现实习陷阱

大学生涉世未深,有时在实习、兼职时容易成为不法分子诈骗的对象。遇到以下情况,要"三思而后行":

①实习或兼职中介机构缺乏正规资质,如没有营业执照或营业执照过期,没有固定的办公场所或者非专门职介机构、收取各种名目的中介费用等。

②用人单位收取抵押金或者抵押证件。

③娱乐场所高薪招工。

④带有传销组织色彩。

⑤没有产品的代理销售工作。

⑥无手续上岗,即不需要办理任何手续,即可上岗。在出现问题时,学生没有相应的凭证来维护自身权益。

⑦网络陷阱。网上招聘信息鱼龙混杂,有部分是发布虚假信息,或索要手续费、押金等。

# 第五节　旅行安全防范

外出旅游时最基本的要求是确保自身安全,只有在保证自身安全的前提下,才有希望获得舒适、愉快的旅行体验。

## 一、外出旅游注意事项

外出旅游应注意:

①事先一定要了解景点的情况,包括天气情况、饮食住宿等,特别是选择去山区峡谷旅游时,一定要注意收听天气情况。

②确定行进路线时,尽量考虑成熟路线,以免迷途或者遭遇抢劫。尽量不去偏僻或不成熟路线,尤其是独自前往,风险比较高。旅行中与家人等保持联系。

③路上交通尽量选择火车、长途汽车等公共交通工具,拒绝黑车。

④注意备药,如创伤、感冒、腹泻等所需常用药物。

⑤不要携带太多的现金,不要将钱都放在一起。

⑥旅行中穿着不要太引人注意,以舒适、朴素为主。

⑦出门要和气待人,尽量不要与人发生争执。如果遭遇抢劫等突发事件,要尽量保持冷静,积极寻求帮助,没有条件或能力做出反抗时不要盲目反抗。

⑧注意饮食卫生,在流行性疾病传播季节和寄生虫病流行地区做好相应的预防工作。

## 二、旅游安全自救常识

旅游中应注意安全,并有以下自救常识:

1. 晕车

在外出旅游乘车、船时,因晕车、晕船引起眩晕、呕吐等不适,可服用晕车药,而对于服用晕车药无效或对有反应的人来说,以下四种方法可供选用:

①随身携带新鲜橘子,吃完后将橘皮内折对准鼻孔挤压,使雾状汁液射到鼻腔附近。旅途中可反复多次,防治晕车、船效果甚佳。

②取清凉油或风油精适量涂于前额及鼻唇沟旁;取伤湿止痛膏一块,在上车、船前15 min 贴于肚脐眼上,轻轻按摩片刻,使之贴紧。

③鲜生姜若干片置于小瓶内,随时嗅闻;乘车、船前喝一杯加醋的温开水;茶叶 1 小撮,上车前含在口中。

④严重晕车者必要时应就医服药,寻求医生帮助。

2. 腹泻

出现呕吐、腹泻和剧烈腹痛多是旅途中食用的食物或饮水不洁造成的急性肠胃炎。可口服痢特灵、黄连素或氟哌酸等药物;饭前多吃些大蒜可起预防作用;严重时及时就医。

### 3. 扭伤骨折及抽筋

途中发生急性扭伤时,切忌局部按摩或回旅馆后热敷,最好停止活动,回去后冷敷 20 ~ 30 min,便能达到消肿和止痛的作用。当抽筋时,拉引患处肌肉并轻轻按摩;补充水分及盐分,休息直到患处感觉舒适为止;严重时及时就医。

### 4. 晕厥

发现突然晕倒的游客切不可胡乱搬动,应就地取平卧位,头偏向一侧,这样利于呕吐物吐出,防止窒息;放松其裤腰带和领扣,观察其脉搏和呼吸变化。如呼吸、脉搏正常,可用大拇指刺激人中穴使其苏醒;如出现呼吸停止或者心脏骤停,应立即采取口对口人工呼吸和胸外心脏按压的方法急救。现在一般导游或者旅游点的服务人员已经基本掌握急救方法,可以迅速联系他们;必要时及时送医。

### 5. 迷路

在旅途中游客如果迷失方向,又没有带指南针,可以在稍开阔且周围有树的地方观察一棵独立的树木,枝叶茂盛的一侧是南,稀疏的一侧是北。如果有树墩,可观察其年轮,南方的年轮宽,北方的年轮窄。也可观察岩石,一般是北侧布满青苔,南侧干燥光滑。在晚间可以观看北斗星,从北斗星的勺柄到北极星正标示着从南到北的方向。此外,还有蚂蚁洞口朝南、积雪难化的地方在北等物像可供辨别方向。

### 6. 火灾

游客在酒店遇到火灾时,千万不要搭乘电梯或随意跳楼;若身上着火可就地打滚或者用厚重衣物压灭火苗;必须穿过浓烟时,要用浸湿的衣物披裹身体并捂着口鼻贴近地面顺墙爬行;当大火封门无法逃出时,可用浸湿的衣服、被褥堵塞门缝或泼水降温,等待救援,可摇动色彩鲜艳的衣物呼唤救援人员。

### 7. 食物中毒

游客如果出现食物中毒症状,首先应立即停止食用可疑食物,同时拨打 120 呼救。在急救车来到之前,可以采取以下自救措施:①催吐,对中毒不久而无明显呕吐者,可先用手指、筷子等刺激其舌根部的方法催吐,或让中毒者大量饮用温开水并反复自行催吐,以减少毒素的吸收。如在呕吐物中发现血性液体,则提示可能出现了消化道或咽部出血,应暂时停止催吐。②导泻,如果游客吃下去的中毒食物时间较长(如超过两小时),而且精神较好,可采用服用泻药的方式促使有毒食物排出体外。

### 8. 小虫入耳

一旦小虫入耳,简单的对付办法是:可向耳内滴一些温开水或冷开水,将耳内小虫淹死或将它的四肢、翅膀粘住,限制它的活动,并及时去医院取出小虫。

### 9. 毒蛇咬伤

旅途中万一被毒蛇咬伤,切忌惊慌失措或奔跑,以免因血液循环加快而加速毒素吸收;正确的方法是立即用绳子或裤带扎紧伤口靠近心脏的一侧;每隔 3 min 松一下绑,时间在 1 ~ 2 min,以防肢体坏死,如有条件可尽快用利刃切开伤口处或作十字形切口,用力挤压以排除毒素,然后尽快送医院处理。

安全无小事,大学生只有以对自己负责的态度牢固树立安全防范意识,注意学习和储备安全防范知识,提升自我保护能力,才能更好地保障自身安全,平安健康地成长、成才。

# 【健康·行】

表 5.1 活动体验

| 体验活动名称 | 珍爱生命 安全第一<br>——大学生安全防范团体辅导活动 |
|---|---|
| 团体目标 | 通过营造一个真诚、尊重和温暖的小组气氛,希望组员在团体中体验安全、思考安全,提升安全意识 |
| 理论基础 | 1. 强化理论<br>强化、改造、操作和学习是构成该理论的主要环节。所谓强化,是指通过刺激使某种行为加强或抑制;所谓改造,是说人的行为是可以改造的,通过一定的手段,使行为中的某些因素加强,某些因素削弱,于是人的行为也就得到了改造;所谓操作,是指对正负强化都不起作用的一类行为的控制引导;所谓学习,就是对可控行为的改造,即通过强化实践,使人的行为方式得到某种永久性的改变。<br>2. 需求层次论<br>该理论将人的需求从低到高分为生理、安全、归属、受尊重、自我实现五种类型,生理与安全是其他高层次需要的基础和前提。 |
| 活动内容、步骤或方法 | 一、热身活动<br>(一)轻柔体操<br>目的:放松练习,活跃氛围,缓解紧张情绪。<br>方法:全体成员站立,由领导者带头给大家示范一个放松动作,成员们跟着一起做三遍。再由其他成员依次给大家示范一个动作,所有成员跟着一起做。<br>(二)连环自我介绍<br>目的:用强制记忆的方式促使成员们相互认识。<br>方法:由团体成员中的一名开始向大家介绍自己的姓名、班级、爱好和性格特征;按顺时针方向轮流介绍,但介绍者一定要重复说出之前所有做了自我介绍的成员们的信息。<br>(三)建立团体契约<br>①领导者强调本团体的目标,澄清成员期望。<br>②引导成员讨论有效完成团体活动应遵循的纪律和规则,得到大家认可的内容要逐一写在白纸上,并请成员签上姓名,从而完成团体契约。<br>二、主要活动<br>目标:帮助成员了解安全防范的重要意义及影响因素,掌握维护安全的基本技巧。<br>内容:<br>(一)可怜的小猫<br>目标:活跃气氛,促进成员熟悉,建立良好团体氛围。<br>方法:<br>①成员围坐成圈,一人在圈中扮演小猫。<br>②"小猫"走到任意一成员面前,蹲下身体,学猫叫。对面的成员要用手抚摸小猫的头,并说:"哦!可怜的小猫。"但是绝不能笑,一笑就算输,要成为新的小猫。<br>③如果游戏中抚摸者不笑,则小猫要叫第二次;抚摸者还不笑,再叫第三次;再不笑,就必须离开寻找别的成员为对象。 |

续表

| 体验活动<br>名称 | 珍爱生命　安全第一<br>——大学生安全防范团体辅导活动 |
|---|---|
| 活动内容、步骤或方法 | （二）"假如生命还有三天"——生命的宝贵<br>目标:让学生明白我们的生命是短暂的,珍贵的。<br>方法:<br>①给每位学生发一张纸,每人在纸上写出假如生命只有三天,画出你现在的感受,写出你最后三天会去做的事情。<br>②然后依次向右传,请其他学生写下他们对这位学生的鼓励或建议。直到这张纸最后落到主人的手里。<br>③每位学生仔细阅读他人写下的内容。<br>④请学生们大声念出自己"三天生命的规划",并对他人表示深深的感谢。<br>⑤活动分享。<br>（三）生命之树的守护使者<br>目标:引导大家思考安全对生命的意义。<br>做法:每人一张生命之树图（A4纸上一棵树的简笔画）,去寻找身边的人,请他们在你的生命之树的树根、树干、树枝之处分别写下让你生命之树苗壮成长的守护使者,例如安全、健康等。<br>（四）脑力激荡<br>目的:了解大家的不安全行为,探求守护自身安全的方法。<br>方法:分两组,准备两张大的图纸,一组同学在图纸上写下尽可能多的同学们存在的安全隐患,一组同学在图纸上写下尽可能多的安全防范策略。写好后,对应分享交流。 |
|  | 三、结束<br>目标:帮助成员整理收获,促进成员团体经验的迁移。<br>内容:①请成员分享本次团体的收获。<br>　　　②领导者总结本次团体活动,将团体收获带入以后的健康成长中。<br>　　　③领导者祝福成员。<br>活动结束。 |

## 无偿献血的基本知识

无偿献血是公民的义务。近半个世纪以来,世界卫生组织和国际红十字会一直向世界各国呼吁"医疗用血采用无偿献血原则"。无偿献血是无私奉献、救死扶伤的崇高行为,是血液最科学、最合理的来源,是最安全的血液,是预防经血液传播疾病的重要手段之一。

我国从 1998 年 10 月 1 日开始实施《中华人民共和国献血法》,第一次以法律的形式确定了在我国实行无偿献血的制度,提倡十八周岁至五十五周岁的健康公民自愿无偿献血。以成都工业学院为例,学校一直重视开展无偿献血公益活动,每年与成都市血液中心一道,多次组织校园无偿献血知识宣传和"献血车进校园"活动。2011 年,学校荣获"成都市无偿献血志愿者先进集体"称号,学校罗港、刘柳、黄淼 3 位同学获得了"成都市优秀无偿献血志愿者"称号。2015 年,学校举办第五届"西区之心"无偿献血知识竞赛,同学们积极参与,与来自电子科技大学清水河校区、成都东软学院、四川外国语大学成都学院等15所高校的无偿献血志愿者服务队同学们同场竞技,展示学校学子的风采。2017年5月23—24日,由成都市血液中心和校团委主办的"献血车进校园"活动在学校开展。校青年志愿者服务中心医疗健康宣传服务大队以"毕业季献血,离不了浓浓深情"为主题,组织全校师生进行无偿献血。活动中,在血液中心医护人员的指导下,青年志愿者们有序地引导献血者登记、体检、献血。献血后对献血者细心照顾,分发献血礼品。活动中,志愿者们还为前来咨询的献血意愿者普及献血对自身的益处、血液的用途、献血前后注意事项等相关内容。整个活动的献血者达到五百余人,无偿献血活动普及了献血知识,提升了大学生的健康意识,体现了大学生对社会的关爱和责任感。

当前国家相关部门每年都对无偿献血的知识进行宣讲。由于个人对无偿献血常识的不了解,每年在全国各地仍会出现献血人数减少、血液库存减少的"血荒"现象。据科学研究,一个人一次献血200~400 mL只占总血量的5%~10%,献血后储存的血液马上会补充上来,不会减少循环血容量。献血后失去的水分和无机物,1~2个小时就会补上;血浆蛋白质由肝脏合成,一两天内就能得到补充;血小板、白细胞和红细胞也很快就恢复到原来水平。人体的血液在不断新陈代谢,每时每刻都有许多血细胞衰老、死亡,同时又有大量新生细胞生成,以维持人体新陈代谢的平衡。

按规定献血,可促进人体的新陈代谢,增强免疫力和抗病能力,还会刺激人体骨髓造血器官,使其始终保持青春时期一样旺盛的造血状态,达到延年益寿的效果,并能防止动脉硬化等心脑血管疾病。所以,一个健康的人按规定献血,对身体不会有任何影响,更不会"伤元气",反而会有利于健康。

——摘自:百度文库.

延伸阅读

## 无偿献血八问八答

1. 哪些人可以参加献血

1998年9月,卫生部第2号令《血站管理办法(暂行)》中,对献血者健康检查标准规定如下:

①年龄:18~55周岁。

②体重:男≥50 kg,女≥45 kg。

③血压:12~20/8~12 kPa,脉压差:≥4 kPa 或 90~140 mmHg/60~90 mmHg,脉压差:≥30 mmHg。

④脉搏:60~100次/分,高度耐力的运动员≥50次/分。

⑤体温正常。

⑥皮肤无黄染,无创面感染,无大面积皮肤病,浅表淋巴结无明显肿大。

⑦五官无严重疾病,巩膜无黄染,甲状腺不肿大。

⑧四肢无严重残疾,无严重功能性障碍及关节无红肿。

⑨胸部:心肺正常(心脏生理性杂音可视为正常)。

⑩腹部:腹平软,无肿块,无压痛,肝脾不肿大。

凡符合上述标准的公民可以献血。

**2.哪些人不能献血**

肝炎患者、乙型肝炎表面抗原阳性者、丙型肝炎抗体阳性不能参加献血。但甲型肝炎患者在3次肝功能检测报告正常1年后可以参加献血。性病、艾滋病及艾滋病病毒感染者均不能参加献血。

**3.献血前应注意什么**

①献血前一日保证充足睡眠,不宜做剧烈运动。

②献血前把手臂特别是肘部采血部位清洗干净。

③献血前一天和当天饮食不宜食用鱼肉蛋奶、花生、瓜子、豆制品、油炸食品等,吃清淡饮食,如稀饭、馒头、面包等,不要空腹献血。

④献血的前一天晚上不要吃得过饱,献血前不能空腹,献血当日早晨应吃早餐,以免在献血过程中出现头晕、心慌、出汗等反应。

⑤献血前一天不能喝酒,尤其是不饮烈性酒。

此外,如果是女生,应避免在月经期间以及月经前后三天献血。最后,请一定要带上身份证和献血证(有献血证的请带上献血证)。

**4.献血后应注意什么**

①献血后的止血方法:献血后针眼要用无菌纱布压迫10 min,防止出血。止血过程中不可揉搓针眼防止皮下渗血。拔针后伸直前臂,或前臂伸直后稍稍上抬,用另一只手的手指和中指按压针眼处及上方5 min止血。不要曲肘止血,也不要捻动棉球。

②献血者献血后不能马上离开采血室,应观察5~10 min。

③针眼处两天内不要沾水,保持针眼处清洁,以防感染。

④献血后的1~2天内应注意休息,不能进行大幅度的或者很费力的运动和工作。

⑤献血后适当地增加一些营养,吃东西的时候应该吃些补血和补铁的东西,吃些瘦肉、鸡蛋、豆制品、新鲜水果和蔬菜等,可促进血液成分恢复更快,但切忌暴饮暴食,亦不要饮酒。忌吃生冷辛辣的食物。

⑥献血后应多喝水,以补充流失的体液,也可喝些红糖水,以达到补铁、补血的目的。

⑦献血一个月内最好别喝浓茶。因为茶叶中含有较多的鞣酸,它易与蛋白质和铁相结合,生成不易被人体吸收的沉淀物,影响人体对蛋白质和铁的吸收,进而影响献血者血细胞的再生。

**5.献血安全吗**

无论在采血车还是在献血屋,工作人员都定时采用电子消毒器、喷洒消毒液等方式进行环境消毒,以保证献血环境的安全可靠,血站质量管理部门还要对献血环境进行抽检。采血时所用的全部耗材都是经国家卫生部门批准的一次性器材,不会交叉共用。因此,绝对不会因为献血而感染疾病。

**6.为什么献血是无偿,而医疗用血时要收费**

街头采血实行国际惯例的"一次法"献血,其质量是有保证的。因为在采血前,献血者要经过健康问询、常规检查、肝功能和乙肝表面抗原检测。血液采集后,在血站还需用不同厂家试剂进行两次检验(检验项目包括血型、丙肝、乙肝、ALT、梅毒和艾滋病病毒抗体)确认。均合格后,方可供应临床使用。根据相关法律规定及国家统一收费标准,公民临床用血时只交付用于血液的采集、储存、分离、检验、运输等费用,也就是说采供血机构收取的仅仅是成本费用。对于无偿献血者及其家庭成员,符合免费规定的,上述费用还可以报销。

7. 无偿献血者享受哪些优惠待遇

无偿献血累计达 1 000 mL 以上者,本人终生免交临床用血费用;献血者自献血之日起 5 年内享受献血量 5 倍的免费用血,5 年后等量免费用血。献血者家庭成员(指父母、子女和配偶)5 年内可享受献血量两倍免费用血。献血者和其家庭成员免交临床用血互助金。

8. 办理用血报销手续需要哪些材料

献血者本人用血报销:《无偿献血证》、身份证、用血收据(正式发票)、出院病历小结。

献血者家庭成员用血报销:《无偿献血证》、献血者和用血者双方身份证、用血收据(正式发票)、出院病历小结、献血者和用血者之间关系证明(如结婚证、户口簿、独生子女证、当地派出所出具的户籍证明等)。

无偿献血者凭献血证异地用血费用回发证地按规定报销。

——摘自:《无偿献血与输血知识问答》.

## 海姆立克急救法

1974 年,美国有一位老妇人在进晚餐时被鸡块卡住了喉咙,生命岌岌可危。因为此时她呼吸困难,不能发声,无法拨打电话呼救。正在此刻,她的邻居——一位 70 岁的老人见此情景,马上将他在一篇科普文章里面学到的有关海姆立克急救手法用到这位老妇人身上。经过反复的尝试,鸡块很快被冲击出气管吐出,老妇憋得青紫的面孔慢慢恢复正常。这是海氏急救法被民众掌握并及时用于现场救护成功的第一例。海姆立克急救法是美国海姆立克教授于 1974 年发明的,它是一种运用于呼吸道异物窒息的快速急救手法。海姆立克法已正式被列为 CPR 的重要内容,是呼吸复苏中使大气道保持呼吸道通畅的重要方法。

海姆立克急救法的原理:急救者迫使患者上腹部下陷,造成膈肌突然上升,产生向上的压力,压迫两肺下部,从而驱使肺部残留空气形成一股气流。这股带有冲击性、方向性的长驱直入于气管的气流就能将堵住气管、喉部的食物硬块等异物排出,使人获救。

海姆立克急救法的实施方式:

1. 成人抢救法

抢救者站在患者背后,用两手臂环绕患者的腰部,然后一手握拳,将拳头的拇指一侧放在病人胸廓下和脐上的腹部。再用另一只手抓住拳头,快速向上重击压迫病人的腹部。重复以上手法直到异物排出。

2. 自救法

一手握拳,将拳头的拇指一侧放在自己胸廓下和脐上的腹部,再用另一手抓住拳头,快速向上重击压迫自己的腹部。也可稍稍弯下腰去,靠在一固定的水平物体上(如桌子边缘、椅背、扶手栏杆等),以物体边缘压迫上腹部,快速向上冲击。重复上述动作,直至异物排出。

3. 意识不清的患者急救法

如果发现患者意识不清卧位在地,或是患者无法站立不便于操作者进行施救时,取患者于仰卧位,首先开放患者的呼吸道,然后救护者骑跨在患者大腿外侧,一手以掌根按压肚脐与剑突之间的部位,另一手掌覆盖其手掌之上,进行冲击性地、快速地、向前上方压迫,反复至呼吸道异物被冲出。

4. 儿童急救法

对于 3 岁以上的儿童采取海姆立克急救法时,可将双手放于孩子肚脐和胸骨间并紧握,双臂用力收紧,瞬间挤压孩子胸部,可持续多次。

若是 1 岁以下的婴儿有呼吸道异物,则不可做哈姆立克急救法,以免伤及腹腔内器官,应改为拍背压胸法。方法为:一手置于婴儿颈背部,另一手置于婴儿颈胸部,先将婴儿趴在大人前臂,依靠在操作者的大腿上,头部稍向下前倾,在其背部两肩胛骨间拍背 5 次,依患者年纪决定力量的大小。再将婴儿翻正,在婴儿胸骨下半段,用食指及中指压胸 5 次,重复上述动作直到异物吐出。

海姆立克急救法的注意事项:海姆立克急救法虽然有一定的效果,但也可能带来一定的危害,尤其对老年人,因其胸腹部组织的弹性及顺应性差,故容易导致损伤发生。如果患者呼吸道部分梗阻,气体交换良好,就应鼓励患者用力咳嗽,并自主呼吸;如患者呼吸微弱,咳嗽乏力或呼吸道完全梗阻,则立刻使用此手法。在使用本法成功抢救患者后,应检查患者有无并发症的发生。

——摘自:百度文库.

## 【健康·美文】

### 摘录阅读:孩子的眼睛

*流沙*

2004 年 12 月 26 日,印度洋海啸发生之前,一个女孩儿在泰国普吉岛的麦拷海滩边玩着沙子。突然,她发现一个奇怪的现象:海面上出现了不少的气泡,潮水也突然退了下去。

她突然想起老师在课堂教过的海啸知识,一旦遇上这种迹象,说明有海啸发生,她立即告诉了母亲。

孩子名叫蒂莉·史密斯,今年 10 岁,英国人。当沉醉于普吉岛海边美丽风光的其他游客对潮水突然退去、将船只和海鱼纷纷留在沙滩感到不解的时候,蒂莉却识别出这是海啸突袭的危险预兆。

蒂莉的妈妈聪慧而理性。当她听完孩子的叙述之后,这位母亲立即和所在海滩饭店的工作人员火速将海滩边一百多名游客撤离到安全地区。就在游客离开海滩不到几分钟,十几米高的海浪突然朝岸边袭来。万幸的是,因为人员早早撤离,麦拷海滩成为这场海啸中少数几个没有出现人员伤亡的海滩之一。

面对海面上出现的凶兆,一直与海为伴的海滩工作人员没有发现,渔民没有发现,具备判断能力的成人也没有发现,真相却掌握在一个孩子的眼里。

这个世界什么事都会发生。所有自然灾难的发生,其实都有预兆。犹太人说:"洪灾来临时,上帝也差遣某个人造起诺亚方舟。"但是,上苍的讯息许多人却漠然视之,这是源于对大自然的无知,还是源于对大自然缺乏应有的敬畏呢?

孩子的眼睛最亮,我们的教育工作者应该从小女孩蒂莉的行为中吸取教训:我们不仅要相信孩子的眼睛,而且在教育中,也绝对不能缺少生命教育的内容。

(摘自 2005 年 12 月读者。)

### 推荐书目

1.《急救车到来前你该怎么做》,《急救车到来前你该怎么做》编委会著,中国铁道出版社,北京科学技术出版社

推荐理由:本着人人学急救,急救为人人,这是急救车到来之前,自救、他救、互救的应急手册。

2.《大学生安全教育教程》,刘志彧等编著,高等教育出版社

推荐理由:该书是针对当前大学校园发生的诸多安全事件而编写的,涉及政治、人身、心理健康、财产、交通、食品、用电、网络、消防、学习与运动、就业与创业、性、传染病及其防治、自然灾害应对等安全常识。

## 【知识巩固】

### 测一测

1. 食物中毒可以分为_____、_____、_____、植物性和动物性食物中毒几类。

2. 骨折通常分为_____和_____两大类。

3. 判断正误:晕厥和昏迷处理方式是一样的。_____

### 想一想

1. 如果您身边有同学出现网络成瘾,您该如何帮助他?

2. 谈一谈大学生应该如何提高自我安全防范能力。

# 参考文献

[1] 马建青.大学生心理卫生[M].杭州:浙江大学出版社,2003.

[2] 傅华.健康教育学[M].北京:人民卫生出版社,2017.

[3] 萨拉裴诺.健康心理学[M].胡佩诚,等,译.北京:中国轻工业出版社,2006.

[4] 傅华.预防医学[M].北京:人民卫生出版社,2013.

[5] 阚海东,鲁元安.环境与全球健康[M].北京:人民卫生出版社,2016.

[6] 李凌,蒋柯.健康心理学[M].上海:华东师范大学出版社,2008.

[7] 中国营养学会.中国居民膳食指南2016[M].北京:人民卫生出版社,2016.

[8] 张琰,侯康,唐芹.睡眠健康手册[M].北京:中国言实出版社,2016.

[9] 武楠楠,丁成标.我的睡眠我做主[M].武汉:武汉大学出版社,2014.

[10] 彭玉林.大学生运动与健康促进研究[M].北京:中国经济出版社,2017.

[11] 张力为.体育运动心理学研究进展[M].北京:高等教育出版社,2000.

[12] 樊富珉,费俊峰.大学生心理健康十六讲[M].北京:高等教育出版社,2016.

[13] 杨世昌.大学生心理健康教程[M].北京:科学出版社,2016.

[14] 何少颖.新编大学生心理健康教育与训练[M].北京:高等教育出版社,2017.

[15] 刘庆明,赵生玉.新编大学生心理健康[M].7版.大连:大连理工大学出版社,2017.

[16] 陈月平,吴会东,张彦云.大学生心理健康教育与发展[M].北京:北京师范大学出版社,2017.

[17] 朱智贤.心理学大辞典[M].北京:北京师范大学出版社,1989.

[18] 郑华.青春的六大追求[M].长沙:湖南人民出版社,1991.

[19] 池田大作.青春寄语[M].长春:吉林人民出版社,1996.

[20] 彭聃龄.普通心理学[M].北京:北京师范大学出版社,2012.

[21] 理查德·格里格,菲利普·津巴多.心理学与生活[M].王垒,王甦,译.北京:人民邮电出版社,2003.

[22] 章志光.社会心理学[M].北京:人民教育出版社,2007.

[23] 杨雪梅,朱建军.大学生心理咨询与治疗[M].北京:中央编译出版社,2012.

[24] 郑日昌.情绪管理 压力应对[M].北京:机械工业出版社,2008.

[25] 郑予捷,赖芳,殷润林.大学必修的十堂课[M].北京:高等教育出版社,2011.

[26] 郭朝辉.大学生心理健康教育[M].北京:科学出版社,2017.

[27] 武光路.大学生心理危机的预防与干预[M].北京:国防工业出版社.2016.

[28] 钱铭怡.变态心理学[M].6版.北京:北京大学出版社,2017.

[29] 罗兰·米勒,丹尼尔·珀尔曼.亲密关系[M].王伟平,译.北京:人民邮电出版

社，2011.

[30] 戴维·迈尔斯. 魅力何来——人际吸引的秘密[M]. 寇彧，译. 北京：人民邮电出版社，2012.

[31] 晏涵文. 性、两性关系与性教育[M]. 台北：心理出版社，2011.

[32] 李顺长. 做你情侣的好情侣[M]. 成都：四川大学出版社，2006.

[33] 邓丽亚，王培. 性与爱的密码[M]. 成都：四川人民出版社，2011.

[34] 陈一筠. 陈一筠婚恋辅导手册[M]. 北京：中国妇女出版社，2006.

[35] 王滨有. 性健康教育学[M]. 北京：人民卫生出版社，2011.

[36] 江剑平. 大学生性健康教育[M]. 北京：科学出版社，2011.

[37] 王立东. 大学生性教育[M]. 哈尔滨：哈尔滨工程大学出版社，2011.

[38] 王进鑫，程静. 谈性说爱——大学生性健康教育[M]. 重庆：西南师范大学出版社，2014.

[39] 安云凤，等. 当代大学生性道德教育研究[M]. 北京：首都师范大学出版社，2013.

[40] 彭晓辉. 性科学概论[M]. 北京：科学出版社，2002.

[41] 王进鑫，等. 当代青少年性道德价值观研究[M]. 北京：光明日报出版社，2012.

[42] 中国计划生育协会. 青春健康人生技能培训指南：成长之道[M]. 北京：中国人口出版社，2012.

[43] 刘建伟，谢玉茹. 常见传染病预防[M]. 北京：人民军医出版社，2014.

[44] 石西安. 常见传染病的预防[M]. 西宁：青海人民出版社，2008.

[45] 陈志恒. 慢性非传染性疾病的预防及自我管理[M]. 长沙：湖南科学技术出版社，2014.

[46] 顾秀英，胡一河. 慢性非传染性疾病预防与控制[M]. 北京：中国协和医科大学出版社，2003.

[47] 相有章. 现代慢性非传染性疾病预防与治疗[M]. 济南：山东科学技术出版社，2004.

[48] 齐香君. 现代生物制药工艺学[M]. 2版. 北京：化学工业出版社，2010.

[49] 尹凤玲. 健康体检与预防保健[M]. 北京：人民军医出版社，2012.

[50] 方立，刘晓玲. 怎样看懂体检报告[M]. 西安：陕西科学技术出版社，2013.

[51] 王光荣，施永兴，潘毅慧. 社区中医预防保健服务实践[M]. 上海：上海交通大学出版社，2011.

[52] 武志红. 身体知道答案[M]. 厦门：鹭江出版社，2013.

[53] 程晓玥. 医疗保险学[M]. 上海：复旦大学出版社，2003.

[54] 姚剑文，李小唐. 大学生养生与保健[M]. 兰州：甘肃人民出版社，2010.

[55] 高开华. 当代大学生安全知识读本[M]. 合肥：中国科学技术大学出版社，2009.

[56] 易学明，等. 无偿献血与输血知识问答[M]. 上海：第二军医大学出版社，2005.

[57] 缪江平，等. 大学生安全知识读本[M]. 杭州：浙江科学技术出版社，2016.

[58] 刘志彧，等. 大学生安全教育教程[M]. 北京：高等教育出版社，2016.

[59] 张平. 学生安全知识教育手册[M]. 北京：地震出版社，2013.

[60] 魏长领. "人为什么要有道德"与"人怎么会有道德"[J]. 河南师范大学学报：哲学社会科学版，2014(1).

[61] 安云凤.论性道德的发生机制[J].上海师范大学学报:社会科学版,2000(4):22-27.

[62] 文艺文.个体道德的发生与公民道德建设[J].道德与文明,2002(2).

[63] 安云凤,李金和.性自由及其限度[J].道德与文明,2007(5).

[64] 赵二江,崔丹,梁淑英,等.艾滋病的流行现状与预防措施[J].现代预防医学,2012,39(7):1597-1599.

[65] Keating G. M. , Noble S. Recombinant Hepatitis B Vaccine (Engerix-B)[J]. Drugs, 2003,63(10):1021-1051.

[66] 阳冬.慢性非传染性疾病流行现状与控制策略[J].安徽卫生职业技术学院学报,2016,15(3):19-20.